本书由中央高校基本科研业务费专项资金资助（项目编号：JBK150112、JBK160907）
本书由西南财经大学金融服务业人力资源管理重点研究基地资助（项目编号：JBK120402）

雇主品牌对员工留任的影响机制研究

Study On The Mechnasim Effect Of Employer Brand On Employee Retention

钟鑫 著

西南财经大学出版社
Southwestern University of Finance & Economics Press

图书在版编目(CIP)数据

雇主品牌对员工留任的影响机制研究/钟鑫著.—成都:西南财经大学出版社,2016.7
ISBN 978-7-5504-2430-2

Ⅰ.①雇… Ⅱ.①钟… Ⅲ.①企业—雇佣劳动—劳动关系—研究
Ⅳ.①F272.92

中国版本图书馆 CIP 数据核字(2016)第 101163 号

雇主品牌对员工留任的影响机制研究
GUZHU PINPAI DUI YUANGONG LIUREN DE YINGXIANG JIZHI YANJIU

钟　鑫　著

责任编辑:高　玲
封面设计:杨红鹰　张姗姗
责任印制:封俊川

出版发行	西南财经大学出版社(四川省成都市光华村街55号)
网　　址	http://www.bookcj.com
电子邮件	bookcj@foxmail.com
邮政编码	610074
电　　话	028-87353785　87352368
印　　刷	郫县犀浦印刷厂
成品尺寸	170mm×240mm
印　　张	12.75
字　　数	250 千字
版　　次	2016 年 7 月第 1 版
印　　次	2016 年 7 月第 1 次印刷
书　　号	ISBN 978-7-5504-2430-2
定　　价	68.00 元

1. 版权所有,翻印必究。
2. 如有印刷、装订等差错,可向本社营销部调换。

摘　要

随着我国全面深化改革的逐步深入，企业面临的竞争环境更加复杂且不确定性增强，竞争态势日趋激烈，这就要求组织结构更具灵活性和柔性化，导致雇佣关系（Employment Relationship）的稳定性受到极大的挑战，使员工面临无边界（或易变性）的职业生涯背景，频繁跳槽成为当代职场青年的一个典型特征，这成为企业面临的重要问题。根据需求理论（The Perspective of Needs Satisfaction Theory）可知，未满足的需求才是引发员工行为的动机，而自主需求（Autonomy Need）、胜任需求（Competence Need）、关系需求（Relationship Need）是与生俱来的，员工会主动追求能满足员工自主、胜任、关系需求的组织环境。因此，如何创造满足员工基本心理需求（Basic Psychological Needs）的环境，促进员工留任（Employee Retention），成为许多企业面临的难题。

创建独特的雇主品牌（Employer Brand）来满足员工基本心理需求是解决员工留任问题的关键。雇主品牌是促进员工留任的重要因素，能否满足员工的基本心理需求是员工选择服务组织的首要标准。雇主品牌如何促进员工留任及其发生作用的边界条件是本研究需要探讨的主题。

为了深入探索上述实践问题，本研究将上述问题进一步转化为研究雇主品牌、基本心理需求与员工留任之间的关系。本研究以自我决定理论（Self-determination Theory）、心理契约理论（Psychological Contract Theory）、社会交换理论（Social Exchange Theory）为基础，构建模型，试图回答以下问题：①雇主品牌是否会显著地促进员工留任？②基本心理需求在雇主品牌与员工留任之间是否起中介作用？③进一步解释，在什么条件下，雇主品牌会促进员工留任，破坏性领导（Destructive Leadership）与工作—家庭支持（Work-family Support）的调节作用是否冲突？

本研究综合采用文献分析法、深度访谈法和问卷调查法进行理论研究和实证检验。本研究通过文献分析法系统地梳理理论基础，对雇主品牌、基本心理需求、员工留任、破坏性领导、工作—家庭支持已有的研究成果进行综述，为变量之间的可能联系寻找理论支撑；运用深度访谈法访谈不同工作年限的员工，深入了解员工对雇主品牌、基本心理需求的自我感知，考虑影响员工留任的主要因素,从实践角度检验变量之间的中介效应,挖掘调节变量;在文献分析和深度访谈的基础上,对雇主品牌、基本心理需求、员工留任、破坏性领导、工作—家庭支持的内涵进行归纳分析,总结变量的维度,分析变量之间的关系,提出本研究的理论模型并对变量之间的关系进行假设推演;通过问卷调查法大规模发放问卷,共收集有效问卷500份,采用逐步回归分析方法,对问卷信度、效度进行检验,应用SPSS21.0和LISREL8.7软件,检验变量之间的主效应、中介效应和调节效应。

本研究依托自我决定理论,提出雇主品牌对员工留任的影响机制模型,比较深入地阐述了两者之间的关系及其作用机制与边界条件。研究发现,在无边界职业生涯(Boundaryless Career)时代,雇主品牌是影响员工留任的重要影响因素("是否有作用")。本研究初步阐述了雇主品牌对员工留任的内部作用机制("怎样起作用"),进而揭示出员工做出不同选择的情境变量("何时起作用")。这些结论一定程度上丰富了雇主品牌与员工留任的研究内容,有助于后续相关研究的开展。

具体来说,我们通过理论研究和实证研究之后,得出的研究结论有:①雇主品牌是员工留任的重要前因变量。我们从主效应分析,发现雇主品牌对员工留任具有正向预测作用。进一步分维度研究发现,雇主品牌和组织忠诚(Organizational Loyalty)正相关,与离职倾向(Turnover Intention)和工作倦怠(Job Burnout)负相关。②雇主品牌是基本心理需求的重要前因变量,雇主品牌分别对员工的自主需求、胜任需求和关系需求具有显著的正向预测作用。③基本心理需求在雇主品牌与员工留任之间起中介作用,中介效应占总效应的比例为21.7%。④基本心理需求是员工留任的重要前因变量。从回归结果来看,基本心理需求显著影响员工留任,进一步分维度研究发现,胜任需求、关系需求和工作倦怠、离职倾向、组织忠诚显著相关,自主需求与组织忠诚不相关,与工作倦怠、离职倾向显著相关,整体而言,基本心理需求对员工留任具有显著的正向预测作用。⑤本研究是在前述基本心理需求的中介效应成立的前提下,验证破坏性领导在基本心理需求影响员工留任关系中的调节作用,验证工作—家庭支持在基本心理需求和员工留任之间的调节作用。

因此,本研究的意义在于,理论上:①在研究对象上,选择人力资源管理本体——员工作为研究对象,拓宽了雇主品牌的研究领域,延伸了雇主品牌的理论视角;②在研究方法上,将社会学、心理学、市场营销学等学科知识和方法应用于人力资源管理问题,以全新的视角从人力资源管理本体——员工层面研究雇主品牌;③在研究内容上,构建理论模型,从员工基本心理需求出发,找出雇主品牌对员工留任的影响机制和作用路径,打开了二者之间联系的"黑箱"。实践上:①缓解了无边界职业生涯背景下企业员工流动率不断增大的压力;②为企业领导风格以及企业员工管理模式的转型升级提供了决策依据；③验证了工作—家庭支持对企业员工留任的重要影响；④比较科学、全面地掌握了企业员工的基本心理需求的现状。企业可通过对企业员工自主需求、胜任需求以及关系需求的调查和分析，更好地了解和掌握企业员工的基本心理需求，从而为留住企业优秀员工提供依据。

本研究的创新之处体现在以下几个方面：

（1）构建了雇主品牌对员工留任的影响机理模型，为研究员工留任提供了全新的视角。在以往国内外研究者对员工留任的研究中，学者们主要从组织的角度出发，将重点放在了组织为争取员工留任的各种努力上，而忽视了实际做出留任行为的主体——员工。事实上，员工作为自我决定的主体，在主观评价组织为争取其留任所付出的努力后，综合考虑自己的基本心理需求是否得到满足，才最终做出留任的选择（Carver, Scheier, 1999）。可见，员工对基本心理需求满足的主观感知才是影响其留任行为的核心，基于组织层面的雇主努力仅仅是一个环境刺激。本研究基于自我决定理论，从员工对基本心理需求满足的主观感知视角出发，探索并验证了雇主品牌与员工留任之间的关系，进一步丰富了员工留任的相关研究。

（2）从自我决定理论出发，引入基本心理需求作为中介变量，打开雇主品牌与员工留任作用机制的"黑箱"。现有文献研究主要将视角聚焦在雇主品牌对员工留任的因果关系上，对于雇主品牌如何影响员工留任的中介机制的研究依然匮乏，雇主品牌以怎样的路径影响员工留任仍然是"黑箱"状态。本研究借鉴人力资源管理和心理学的相关理论、雇主品牌与营销学中顾客重复购买的研究成果，实证检验了企业员工基本心理需求在雇主品牌对员工留任影响机制中的中介作用，借此对雇主品牌建设以及企业管理实践提供建设性参考意见。本研究结合员工自身多样化的心理需求、高自主性、高风险偏好和创新性的特点，引入自我决定理论，以自主需求、胜任需求和关系需求基本心理三个需求分维度作为中介变量，研究雇主品牌对员工留任的影响机制，找到了打开雇主品牌与员工留任作用机制"黑箱"的一把钥匙，为后续研究提供了参考与借鉴。

（3）"阴阳式"地验证了破坏性领导风格和工作—家庭支持的调节作用。本研究开拓性地分别选取了领导风格的阴暗面代表——破坏性领导风格以及正向积极的工作—家庭支持作为两个调节变量，形成"阴阳式"的研究视角，共同调节整个模型。一方面，早期关于领导风格的研究主要集中在积极面的领导风格上，较少研究选取阴暗面的领导风格。本研究探究破坏性领导风格是否调节了雇主品牌对企业员工基本心理需求满足的影响作用，采用逆向思维的方式，反向地从实证分析结果中向组织提炼出关于领导风格的负面清单并提出科学合理建议，进而帮助企业有效地留住核心员工。另一方面，工作—家庭支持属于工作家庭关系中的一种，表现为工作—家庭关系之间的积极作用。本研究探讨工作—家庭支持是否调节了员工基本心理需求对员工留任的影响作用,从积极正面的思维角度,正向地从分析结果中提出如何实现工作—家庭支持的建议,进而让企业有效地留住核心员工。

Abstract

With the rapid development of economical globalization and science and technology and the prosperity of knowledge economy, competition environment which enterprises face is more complex and more uncertain, which requires that structure of the organization should be more flexible. Under such condition, the stable employment relationship faces extreme challenge, and employees are under no boundary (or protean) career background, hence, frequent job-hopping becomes a typical character of the contemporary young employees. From the perspective of needs satisfaction theory, the unsatisfied needs of the employees are the motivation to employees' actions, and employees will pursue organization environment which can satisfy their autonomy, competence, and relationship need. Therefore, most enterprises face actual challenges like how to create environment which can satisfy basic psychological needs of employees, how to improve employees' commitment to the organization, and how to promote employee retention.

The key point to solve employee retention problem is to create unique employer brand that can satisfy basic psychological needs of employees. To explore employee retention problem, it has become a hot topic in international academia and an important area in which developed country formulates public policy. Employer brand construction is one of the main ways to promote employee retention, and that whether it can satisfy basic psychological needs of employees is the first standard for employees to choose service organization. This paper mainly studies how employer brand promotes employee retention and what is the boundary condition.

In order to explore the practical problem mentioned above, this paper will further transform the problem into: study the relationship among employer brand, basic psychological need and employee retention. This study builds the model based on self-determination theory, social exchange theory, psychological contract theory in psychology theory, and tries to answer: ①Will employer brand significantly promote employee retention? ②Will basic psychological need play an intermediary role between employer brand and employee retention? ③How will employer brand construction promote employee retention in the future? Suppose that basic psychological need has played an intermediary role, this study will bring in destructive leadership and work-family support, and examine whether destructive leadership and work-family support have moderating effect among employer brand, basic psychological need and employee retention. This will build a model which has moderation effect with mediation role and mediation role with moderation effect, and will further study the mechanism among variables.

This paper uses literature analyzing method, depth interview and questionnaire investigation comprehensively to do theoretical research and empirical test. Using literature analyzing method, the author clears up the theoretical basis of this paper systematically, and summarizes the existing research results on employer brand, basic psychological need, employee retention, destructive leadership and work-family support to look for theoretical support for the possible link among variables; Using depth interview, the author interviewed various kinds of staff and triedto understand their perception of employer brand and their self-perception of the three basic psychological needs so that we can consider the main factors affecting employee retention and examine intermediary effect among variables and explore moderating variables from the perspective of practice; Based on literature analyzing method and depth interview, the author summarizes and analyzes employer brand, basic psychological need, employee retention, destructive leadership, and work-family supporting scope, then concludes the dimensions of the variables and analyzes the relationship among the variables, finally comes up with theoretical model of this study and deducts the relationship among the variables. Using questionnaire investigation, we handed out questionnaires on a large scale, collected 500 valid questionnaires, and then tested the reliability and validity of the questionnaires using relevant statistical analysis method, afterwards examined main effect, intermediary effect and moderating effect among variables using SPSS21.0 and LISREL8.7 software.

Based on self-determination theory, this paper studies the impact of employer brand on employee retention, and deeply explains their relationship, their mechanism and their boundary conditions. We concluded that employer brand is one of the most important factors which affect employee retention during boundary less career era (whether work). This paper preliminary explains that employer brand has internal effect on employee retention (how to work), then reveals situation variables when employees make different choices (when work). To some extent, these results enrich the research contents of employer brand and employee retention, and it contributes to the following related research.

The researching conclusions are as follows: ① The employer brand is an important antecedent of employee retention. Analyzing through main effect, we found that the employer brand has positive prediction effect on employee retention. Analyzing further from each dimension, we found the employer brand has positive effect on organizational loyalty, and has negative effect on turnover intention and job burnout. The research deals with turnover intention and job burnout as reverse construct, therefore, the correlation coefficient which gets from the assumption of the fifth parts positive; ②The employer brand is an important antecedent of basic psychological needs, and the employer brand significantly has positive prediction effect on independent demand of the employee, competent demand and relationship demand; ③The basic psychological has intermediary effect on employer brand and employee retention, and mediation effect accounts for 21.7% in total effect; ④The basic psychological needs is an important antecedent of employee retention. From the regression results, we found the basic psychological needs impact employee retention significantly. Analyzing further from each dimension, we found that independent demand, competent demand, and relationship demand have positive effect on job burnout, turnover intention and organizational loyalty significantly. On the whole, the satisfaction of basic psychological needs has significant positive prediction effect on employee retention; ⑤The conclusion of this research based on the above result that the basic psychological needs have mediation effect, then, we verified that destructive leadership plays moderating role when employer brand effects employee retention through basic psychological needs; ⑥We verified that work-family support plays a moderating role between basic psychological needs and employee retention.

In theory, the significance of this study is as follows: ①About researching object, we chose enterprise staff as the researching object, thus, broadening the research field of the employer brand and extend the theory tentacles of employer brand; ②About researching method, subject knowledge, such as: sociology, psychology and Makering, and methods were used on human resource management issues. Thus, employer brand is studied from micro-level from a fresh perspective; ③About research content, we built a model on employer brand and employee retention, and found out mechanism and functional path between employer brand and employee retention from the perspective of the basic psychological needs, thereby, unfolding the confusing relationship between them.

In practice, the significance of this study is as follows: ①This paper eases pressure of firms that turnover of enterprise employee increased under boundaryless career background. ②Decision foundation is provided when enterprise leadership styles and management model to enterprise staff should be transformed and upgraded. ③This study verifies the importance of work-family support to enterprise employee retention. ④We understand present situation of the enterprise employees' basic psychological needs more scientific and comprehensively. Through investigation and analysis about independent demand of enterprise staff, competent demand and relationship demand, we understand basic psychological needs of employees under the new situation better, and provide evidence for the firm to retain good enterprise employees.

The innovation points of this paper are as follows:

(1) Itconstructs theeffect mechanism model between employer brand and employee retention, providing a new perspective for studying employee retention. In previous research on employee retentionat home and abroad, scholarsmainlyfocused on the organization' sefforts to retain employees, while ignoring the actual retention behavior subject of employees. In fact, employees, as the main part of self-determination, can only make retention decision after when they feel their basic psychological needs are met (Carver & Scheier, 1999). Therefore, we can seeemployees' subjective perception of whether their basic needs are satisfied is the core of the retention behavior, while the employers' efforts are only environmental stimuli. Based on self-determination theory and from perspective of employees' subjective perception of basic psychological need satisfaction, this study explores and validates the relationship between employer brand and employee retention, further enriching the research on employeeretention.

(2) This paper uses basic psychological needs as mediating variable to open the "black box" of complex mechanism between employer brand and employee retention. Existing literature focuses on causal relationship between employer brand and employee retention. However, the study still lacks the mediation mechanism that explains how employer brand affects employee retention, and how employer brand affects employee retention still stays "black box" state. Reference to related theoryabout human resource management and psychology and researching result about customer repeat purchase in corporate employer brand and marketing research, this paper empirically tests the mediation effect of basic psychological needs of enterprise employee between employer brand and employee retention. And this result will provide constructive references for employer brand building and corporate management practice. Combined with several characteristics of employee--diversify psychological demand, high autonomy, high risk preferences and innovation, this paper introduces self-determination theory, uses three basic psychological needs—autonomy needs, competence needs and relatedness demand as mediating variable to explain the effect mechanism of employer

brand to employee retention. Finally, we get the "key" to open the "black box" of employer brand and employee retention, and provide reference for further research.

(3) This paper validatesmoderating effect of destructive leadership style and work-family support by "yin-yang" type. This study chooses dark side representative of leadership style--destructive leadership style and positive work-family support as two moderating variables. On the one hand, previous researcheson leadership style mainly focused on positive leadership styles, such as public servant leadership, integrity leadership, charismatic leadership, and less research on dark side leadership styles, such as destructive leadership, humiliating and abusing leadership. Through reverse thinking method, this study explores whether destructive leadership style will adjust the impact of employer brand to the meet of basic psychological needs, and extracts reversely negative list about leadership style from empirical analyzing result and put forward scientific and reasonable suggestions, thus can retain the core staff effectively. On the other hand, work-family support is one aspect of work-family relations, corresponding to work-family conflict, and reflects the positive effect between work and family relation. Contrary to research on destructive leadership style, this study explores whether work – family support adjusts the effect of employee's basic psychological needs to employee retention. From positive thinking aspect, this study gives suggestions on how to implement work-family support from empirical analyzing results positively, thus enterprises can retain the core staff effectively.

目　录

1　导论 / 1
  1.1　研究背景 / 1
    1.1.1　现实背景 / 1
    1.1.2　理论背景 / 3
  1.2　问题的提出 / 4
  1.3　研究意义 / 5
    1.3.1　理论意义 / 5
    1.3.2　实践意义 / 6
  1.4　研究的主要内容 / 6
  1.5　研究方法和技术路线 / 8
    1.5.1　研究方法 / 8
    1.5.2　研究阶段和技术路线 / 9
  1.6　本研究的篇章结构 / 10
  1.7　研究创新 / 11

2　理论基础与文献综述 / 13
  2.1　自我决定理论 / 13
  2.2　雇主品牌相关研究述评 / 14

  2.2.1 雇主品牌的涵义 / 14
  2.2.2 雇主品牌的测量 / 17
  2.2.3 雇主品牌的主要理论 / 19
  2.2.4 评析 / 21

2.3 **员工留任相关研究述评** / 21
  2.3.1 员工留任的涵义及主要概念辨析 / 21
  2.3.2 员工留任的测量 / 23
  2.3.3 员工留任的前因变量 / 24
  2.3.4 评析 / 26

2.4 **基本心理需求的相关研究述评** / 27
  2.4.1 基本心理需求的涵义及主要概念辨析 / 27
  2.4.2 基本心理需求的测量 / 29
  2.4.3 基本心理需求的前因变量 / 31
  2.4.4 基本心理需求的结果变量 / 32
  2.4.5 评析 / 35

2.5 **破坏性领导相关研究述评** / 36
  2.5.1 破坏性领导的涵义 / 36
  2.5.2 破坏性领导的测量 / 38
  2.5.3 破坏性领导相关研究 / 39

2.6 **工作—家庭支持的研究述评** / 40
  2.6.1 工作—家庭支持概念的研究 / 40
  2.6.2 工作—家庭支持的测量 / 42

2.7 **主要变量间的关系研究** / 44
  2.7.1 雇主品牌与员工留任的关系研究 / 44
  2.7.2 雇主品牌与基本心理需求的关系研究 / 45

2.7.3 基本心理需求与员工留任的关系研究 / 46

  2.7.4 破坏性领导对雇主品牌、基本心理需求的关系研究 / 47

  2.7.5 工作—家庭支持对基本心理需求、员工留任的关系研究 / 47

 2.8 文献综述小结 / 48

3 研究设计 / 50

 3.1 概念模型和研究变量 / 50

  3.1.1 概念模型 / 50

  3.1.2 研究变量 / 52

 3.2 研究假设的提出 / 55

  3.2.1 雇主品牌与员工留任之间的关系假设 / 55

  3.2.2 雇主品牌与基本心理需求之间的关系假设 / 57

  3.2.3 基本心理需求与员工留任之间的关系假设 / 59

  3.2.4 基本心理需求在雇主品牌与员工留任之间的中介效应作用假设 / 62

  3.2.5 破坏性领导的调节作用假设 / 63

  3.2.6 工作—家庭支持的调节作用假设 / 64

  3.2.7 研究假设汇总 / 64

 3.3 小结 / 65

4 研究方法与数据分析 / 67

 4.1 深度访谈法 / 67

  4.1.1 访谈目的 / 68

  4.1.2 访谈对象选取 / 68

  4.1.3 访谈资料收集 / 69

4.1.4 访谈资料整理 / 70

4.2 预调研：问卷调查法 / 73

4.3 小样本数据分析 / 75

4.3.1 小样本概况 / 75

4.3.2 小样本的信度和效度分析 / 76

4.4 共同方法偏差的检验 / 85

4.5 大样本的数据收集与处理 / 86

4.5.1 大样本抽样 / 87

4.5.2 样本情况 / 87

4.5.3 正式量表的信效度检验 / 88

4.5.4 验证性因子分析和组合信度 / 90

5 数据分析与假设检验 / 101

5.1 描述性统计分析 / 101

5.1.1 各变量的描述性分析 / 101

5.1.2 相关性分析 / 102

5.2 人口统计特征的方差分析 / 103

5.3 雇主品牌对员工留任影响的假设检验 / 115

5.3.1 雇主品牌与员工留任的关系 / 116

5.3.2 雇主品牌与基本心理需求的关系 / 119

5.3.3 基本心理需求与员工留任之间的关系 / 122

5.3.4 基本心理需求的中介作用 / 128

5.4 调节效应检验 / 142

5.4.1 破坏性领导的调节作用检验 / 142

5.4.2 工作—家庭支持的调节作用检验 / 143

5.5 研究假设检验结果汇总 / 144

6 结论与展望 / 146
6.1 研究结论与讨论 / 146
6.2 理论贡献及管理实践启示 / 150
6.2.1 研究的理论贡献 / 150
6.2.2 管理实践启示 / 152
6.3 研究局限和展望 / 159

参考文献 / 161

附录 / 176

致谢 / 185

笔者博士在读期间科研成果 / 187

1 导论

随着我国全面深化改革的逐步深入，企业间的竞争环境发生了巨大变化，企业竞争的复杂性和不确定性加剧了。对大部分企业来说，物质资源和资金资源效用的有限性往往制约着企业在竞争中的发展。然而，与物质和资金资源相比，人力资源凭借其潜力性、灵活性和能动性的特质成为决定企业能否在激烈竞争中取得成功的核心要素（Sorasak，2014）。因此，如何留住企业优秀员工成为当前理论研究和业界实践共同关注的焦点。早期有关员工留任的研究主要集中在企业和组织层面，认为员工留任是雇主为满足业务目标而使员工乐意留下的努力（Herman，1990；Frank，2004；Simons, Lens，2004），而员工留任实际上是员工对雇主这些努力的感知与回应（Mak，2001）。但是，员工独特的雇佣体验即雇主品牌，对员工留任作用机制的研究却少之甚少。本研究从自我决定理论视角出发，立足于员工基本心理需求的满足，采用动态心理学的研究范式探究影响员工留任的内在机制。本章阐述了研究的背景及意义，提出了研究需要解决的主要问题，介绍了研究的基本方法和技术路线，最后详细说明了本研究的研究创新。

1.1 研究背景

1.1.1 现实背景

1. 日益激烈的企业间竞争对优秀员工的依赖性增强

我国经济经历了改革开放三十多年的快速发展，经济发展方式正在进行全面转型和升级。当前企业竞争面临的形势是市场主导了行业内的资源配置，基于此，企业竞争在资源配置的作用下回归市场化和理性化，企业间的竞争变得日趋激烈（余斌，吴振宇，2014）。传统的企业竞争模式往往依赖于企业自身所拥有的物质资源、资金资源以及社会关系资源，企业间的竞争实际上是对这些稀缺资源掌控能力的竞争（Dasam，2013）。与传统的企业竞争模式相比，目前的企业竞争更依赖于企业自身的人力资本（陈忠卫，张广琦，2013）。人力资本是目前企业最具活力、最有价值以及最有潜力和能动性的战略资本（Anant Singh，2013）。人才竞争力的提升是企业保持持久竞争的关键，而这些直接依赖于企业所拥有的人力资本。

《博鳌亚洲论坛亚洲竞争力 2015 年度报告》对 2014 年度亚太地区 18 533 家上市企业竞争力进行了评估，我国有 51 家上市企业进入前 300 名。优秀员工是企业最宝贵的财富，是企业核心竞争力所在（Waleed Hassan，2013）。企业要想在日益激烈的竞争中取得胜利，就必须依赖企业的优秀员工。

2. 无边界职业生涯时代员工的流动性增大

员工是企业的宝贵资源，优秀员工体现了企业的核心竞争能力，对于企业而言是不可或缺的战略性资源。然而，企业优秀员工的自身特质——追求自我实现、较高的自主性以及稀缺性使其表现出较高的流动性（肖利哲，2015）。同时，随着我国经济社会的发展，企业组织形式也趋于灵活化、扁平化、柔性化，无边界职业生涯使企业与员工之间的关系由传统的单一型向双向自由选择型转变（Amir Raz，2013）。这些变化加大了员工的流动性。

《中国人力资源发展报告（2014）》显示，2014 年度中国员工平均流动率为 15.9%，在全球处于高位，并且呈现同比上升的趋势。与此同时，该份报告还指出我国"985""211"院校毕业的年轻员工流动率远高于平均水平，频繁跳槽成为新一代职场青年的标签，优秀员工的流失对于企业而言无疑是重大损失。

3. 领导风格和工作—家庭关系对企业员工行为的影响增大

随着企业间竞争的加剧，企业外部压力必然转移到企业内部，组织中领导—员工关系体现了组织环境与个体的互动，员工与领导的上下级关系对员工行为具有重要的影响（Dasam，2013）。Ryan（1995）提出领导对待下属的方式通过对员工心理需求的满足进一步影响其工作行为。换言之，领导风格直接影响到员工对领导以及组织的认知。随着社会物质资源的积累，员工开始更加关注心理需求的满足。这表现在，他们更加关注自己是否得到领导的支持、尊重、认可。《中国人力资源发展报告（2014）》显示，53% 的员工非正常离职行为都与领导的上下级关系有关。由此可见，领导关系成为当下职场中一种极其重要的关系，而破坏性领导在中国情境下更加显著。

家庭作为社会最基本的细胞，支撑着整个社会的伦理格局，中国社会是个传统的人情关系社会，家庭和工作的界线不再是棱角分明。换言之，家庭作为社会的一个重要组成部分，对组织成员的基本心理需求具有重要影响（李永鑫，2009）。工作和家庭的关系发生了微妙的变化——由传统的对立面逐步走向统一，家的观念也在不断强化。个体可以从工作（家庭）的角色中收获有意义的资源，从而帮助其在另一角色中更好地表现（Greenhaus，Powell，2006）。因此，家庭成为新时期下调节员工行为的又一重要影响因素。

1.1.2 理论背景

1. 雇主品牌是企业对优秀员工释放的良好信号

根据品牌营销理论和消费者重复购买理论，良好的品牌是企业向顾客释放的积极而富有意义的信号。同样在企业内部，企业通过雇主品牌向员工释放积极信号。Backhaus 和 Tikoo（2004）通过研究认为，雇主品牌的理论基础是资源基础观、心理契约理论和品牌权益理论。由心理契约理论可知，员工和雇主对彼此提供的各种责任有自己的理解和感知，在这种相互理解感知的基础上建立了心理契约（Herriotp, Pemberton, 1995）。雇主通过建立、维护雇主品牌向员工发出积极的信号，该信号代表企业方面的心理契约，员工感知该信号并与自己的心理契约相匹配，若双方心理契约一致性高，则将进一步强化员工留任该企业。

2. 从基本心理需求视角出发探讨员工留任的作用机制，打开雇主品牌对员工留任的作用机制的"黑箱"

本研究从基本心理需求视角探究员工留任机制，依据自我决定理论，力图探索无边界职业生涯背景下雇主品牌对员工留任的作用机制，为分析员工留任提供崭新的视角。自我决定理论强调人的主动性，主张人在面对环境挑战的时候能够通过把新的经验整合成自我意识来实现自我发展，并认为这是一种先天的本能倾向，但是这种先天本能仍然受到组织环境的影响。基于这一原因，自我决定理论强调员工有机体和组织环境之间的互动，认为人会寻找满足自我基本心理需求的环境。雇主品牌会影响员工的基本心理需求：自主需求、胜任需求、关系需求，当员工的基本心理需求满足后，员工感知到这种刺激，内化为自己的行为，并促进员工留任。综上所述，在员工基本心理需求多样化的背景下，以基本心理需求为核心来研究员工留任能够提升人力资本的地位及价值，契合"以人为本"的管理理念，同时为促进员工留任的管理实践提供全新的思路。

3. 领导风格和家庭支持是影响基本心理需求和员工留任的重要因素

雇主品牌表现为企业为员工提供的功能的、经济的和心理的利益等集合的差异化（Tim Ambler, Simon Barrow, 1996）。而领导在组织成员内部资源分配过程中发挥着重要作用（Barney, 1991）。因此，领导风格影响着企业的雇主品牌。近年来，领导风格普遍被认为是组织成功的关键因素，而破坏性领导体现领导风格的阴暗面，受到广泛关注（Yukl, 2010）。破坏性领导是妨碍组织目标、任务、资源和影响力，减弱下属的激励力、幸福感和满足感的领导风格（Kile, 1990）。破坏性领导不仅会导致下属产生抑郁、焦虑、紧张等消极心理，而且影响着员工的基本心理需求的满足（Tepper, 2007；吴宗佑, 2008）。

家庭作为社会的一个重要组成部分，其对组织成员的基本心理需求具有重要影响（李永鑫，2009）。Kilic（2007）发现，工作—家庭支持对员工工作满意度有重要影响，来自配偶的支持与一些工作结果呈显著正相关，包括工作成就感、良好的身体状况、工作满意度等，即家庭支持越高，员工的工作满意度越高，工作倦怠越少。与此同时，Wayne等（2006）的研究发现，家庭对工作的促进则与员工的离职倾向显著负相关。因此，工作—家庭支持是影响基本心理需求和员工留任的重要因素。

1.2 问题的提出

当代企业员工期望和心理需求的变化，导致员工的流动性增大，使员工留任成了组织面临的巨大挑战。企业都力争用最佳的人力资源管理措施来留住员工，从而使企业获得持续的核心竞争力。除此之外，在全球竞争环境的压力之下，组织不得不树立起良好的自身形象即雇主品牌，来对员工产生强烈的吸引力，使其能够长期留任。Vaneet Kashyap 和 Santosh Rangnekar（2014）认为，良好的雇主品牌以及它的独特性对于解决员工离职有重要作用。

员工本身以及外在竞争环境的变化，无论是对于理论界还是实践界，在员工留任的问题上对学者和企业都提出了更高的要求，迫切需要研究者不断探寻新的研究方法，找到真正能够帮助企业留住员工的理论支持和实践方法。

在以往的研究中，研究者们主要将员工留任的影响因素归为以下几个方面：福利（Trevor, Gerhart, Boudreau, 1997; Davies, Taylor, Savery, 2001; Gardner, Van Dyne, Pierce, 2004）、奖励和认同（Agarwal, 1998; Walker, 2001; Silbert, 2005）、晋升和成长机会（Pergamit, Veum, 1999; Meyer, et al., 2003）、参与决策（P. Hewitt, 2003; Noah, 2008）、工作环境（Miller, Erickson, Yust, 2001; Wells, Thelen, 2002; Ramlall, 2003）、培训和发展（Messmer, 2000; Tomlinson, 2002; Garg, Rastongi, 2006; Handy, 2008）、领导（Eisenberger, Fasolo, Davis‐LaMastro, 1990; Brunetto, Farr‐Wharton, 2002; Chung-Hsiung Fang, Sue-Ting Chang, Guan-Li Chen, 2009）、工作保障（Ashford, Lee, Bobko, 1989; Rosenblatt, Ruvio, 1996）等，这些研究大多是从人力资源管理措施入手，站在企业的角度上想方设法去留住员工。但是这一系列的研究并没有从员工角度出发，忽视了决定员工是否留下的关键主体——员工本身。员工作为社会人，随着社会发展和变化，其期望与心理需求也在不断变化，而这是导致现当代员工流动性增大的重要因素之一。因此，企业想要长期有效地留住员工，先要留住员工的心，而要留住员工的心，则需满足员工基本心理需求，这一逻辑为该领域研究提供了新的研究思路。

本研究从新的视角入手，以企业员工自身的基本心理需求为出发点，并在以前学者研究雇主品牌与员工留任关系的启示下，借用动态心理学"刺激→感知→行为"模式，进一步探究雇主品牌（刺激）如何通过员工基本需求满足（感知）来作用于员工留任（行为）。根据上述的"刺激→感知→行为"模式，本研究将雇主品牌作为刺激因素，这一刺激来自于员工本身能够感知到的雇主与其他企业有所差异的独特性。该模式的核心是刺激信号引发员工对雇主品牌的认同感，员工通过对雇主品牌的感知，获得基本心理需求的满足，进而表现出不同的行为（留任或离职）。

总的来说，本书试图解决以下问题：

（1）雇主品牌对员工留任是否具有影响？（是否起作用）如何通过雇主品牌来留住企业优秀员工？

（2）企业员工的基本心理需求有何变化？如何通过优化其基本心理需求的满足来进一步提升雇主品牌对员工留任的影响？（怎样起作用）

（3）破坏性领导对雇主品牌和员工基本心理需求的边际作用是否明显？工作—家庭支持能否调节员工基本心理需求感知及其留任行为？（何时起作用）在企业人力资源管理战略中如何利用好领导和家庭这两个因素？

1.3 研究意义

1.3.1 理论意义

本研究丰富和完善了雇主品牌及员工留任的相关研究和理论。

其一，在研究对象上，本研究选择人力资源管理本体——员工作为研究对象，拓宽了雇主品牌的研究领域，延伸了雇主品牌的理论视角。以往的研究多从雇主或者企业的角度来考虑雇主品牌的作用和意义，而本研究通过员工感知雇主品牌，来影响员工留任，类似于市场营销学中以消费者为主导研究企业品牌和产品品牌的研究。更为微观的研究视角，将会更加符合雇主品牌在留住员工方面的研究价值。

其二，在研究方法上，本研究将社会学、心理学、市场营销学等学科知识和方法用于人力资源管理问题，以全新的视角从微观层面研究雇主品牌。

雇主品牌这一概念源于营销学中的品牌理论，本研究通过员工对雇主品牌的基本心理需求感知来探寻影响其留任行为机制，这一过程需要多学科交叉融合，从而把雇主品牌建设的隐性问题显性化、破碎问题系统化，丰富了雇主品牌的相关研究。

从营销学的视角来看，本研究把员工看成是企业的内部顾客，把雇主品牌视为企业对员工的内部营销，而内部营销的目标就是员工留任。然而，将这一过程和企业对顾客的外部营销进行比较，我们发现，企业对员工和顾客做出努力的方式有所不同，但最终目的都是为了达成交易。企业的成功离不开持续地与员工、顾客保持这种交易关系。本研究将企业与员工的持续交易关系视为员工留任，与顾客的持续交易关系视为重复购买行为。在研究顾客重复购买行为的模型中，顾客满意普遍作为了一个原因变量（尽管并不是唯一的一个），用于预测顾客的重复购买行为（史有春，刘春林，2005；李东进，杨凯，周荣海，2006）。满意是一种心理状态，是个人的基本心理需求得到满足的状态。所以雇主品牌对员工留任的内在机制受到员工基本心理需求满足的影响。

其三，在研究内容上，本研究构建了雇主品牌与员工留任模型，从员工基本心理需求出发，找出雇主品牌对其员工留任的影响机制和作用路径，打开了两者之间联系的"黑箱"。同时，本研究还探究了破坏性领导风格，以及工作—家庭支持对雇主品牌通过基本心理需求影响员工留任的调节作用。现有文献中虽然有部分学者分别对雇主品牌、基本心理需求、员工留任、破坏性领导风格、工作—家庭支持等进行了相关研究，但也仅仅研究了两个变量之间的关系，未能充分研究以上变量之间的纵横向关系，并从中探究其作用机制。本研究针对这几个变量进行理论的梳理，探究其内在联系，通过实证分析进行验证，寻找雇主品牌与员工留任的作用路径。

1.3.2 实践意义

本研究为留住企业优秀员工提供了策略性的建议和启示，从而为企业员工管理改革提供智力支持：①缓解无边界职业生涯背景下企业员工流动率不断增大的压力。无边界职业生涯使企业组织形式变得灵活化、扁平化、柔性化，这些都加大了员工的流动性和不确定性。本研究通过对雇主品牌的研究，从员工基本心理需求角度探索影响员工留任的机制，有利于缓解企业员工流动的压力。②为企业员工管理模式的转型升级提供决策依据。破坏性领导体现了领导行为的阴暗面，普遍存在于实践工作中。本研究通过对破坏性领导的相关测量，以实证分析验证其是否对雇主品牌和员工留任有调节作用，以此为企业留住员工提供科学的依据和方法。③本研究验证了工作—家庭支持对企业员工留任的重要影响。工作—家庭支持揭示了工作之外的因素对员工留任的影响程度。其通过对企业员工自主需求、胜任需求以及关系需求的调查和分析，更好地了解和掌握企业员工的基本心理需求，从而为留住企业优秀员工提供依据。

1.4 研究的主要内容

本研究主要讨论雇主品牌对员工留任影响机制，以基本心理需求为中介变量,以破坏性领导风格和工作—家庭支持为调节效应,从自我决定理论视角来考察雇主品牌对员工留任的影响机制。

具体说来,研究内容主要围绕四个方面来完成:

1. 雇主品牌与企业员工留任的主效应研究

笔者通过文献梳理,发现关于雇主品牌对员工留任的研究较多。Edwards (2011) 认为雇主品牌是一种代表雇主形象的标志,其本质是能帮助企业吸引潜在劳动力并激励和保留现有员工的相关价值、政策和行为体系。一方面,拥有良好雇主品牌的企业与一般企业相比,其员工流失率低很多;另一方面,雇主品牌能提升现有员工的工作满意度,提高工作绩效。Will Rush (2001) 以及我国学者陈静 (2009) 认为雇主品牌是影响优秀员工留任的重要因素,在吸引和激励核心员工的同时,还能让员工产生归属感、荣誉感,提升忠诚度。由此可知,在组织情境中,雇主品牌对员工留任影响具有积极的作用。雇主品牌作为影响员工留任的重要前因变量,其早期研究成果在当前的组织情境下是否依然适用,是本研究关心和关注的重点。因此,雇主品牌对员工留任的影响机制及其影响程度将会是本研究的重要内容之一。

2. 基本心理需求作为雇主品牌与员工留任之间的中介效应研究

自我决定理论有力地阐述了环境如何对个体行为产生影响。它与积极心理学和积极组织行为学紧密联系。根据自我决定理论,首先,三种基本心理需求满意度(自主需求、胜任需求、关系需求)为本研究提供了个体与组织互动的内在动力源泉。其次,基本心理需求的满足程度取决于环境和自我的决定的相互作用:一方面,个体行为受到基本心理需求满足和自我决定程度的共同影响;另一方面,环境对个体基本心理需求的满足具有重要影响。组织要想被独立个体所感知并产生融入感,必须要被个体理解和认知,而雇主品牌的基础是员工在组织中的感受,即雇佣体验。雇佣体验能满足员工的基本心理需求是激励和留住员工的关键。基本心理需求得到满足能够促成个体的积极行为和态度,反之当基本心理需求得不到满足的时候,个体会表现出消极的行为和态度。过去的研究显示,基本心理需求满意度与更好的工作表现 (Greguras, Diefendorff, 2009)、更加投入的工作态度 (Deci, et al., 2001)、更佳的心理状态 (Gagné, Deci, 2005) 呈正相关。相反,在基本心理需求得不到满足的情况下,员工会出现行为偏差 (Shields, Ryan, Cicchetti, 2001)。

综上所述,雇主品牌感知的强弱能够影响员工基本心理需求的满足,同时,员工基本心理需求的满足,与组织忠诚具有正相关关系;与员工离职倾向、员工工作倦怠呈负相关关系。而离职倾向、工作倦怠和组织忠诚恰好是衡量员工留任的三个维度。因此,本研究的第二个重要内容就是,检验员工的基本心理需求的满足是不是雇主品牌与员工留任之间的中介。

3. 领导风格对雇主品牌与员工基本心理需求的调节效应研究

从资源基础观来看，雇主品牌是组织取得差异化竞争优势的资源；根据心理契约理论，雇主品牌是企业为内部员工提供的品牌承诺（Backhus, Tikoo, 2004）。在组织情境下，员工与主管领导接触较多，领导也常常被看成是组织或部门的代理人，破坏性领导是一种重要的资源配置方式（Yukl, 2010）。破坏性领导不仅会导致下属产生抑郁、焦虑、紧张等消极心理，而且影响着员工的基本心理需求的满足（Tepper, 2007；吴宗佑, 2008）。由此可见，破坏性领导风格一定程度上影响员工雇主品牌的感知。故本研究从破坏性领导风格出发，考察领导风格对雇主品牌与基本心理需求满足之间关系的调节作用。即：当破坏性领导风格影响较大时，通过雇主品牌对员工基本心理需求满足的影响变弱；当破坏性领导风格影响较小时，通过雇主品牌对员工基本心理需求满足的影响变强。

4. 工作—家庭支持对基本心理需求与企业员工留任的调节效应研究

工作—家庭支持是工作家庭关系中的一个方面，与工作—家庭冲突相对应，表现了工作—家庭关系之间的积极作用。家庭领域的支持主要来自配偶，分为工具性支持和情感性支持。提升工作满意度、提升员工的情感承诺等是工作—家庭支持的重要结果变量，而工作满意度、情感承诺等又可以影响员工留任（Karatepe, Kilic, 2007）。研究表明，得到的工作家庭支持越多，员工投入工作就会越多，工作压力就会越小，这样员工就能感到更加胜任自己的工作（Allen, 2001）。故本研究从工作—家庭支持出发，考察工作—家庭支持对员工基本心理需求与员工留任之间关系的调节作用。即：当工作—家庭支持程度较高时，通过员工基本心理需求的满足对员工留任的影响变强；当工作—家庭支持程度较低时，通过员工基本心理需求的满足对员工留任的影响变弱。

1.5 研究方法和技术路线

1.5.1 研究方法

本研究主要采用国内外较为成熟的实证研究方法和程序。

（1）本研究基于文献梳理，综合采用文献分析法、深度访谈法进行检验。本研究对雇主品牌、基本心理需求、员工留任、破坏性领导、工作—家庭支持的逻辑关系及变量之间的可能联系寻找理论支撑；运用深度访谈法访谈不同工作年限的员工，深入了解员工对雇主品牌、基本心理需求的自我感知，考虑影响员工留任的主要因素，从实践角度检验变量之间的中介效应，挖掘调节变量。经过以上定性研究方法可检验国外成熟量表在中国情境下的适用性。

（2）为保证研究结论的信度和效度，本研究在遵循统计基本原理的条件下，选择小样本进行预调研，由调查数据及受调查者的反馈对问卷进行修正，得出正式调查问卷。

（3）本研究进行大样本调查，根据非随机抽样方法和科学严谨的精神向企业现有员工发放问卷，获取第一手数据资料。预计回收问卷400~600份，问卷收集地区包括西南、华中、华南、东北等地区。

（4）本研究对大样本做统计分析的过程之中：针对各变量的结构维度，采用探索性和验证性因子分析进行检验；量表信度和效度方面，严格遵循CITC法和阿尔法系数法进行检验；对于控制变量对自变量、中介变量、因变量和调节变量各维度的影响，运用独立样本T检验和单因素方差分析进行检验；最后，针对主效应、中介效应及调节效应，用逐步回归分析法进行检验，用检验结果验证研究假设。本研究数据分析均采用SPSS21.0和LISREL8.7软件。

1.5.2 研究阶段和技术路线

本研究分为两个阶段，分别是理论研究阶段与实证研究阶段。理论研究阶段是收集、整理、学习与提炼国内外文献资料，在保证文献资料完备与新颖的基础上进行全面深入剖析，运用文献梳理法进行论点的提炼和总结，目的是全面掌握核心文献资料，形成文献综述和概念界定。在文献的基础上完成本研究理论模型的建立，通过文献的整理，对模型的科学性进行初步验证，并结合企业环境的实际情况对模型进行修正。在假设的推导过程中遵循"大胆假设，小心求证"的原则，逐项认真地推导各个假设，做到合理准确，同时确保模型的科学性。

实证研究阶段是深入各大企业，对各大企业员工进行非随机抽样调查和典型抽样调查，并根据已有的资料设计调查问卷。对员工进行深入访谈，根据访谈结果拟定正式调查问卷，为后续的研究奠定基础。最后按照区域分布，按照企业特点与不同企业的影响力，实际发放调查问卷，并收回调查问卷。根据回收的调查问卷，完成问卷的数据处理以及结果分析，具体包括调查问卷的信效度检验、假设检验和结果讨论。

本研究的技术路线如图1-1所示。

```
          ┌─────────────────┐
          │ 雇主品牌研究、员工留任 │
          │ 管理的重要性及急迫性 │
          └────────┬────────┘
                   ↓
          ┌─────────────────┐
          │   提出研究问题   │
          └────────┬────────┘
         ↙                  ↘
┌─────────────────┐   ┌─────────────────┐
│ 国内外文献回顾与梳理 │←→│ 相关理论研究与分析 │
└─────────────────┘   └─────────────────┘
                   ↓
          ┌─────────────────┐
          │   确定研究范围   │
          │ 确定研究的概念   │
          │ 研究方法的选择与评价 │
          └────────┬────────┘
                   ↓
          ┌─────────────────────┐
          │ 数据分析以及变量描述性统计分析 │
          └────────┬────────────┘
         ↙                  ↘
┌─────────────────┐   ┌─────────────────┐
│ 基于雇主品牌与员工留 │←→│ 基于基本心理需求与员 │
│ 任以及破坏性领导的关 │   │ 工留任以及工作—家庭 │
│ 系研究与模型分析   │   │ 支持关系研究与模型分 │
│                 │   │ 析               │
└────────┬────────┘   └────────┬────────┘
                   ↓
          ┌─────────────────┐
          │ 相关结论及政策建议 │
          └─────────────────┘
```

图 1-1　本研究的技术路线图

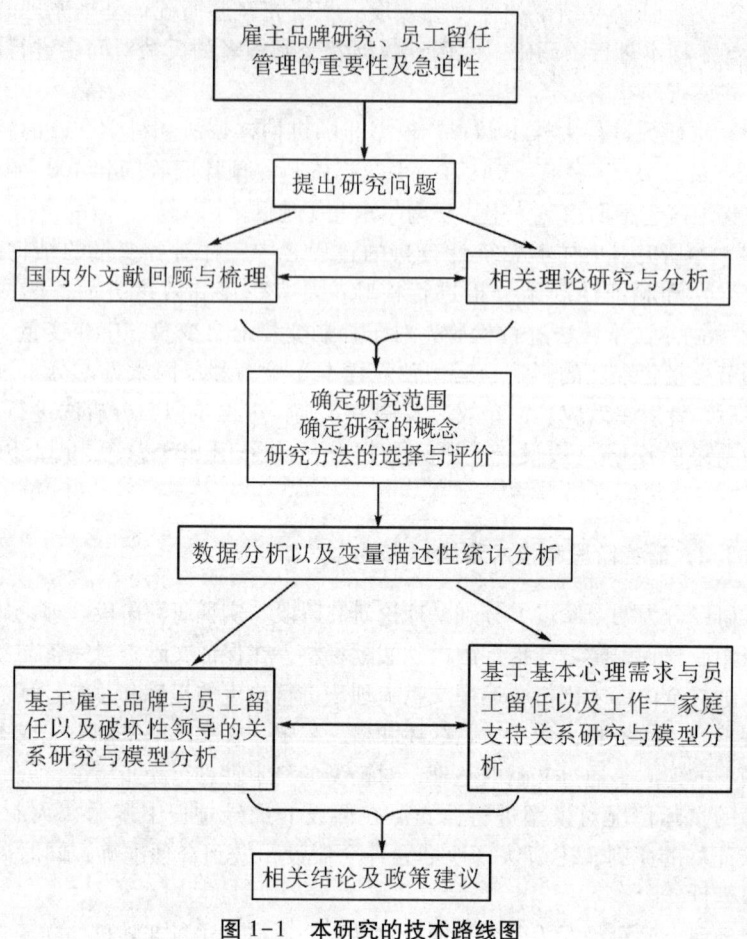

1.6　本研究的篇章结构

根据以上的研究内容、研究方法及技术路线，本研究各章的内容安排如下：

第一章为导论。这一章阐述了本书的研究背景（理论背景与现实背景），提出并分析了研究的问题，同时对研究的理论及现实意义、研究的主要内容、研究方法及技术路线、研究的篇章结构及研究创新分别做了总括性的阐述。

第二章是理论基础与文献综述。这一章主要分为七部分：理论基础，雇主品牌、员工留任、基本心理需求、破坏性领导、工作—家庭支持各构念的相关研究述评，文献综述小结，为下一章理论模型的构建和假设推导奠定基础。

第三章是研究设计。这一章主要分为三部分：概念模型和研究变量，研究假设的提出以及本章小结。本研究在自我决定理论的基础上，分析了相关概念之间的相互影响，然后着手本研究理论模型的构建。本研究就各概念之间的逻辑关系，从现有的研究综述和相关的理论出发，提出了雇主品牌与员工留任之间的关系假设、雇主品牌与基本心理需求之间的关系假设、基本心理需求与员工留任之间的关系假设等。其中，所做的假设推导包括主效应、中介效应和调节效应。

第四章是研究方法与数据分析。这一章主要分为六部分：深度访谈法、预调研、小样本数据分析、共同方法偏差的检验、大样本的数据收集与处理以及本章小结。本研究通过实证分析检验理论推导所构建的模型在现实中是否也成立。本研究首先进行深度访谈，选择符合研究要求的员工进行一对一的交流，并收集信息，以此进一步确定各构念之间逻辑关系的合理性，并结合实际情况，对问卷的题项进行修正；然后，发放小样本问卷，对回收数据进行预调研处理，根据调查对象的反馈和数据处理结果对问卷的表述加以修正，形成正式问卷；最后，在预调研的基础上，进行大样本抽样，回收问卷并对正式量表进行信效度检验以及验证性因子分析。

第五章是数据分析与假设检验。这一章主要分为五部分：描述统计分析，人口统计特征的方差分析，主效应、中介效应检验，调节效应假设检验，以及研究假设的检验结果汇总。本章还在数据处理基础上，验证研究假设，解读分析结果。

第六章是结论与展望。这一章主要分为三部分：研究结论与讨论，研究结论对管理实践的启示以及研究局限与展望。本章依据实证研究的数据结果，对研究内容进行总结和讨论，并依此得出相应的管理实践启示，深入剖析研究的不足并进行相应的展望。

1.7　研究创新

本研究有以下三个创新点：

（1）构建了雇主品牌对员工留任的影响机理模型，为研究员工留任提供了全新的视角。在以往国内外研究者对员工留任的研究中，学者们主要是从组织的角度出发，将重点放在了组织为争取员工留任的各种努力上，而忽视了实际做出留任行为的主体——员工。事实上，员工作为自我决定的主体，在主观评价组织为争取其留任所付出的努力后，综合考虑自己的基本心理需求是否得到满足，才最终做出是否留任的选择（Carver, Scheier, 1999）。可见，员工对基本心理需求满足的主观感知才是影响其留任行为的核心，基于组织层面的雇主努力仅仅是一个环境刺激。本研究基于自我决定理论，从员工对基本心理需求满足的主观感知视角出发，探索并验证了雇主品牌与员工留任之间的关系，进一步丰富了员工留任的相关研究。

（2）从自我决定理论出发，引入基本心理需求作为中介变量，打开雇主品牌与员工留任作用机制的"黑箱"。现有文献研究主要将视角聚焦在雇主品牌对员工留任的因果关系上，对于雇主品牌如何影响员工留任的中介机制的研究依然匮乏，雇主品牌以怎样的路径影响员工留任仍然是"黑箱"状态。本研究借鉴人力资源管理和心理学的相关理论、雇主品牌与营销学中顾客重复购买的研究成果，实证检验了企业员工基本心理需求在雇主品牌对员工留任影响机制中的中介作用，借此对雇主品牌建设以及企业管理实践提供建设性参考意见。本研究结合员工自身多样化的心理需求、高自主性、高风险偏好和创新性的特点，引入自我决定理论，以自主需求、胜任需求和关系需求基本心理三个需求分维度作为中介变量，研究雇主品牌对员工留任的影响机制，找到了打开雇主品牌与员工留任作用机制"黑箱"的一把钥匙，为后续研究提供了参考与借鉴。

（3）"阴阳式"地验证了破坏性领导风格和工作—家庭支持的调节作用。本研究开拓性地分别选取了领导风格的阴暗面代表——破坏性领导风格以及正向积极的工作—家庭支持作为两个调节变量，形成"阴阳式"的研究视角，共同调节整个模型。一方面，早期关于领导风格的研究主要集中在积极面的领导风格上，比如公仆型领导、诚信领导、魅力型领导等领导风格，较少研究选取阴暗面的领导风格，如破坏性领导、辱虐领导等。本研究探究破坏性领导风格是否调节了雇主品牌对企业员工基本心理需求满足的影响作用，采用逆向思维的方式，反向地从实证分析结果中向组织提炼出关于领导风格的负面清单并提出科学合理建议，进而帮助企业有效地留住核心员工。另一方面，工作—家庭支持属于工作家庭关系中的一种，表现为工作—家庭关系之间的积极作用。本研究探讨工作—家庭支持是否调节了员工基本心理需求对员工留任的影响作用，从积极正面的思维角度，正向地从分析结果中提出如何实现工作—家庭支持的建议，进而让企业有效地留住核心员工。

2 理论基础与文献综述

本章围绕研究中涉及的主要构念进行文献梳理，并对主要的基础理论进行回顾。本章在文献中找到各构念的主要涵义、测量方法和前后的影响变量，试图找出两两之间存在的关系，挖掘各构念间一脉相承的联系，并为本研究的概念模型建立、假设提出和测量工具等方面提供有意义的参考。

2.1 自我决定理论

自我决定理论（Self-determination Theory，简称SDT）在40年前由Deci和Ryan提出并完善，该理论具有深厚的哲学基础、丰富的思想内容和完善的理论构架，为世人所熟知。有些学者认为它是研究人类行为动机的理论，也有学者认为它属于社会学习理论的范畴。

近些年，随着自我决定理论在国内外的发展和完善，该理论被广泛应用于教育、心理、体育、科研等领域，对研究个体行为的激励与改变具有重要的指导价值。比如将自我决定理论应用于员工动机对员工发展的影响，提出创设良好的外部环境，满足员工三种基本心理需要，促进自身专业发展意识的觉醒，进行动机的自我调节的建议（林高标，林燕真，2013）。

自我决定理论已经成为环境对个体行为产生影响的因果理论框架。

首先，该理论假设有机生物体有一个先天、普遍的生理倾向的基本心理需求（Ryan，1995）。更具体地说，自我决定理论假设个体能够自我决定，但是经验表明，在具体的工作内容中，个体的自我决定往往与环境中角色要求相冲突（Gagne，Deci，2005）。自我决定理论表明个人是活跃的生物，将尝试整合自己在更大的社会环境中所需的行为与现有的自我。因此，在自我决定理论中，自主动机指的是外在动机程度已经成功地内化。

其次，自我决定理论满足基本心理需求的程度取决于环境和自我的决定，一方面，个体行为受到基本心理需求满足与自我决定的程度的影响；另一方面，环境对个体的基本心理需求满足起到重要作用（Hannes Leroy，Frederik Anseel，William，Luc Sels，2012）。自我决定理论表明员工和领导都不能在员工基本心理满足中占主要地位，而是两者共同的交互作用促进员工的基本心理满足（Deci, Ryan, 2000）。

最后，自我决定理论与积极心理学（e. g. Ryan, Deci, 2001）和积极的组织行为学（e. g. Luthans, Youssef, 2007）紧密联系。Greguras 和 Diefendorff（2009）发现员工能够与工作环境保持高度一致就能够获得更高程度的基本心理需求满足。

2.2 雇主品牌相关研究述评

2.2.1 雇主品牌的涵义

品牌通常分为三种：企业品牌、战略单元品牌和产品/服务品牌（Bierwirth, 2003; Keller, 1998; Strebinger, 2008）。雇主品牌受企业品牌的支撑，成为稳定的品牌存在（Burmann, et al., 2008; Petkovic, 2008）。学术研究中普遍认为，雇主品牌是企业品牌的一部分（Ewing et al., 2002; Kirchgeorg, Günther, 2006; Petkovic, 2008; Sponheuer, 2009）。

Riel（2001）将企业品牌定义为：企业为了创建和保持一个良好的企业声誉而系统筹划和实施的一种策略。Sponheuer（2009）构建了一个综合的理论框架，将雇主品牌和顾客品牌归入企业品牌理论体系下。这种理论体系的目的在于综合调节雇主品牌的两个矛盾面：一方面，雇主品牌的建设维护是为了满足潜在劳动力市场的需求；另一方面，雇主品牌又需要统一整体的企业品牌和局部的顾客品牌相一致，才能做到维持其品牌形象稳定的目的（Sponheuer, 2009）。

雇主品牌在研究和管理领域依然是一个比较新颖的话题，近几年学术界对雇主品牌的研究在不断增多，但在基本定义以及结构性研究方面的成果并不是特别理想（Backhaus, Tikoo, 2004; Edwards, 2010; Sutherland et al., 2002; Sponheuer, 2009）。关于雇主品牌定义的研究十分多元化，各学者从不同的视角如组织认同、企业声誉、组织形象、企业文化和企业品牌推广等各方面开展研究，呈现出"百家争鸣，百花齐放"的现象（Balmer, Greyser, 2003, 2006）。

Tim Ambler 和 Simon Barrow 在 1996 年的研究中首次提及"雇主品牌"这一概念，通过对来自 27 个公司的调查者进行关于品牌对人力资源管理的影响的深度访谈，他们将其定义为一个功能的、经济的和心理的利益的集合，这个集合产生于雇佣关系中，并且体现了雇主的"差异化"。自此之后，各位学者开始进行对雇主品牌的进一步研究①。

基于品牌理论视角，一些学者将雇主品牌认定为通过工作场所建立的企业形象，使得企业区别于其他企业，成为最优工作场所（Ewing, Pitt, De Bussy, Berthon, 2002; Berthon Ewing, Hah, 2005）。Martin（2010）提出不同企业之间的差异性的雇佣体验是通过雇主品牌来表达和传递的，雇主品牌不应该只是运用于招聘的工具或广告②。企业品牌研究公司 Versant（2011）认为雇主品牌的基础是员工在组织中的感受，即雇佣体验。当员工需求与雇佣体验之间相匹配时，员工更倾向于留在当前的企业，而不是离职，并且工作积极性也会有所提高。Will Rush（2001）表示雇主品牌是企业在现有和潜在雇佣心中所树立的形象，既能使现有员工对企业产生满意感，又能吸引潜在员工③。

基于雇佣承诺视角，许多的学者认为在组织或企业中雇佣价值的承诺是通过雇主品牌的理念向着组织当前的所有员工以及潜在员工来表达和传递的。雇主品牌是一种承诺，应当与企业品牌相匹配，而对于现有员工的去留，主要决定因素是组织能否满足现有员工的需求期望，若现有员工的需求期望能够得到满足，则更倾向于留在组织中（Dave Lefkou, 2001; Rogers et al., 2003; Ann Zuo, 2005; Hewitt, 2005）。Leigh Branham（2000）认为企业高管应通过各种途径对雇员做出承诺，努力营造出信任、和谐的人文环境，将企业的目标与人力资源管理和战略密切联系，并不断建设经营雇主品牌，使企业成为雇员心中的最佳雇主。

基于企业战略视角，Sullivan（2004）从战略角度将雇主品牌定义为"一项有针对性的、长期的用于管理雇员、潜在雇员和特定企业利益相关者的战略"。Edwards（2011）指出雇主品牌是雇主形象的象征，它体现在企业对员工激励、员工留任和吸引潜在员工一系列的政策、行为和价值体系中。Tanya Bondarouk 等（2014）将雇主品牌定义为公司长期导向的战略，目的是建设一个独特和理想的雇主身份并管理潜在的和当前的员工的看法，以获得竞争优势。雇主品牌是人力资源管理中的蓝海战略，需注意与企业文化的匹配（朱勇国，丁雪峰，2010）。

雇主品牌相关定义汇总如表 2-1 所示。

---

① AMBLER T, BARROW S. The employer brand [J]. Journal of Brand Management, 1996（4）: 185-206.

② MARTIN R EDWARD. An integrative review of employer branding and OB theory [J]. Personnel Review, 2010, 39（1）: 5-23.

③ WILL RUSH. What Your Employer Brand Can Do For You [J]. Dynamic Business Magazine, 2001（5）.

表 2-1　　　　　　　　　　雇主品牌的概念汇总

视角	立足点	定义内容	提出者
品牌理论	组织外部—潜在员工	在潜在劳动力市场上建立有关本企业是最佳工作场所的企业形象，使得企业区别于其他企业，成为最优工作场所	Ewing, Pitt, De Bussy, Berthon（2002）；Berthon Ewing, Hah（2005）
	组织内部—在职员工	雇主品牌是雇员关于企业独特雇佣体验的表达，而不仅仅是招聘工具	Martin（2010）
	组织内部—在职员工	雇主品牌是基于员工在组织中的感受，即雇佣体验。员工心理需求与雇佣体验之间的匹配有助于激励员工并促进员工留任	企业品牌研究公司 Versant（2011）
	内外部的有机结合	雇主品牌是企业在现有员工和潜在雇佣者心中所树立的形象，既能使现有员工对企业产生满意感，又能吸引潜在员工	Will Rush（2001）
雇佣承诺	组织内部—在职员工	企业管理者应通过各种途径对雇员做出承诺，努力营造出信任、和谐的人文环境，将企业的目标与人力资源管理和战略密切联系，并不断建设经营雇主品牌，使企业成为雇员心中的最佳雇主	Leigh Branham（2000）
	内外部的有机结合	雇主品牌是一种承诺，应与企业品牌相匹配，对于潜在员工，这种承诺及雇主传递该承诺的能力决定了雇主在员工心中的地位并最终影响员工的抉择；对于现有员工，雇主品牌与期望的匹配度将决定其去留	Dave Lefkou（2001）；Rogers et al.（2003）；Ann Zuo（2005）；Hewitt（2005）

表2-1(续)

视角	立足点	定义内容	提出者
企业战略	内外部的有机结合	从战略角度将雇主品牌定义为"一项有针对性的、长期的用于管理雇员、潜在雇员和特定企业利益相关者的战略"	Sullivan（2004）
		将雇主品牌作为雇主的形象标志，这一标志具体表现为与企业为留住现有员工和激励潜在员工的相关激励体系及其他行为体系	Edwards（2011）
		雇主品牌为公司长期导向的战略，目的是建设一个独特和理想的雇主身份并管理潜在的和当前的员工的看法，以获得竞争优势	Tanya Bondarouk, Huub Ruël, Elena Axinia Roxana Arama（2014）
		雇主品牌是人力资源管理中的蓝海战略，雇主品牌战略实施要注意与企业文化相匹配	朱勇国，丁雪峰（2010）

由此可见，雇主品牌站在一个全新的视角阐述了雇主与员工、雇主与潜在员工之间的关系。雇主品牌理论把企业员工视作顾客，通过在企业员工心中树立良好的雇主形象，来达到吸引、激励和保留核心员工的作用，从而增加企业的竞争力（Will Rush，2001）。而雇主品牌是从市场营销领域走到人力资源领域的，概念脱胎于营销领域的产品品牌，在早期营销文献中，Gardner 和 Levy（1955）便把品牌形象分为功能性和象征性特征。研究结果表明当消费者感知到公司品牌的时候，会相应地赋予其品牌象征性的意义，而不仅仅只感知到其功能性的特征。

综上所述，本研究将雇主品牌定义为：雇主品牌通过在企业员工心中树立良好的雇主形象（含象征性特征和功能性特征），来达到吸引、激励和保留核心员工的作用，从而增加企业的竞争力。

2.2.2 雇主品牌的测量

在对雇主品牌的测量研究中，学者们更多的注意是放在功能性方面的维度，而对象征性方面维度研究较少。

功能性是指客观存在的特征，以及与产品本身相关的材料。卡茨（1960）把品牌形象的功能特征和人们的需求效用联系在一起。在雇主品牌领域，功能性利益常常描述客观条件上组织所提供的雇佣价值，如报酬、福利、假期津贴、工作环境等。

象征性指的是产品使用价值以外主观描述的、无形的特征，一般通过意象来表现（Keller，1998）。具体表现在个体为了维持自我一致性，会与品牌的象征性特征产生相互影响和联系，消费者为了表达和提升自我形象，通过购买具有某种象征特征的品牌试图把个人特质与品牌联系在一起（Katz，1960；Sirgy，1982；Shavitt，1990；Aaker，1997，1999）。雇主品牌象征性特征可能包括一些组织属性，类似创新或声望，即潜在申请人觉得有趣或有吸引力的特性（Elliott，Wattanasuwan，1998）。员工通过建立对组织的信誉认知，从而获得自己如果在该组织任职，可能产生的自我认知和社会认可。

象征性特征可以认为是品牌的性格特征。人们是从模糊到清晰逐渐认识雇主品牌象征性维度的，随着研究的发展人们对雇主品牌象征性维度的认识也将越来越深刻。当人们对企业的创新因素、保守因素或者社会影响力产生认同时，这些特性会转化为雇主对员工的吸引力（Slaughter et al.，2004）。Aaker（1997）把人类性格特质与品牌关系进行对比，把品牌的象征性意义分别从五个方面进行划分：真诚、激情、能力、老练和粗犷。

Lievens 和 Highhouse（2003）通过研究 275 个应届毕业生（潜在员工）和 174 个银行职员（现有员工）样本，将雇主品牌分为功能性、象征性特征两个维度，并认为品牌之间的功能差异有限时，象征职能显得更重要。Lievens 在此后对雇主品牌的研究中，以象征性和功能性两个维度进行多项研究和调查。他与 Hoye 和 Anseel（2007）在比利时军队进行抽样，使用了 955 个人（429 个潜在申请参军者，392 个实际申请参军者和 134 个军人）的样本，通过对参与者的分类——潜在申请参军者、实际申请参军者和（任期不足三年的）军人，测试了功能性和象征性雇主品牌特征的相对重要性，并将雇主品牌概念化为工具性和象征性的结合体。同时他认为在预测组织认同时，员工会更加重视雇主的象征性维度。2013 年他又与 Greet Van Hoye, Turker Bas, Saartje Cromheecke 在这两个维度下调查了在非西方集体文化下的雇主形象与其吸引力。

除了象征性和功能性两个基础性维度的研究外，各位学者还对此进行了更多细分。

Lopus 和 Murry（2001）通过对企业现有员工的深入和长期研究，总结出了最佳雇主的标准。Hah 和 Collins（2002）通过对 1955 位工科学生的研究，提出雇主品牌资产价值的三个维度，即品牌知名度、品牌联想和感知质量。Sutherland, Torricelli 和 Karg（2002）在对 274 名脑力劳动者关于最佳雇主的定量研究时，通过排序衡量标准，发现排在前五位的是：工作挑战性、培训机会与未来发展、绩效与薪酬、良好的创新环境、岗位轮换和工作差异化。Agrawal 和 Swaroop（2009）对雇主品牌形象进行研究，通过问卷数据进行分析，发现义务与权利、薪酬与工作地、培训与晋升机会、人文因素这几个方面对潜在员工在选择雇主时具有较强的影响作用，并且提出雇主品牌对潜在雇员的求职意向能产生重要的影响。Anne-Mette 和 Sivertzen 等（2013）基于潜在员工的视角认为创新价值、心理价值、应用价值、社交媒体的使用与企业声誉五个维度构成了雇主吸引力。Marino 和 Bonaiuto 等（2013）通过对潜在的员工市场的调研，总结出了最理想的雇主品牌属性前五项是：未来的雇主的创新能力、社会责任、开放性、重视能力和知识程度以及雇主为雇员提供职业道路的多样性。

朱勇国和丁雪峰等（2005）以企业现有员工为研究对象将雇主品牌分为企业实力、工作本身、管理风格、员工关系、薪酬制度、完善的福利制度、个人发展七个维度。杨茜（2006）在对雇主品牌进行研究时，在功能性、象征性维度的基础上还增加了一个体验性维度。殷志平（2007）通过实证研究，发现初次求职者和再次求职者在对待雇主吸引力上的认识有所不同，初次求职者更看重雇主吸引力中的环境、名誉、发展维度，而对于再次求职者来说，看重的雇主吸引力维度是社会、名誉和环境，因此企业应该对初次求职者和再次求职者采取有针对性的措施①。

本书采用 Berthon，Ewing 和 Hah（2005）的雇主吸引力（EmpAt）量表来对雇主品牌进行测量，该量表经过多层回归分析和筛选从前人 32 个指标中最后留下 25 个指标构成了最终的 EmpAt 量表。Berthon，Ewing 和 Hah（2005）基于潜在雇员的视角，提出了影响雇主吸引力的五因素，其中五因素包括兴趣价值、团队价值、经济价值、发展价值和应用价值②。这五个因素既包含在雇主品牌功能性特征中，也包含在雇主品牌象征性特征中。

2.2.3 雇主品牌的主要理论

1. 组织认同理论

雇主品牌研究的基本理念是组织雇主品牌在某些方面呈现区别于其他组织的特质，使潜在的和现有的员工受到吸引。这种吸引力应当是亲和的，使得企业内部员工，将自己与组织相连接，产生归属感。

组织认同的研究起源于社会心理学的社会认定和文化认定，是组织行为学领域的重要研究课题。对组织认同定义的研究很多，Riketta（2005）梳理前人文献，将其定义分为三类：

从认知角度出发，组织认同被定义为个体产生"合一的归属于该组织的看法"的认知过程，使个人与组织在价值观上达成了一致（Ashforth，Mael，

---

① 殷志平. 雇主品牌研究综述［J］. 外国经济与管理，2007，29（10）：10.

② PIERRE BERTHON, MICHAEL EWING, LI LIAN HAH. Captivating company: dimensions of attractiveness in employer branding［J］. International Journal of Advertising-The Quarterly Review of Marketing Communications, 2005, 24（2）: 151-172.

1989)。

从情感角度出发，组织认同被定义为成员受到组织吸引并不断产生预期，进而保持在情感上的某种自我定义（O'Reilly，1986）。

从社会学角度出发，组织认同被定义为个体在成为组织成员之后，在拥有这一身份基础上，产生价值观上的一致和情感上的归属（H. Tajfel，1972）。①

雇主品牌推广的主要目标之一就是鼓励现有员工认同组织（Edwards，2005；Martin，2008）。组织认同能够通过赋予员工价值来激励成员并帮助引导员工的行为（Ashforth，Mael，1996），员工对组织的认同程度和员工忠诚于组织的程度与员工在工作中的积极表现相互影响且正相关（Mael，Ashforth，1992）。这便促使组织积极建设自己的雇主品牌以获得潜在或现有员工更高程度的认同。

2. 组织忠诚理论

组织忠诚来源于社会学的承诺概念。学者对于组织忠诚的界定持不同观点，组织忠诚强调接受组织价值观并表现出为组织效力的行为。

Becker（1960）以单边投入理论解释组织忠诚的形成过程，Becker认为具体个体一致性行为的产生，是组织忠诚度发挥了重要的作用，组织忠诚度从一个隐性的角度解释了个体产生的一致性行为。Meyer等（1988）提出了组织忠诚的三个因素模型，认为在个体设有一个或多个目标的一系列行动中，组织忠诚对这些行动的产生起到了驱动的作用。

组织认同与组织忠诚的概念类似，甚至有许多学者将二者等同起来。魏钧等人（2007）指出了二者的区别，在成员离开组织之后，组织认同仍然可以起作用，其研究的侧重点在于揭示成员由"我"到"我们"的同化过程，而组织忠诚研究的侧重点在于解释员工持续为组织效力的卓越表现。

组织忠诚的形成是一个过程，而该过程的具体表现是现在学界研究的热点之一。一般情况下，学者们将组织忠诚的形成过程分为了五阶段或三阶段。Brickman等（1987）认为，按个体与外部环境的交互作用的不同特点，可以将组织忠诚的形成过程分为探索、试验、激情、平静和厌烦及整合五个发展阶段。韩翼和廖建桥（2005）认为组织忠诚的形成与员工职业周期有关，若员工在一个组织中完成其职业生涯的发展，那么组织忠诚过程可分为震荡期、认同期、稳定期、反刍期和固化期五个阶段。Mowday（1982）等认为，组织忠诚的形成过程可分为期望、起始和固化三个阶段，员工周期性的自我强化，会随着工作时间的增长和工作内容的变化，逐渐增强员工个体对组织的承诺。

---

① 魏钧，陈中原，张勉. 组织认同的基础理论、测量及相关变量 [J]. 心理科学进展，2007，15（6）：948-955.

3. 组织支持

员工与组织之间的关系应该是相互的，组织善待员工，员工回报组织更高程度努力以实现组织目标，二者应是互惠的。Eisenberger 等（1986）认为当时学界单向研究"员工对组织的承诺"存在缺陷，忽略了"组织对员工的承诺"这一方向，提出了组织支持理论。理论的提出者认为当组织能够对员工表示出关心和重视时，组织中的员工会对这种关心和重视形成自己的观点，这种观点或看法就是组织支持感。良好的组织支持感能够促进组织自身的效益，减少员工磨洋工或旷工的行为，从而提升组织自身的效益。Eisenberger 等人发现虽然组织和员工的关系是互惠的，但这种关系由组织开始，先有组织对员工的承诺，才会有员工对组织的承诺。组织支持理论和其核心的组织支持感概念的提出，受到了学界的广泛关注。

一般来说，组织支持被定义为组织与个人的交换内容，包括所有情感的和物质资源。组织支持越高，员工越倾向使用负责任的工作来回报企业；组织支持减少，组织的工作人员的责任感就会降低（刘小平，王重鸣，2001）。

2.2.4 评析

关于雇主品牌的研究，在理论和实业界依然是一个比较新颖的话题。近几年来学者们对雇主品牌的研究在不断增多，但在基本定义以及结构性研究方面的成果并不是特别理想。关于雇主品牌定义的研究十分多元化，各学者从不同的视角如组织认同、企业声誉、组织形象、企业文化和企业品牌推广等各方面开展研究，呈现出"百家争鸣，百花齐放"的现象。通过综合各学者的定义，本研究将雇主品牌定义为：雇主品牌通过在企业员工心中树立良好的雇主形象（含象征性特征和功能性特征），来达到吸引、激励和保留核心员工的作用，从而增加企业的竞争力。

通过文献梳理可以发现，学者们关于雇主品牌的研究视角经历了从强调工作场所吸引力到强调企业对员工做出的价值承诺再到强调员工与求职者和雇主之间的关系的转变。本研究着重探讨雇主品牌对企业现有员工行为的影响，为了更好地探究其作用机制，将雇主品牌选定为单一维度。同时，通过文献梳理发现，雇主品牌对员工绩效、组织忠诚、员工离职都有显著影响。

2.3 员工留任相关研究述评

2.3.1 员工留任的涵义及主要概念辨析

所有的组织，不论其规模大小，要健康持续发展都需要解决人的问题，而这样的人不仅包括顾客和管理者，还包括雇员。雇员的质量决定了组织的效率和效能，因此雇员的质量尤为重要，比如同样的两个组织拥有同样学历素质的雇员，则雇员的在职时间长短决定了组织的竞争力，学术研究中将雇员在职时间问题称为员工留任问题。随着近些年企业竞争越来越激烈，员工留任问题变得愈发紧要。Herman 在 1990 出版的"*Keeping Good People*"一书中正式提出员工留任问题，近几年，学者们也开始重视对员工留任的研究。Frank 等（2004）将员工留任定义为"雇主为了满足业务目标而使员工乐意留下的努力"。Masood（2011）将 Frank 等人的定义细化，认为雇主所做的努力是激励手段，这些激励手段激励员工在尽可能长的时间留在组织直到项目完成。然而，员工是实际做出留任行为的主体，员工是在主观评价雇主为争取其留任所付出的努力后，与其自身基本心理需求相匹配，才做出是否留任的决定。对于员工留任的定义应该从员工自身出发。如学者 Mak 等（2001）提出员工留任应该从员工的离职倾向、工作倦怠、组织忠诚三个角度来界定。

一些学者将员工留任问题归于组织的人力资源政策，认为员工留任是其重要构成要素。员工留任政策分为三步，首先引进适合该组织的员工，然后使其融入其中并延长他的在职时间，最后达到让员工乐于为组织奉献的地步（Freyermuth，2004；Madiha，et al.，2009）。而一些学者将员工留任影响范围扩大，Herman（2005）认为员工留任是高层管理者所必须要面对的问题，其不仅仅是一个人力资源策略，更是一个管理策略，不是单单的人力资源管理总监就可以进行的决策，直接将问题指向公司首席执行官（CEO）。同时他还将雇主品牌与员工留任相结合，认为不管是内部还是外部的雇主品牌都对员工留任产生影响。[①] Dr. Mita Mehtal 等人（2014）认为为了管理好最有潜力的员工，需要对组织愿景、战略和员工的各种基本心理需求进行持续平衡。

人力资源部门的工作任务是将合适的人在合适的时间与合适的地方给他们安排合适的工作。但实际上，员工留任比员工招聘更为重要，一个好的员工永远不会缺少提升的机会，如果他对于现阶段的工作不满意，那他就会跳槽。优秀组织的优秀就在于他们关注自己的员工并知道如何促进员工留任。而员工离职的原因有很多，有个人的也有专业性的原因，员工如果对工作满意并感到需求被满足那么就更愿意留下伴随组织成长（Sandhya，Kumar，2011）。

很多研究表明了员工留任的重要性，如工作满意度、人员周转率、离职成本、缺勤迟到率和企业信息等（Sandhya，Kumar，2011；Dr. Mita Mehtal，et al.，2014）。离职成本对于公司来说可能是成千上万的，实际上，计算离职成本是很难的，因为它又包括了招聘成本、培训成本和生产损失，业界专家通常

---

① ROGER E HERMAN. HR Managers as Employee-Retention Specialists [M]. Employment Relations Today, 2005.

用员工工资的25%作为对离职成本的保守估计。员工留任同时影响到了组织效率，招聘、培训等各种与之相关所付出的时间是不可小觑的，员工离职后对于再招聘一个人来替代他，也不一定保证能让情况和以前一样。企业信息是员工留任另一重要性的展现，当一个员工离职时，他也会给新雇主带去原雇主的企业信息、顾客信息、现阶段项目信息和以往研究的竞争对手信息。为了让员工留下，组织势必会付出很多时间和金钱，如果员工离职，这样的付出就会付之一炬。此外，随着员工离职，相关的客户资源也会损失，因此为了保持与顾客的进一步发展，雇员稳定的重要性也是不言而喻的。如果员工突然离职，不仅现有顾客可能会产生不满，潜在顾客也可能会随之流失。更让人心惊的是，离职的出现会带动更多人离职，一方面，员工的离职会使得组织出现不稳定情况；另一方面，通常留下的人会被要求来收拾残局。因此，一旦有员工离职，一种无法言说的消极情绪就会蔓延至所有剩下的员工。

2.3.2 员工留任的测量

由于学术界对员工留任的研究还处在起步阶段，过去大多数学者把员工留任和员工离职或者离职倾向作为相对立的两个方面来研究，所以，目前关于员工留任概念界定还没有统一下来。目前关于员工留任的测量进行第一次系统明确划分的是Mak等学者（2001），他们提出员工留任可以从离职倾向、工作倦怠和组织忠诚进行衡量和判断。当员工产生工作倦怠或者组织忠诚度降低的时候，必然不会对组织目标做出应有的贡献，最终会选择离开企业。

除了Mak发表了对测量员工留任的观点之外，其他学者对此也发表了不同的见解。Kacmar，Bozeman，Carlson和Anthony（1999）采用结构方程模型测量员工留任，把解释变量设定为工作焦虑、工作满意度和离职倾向，结果发现这三个维度能很好地表征员工留任。Seok-Eun Kim，Jung-Wook Lee在2005年通过对一个使命导向的非营利的人类服务机构的实证分析发现，在这类机构中使命投入是测量员工留任的主成分，应该予以考虑。此前学者Brown和Yoshioka's（2003）也在其研究中提出用使命投入和满意度来测量非营利组织的员工留任。

Hira Fatima（2011）提出薪酬制度（Bamberger，Meshoulam，2000；Woodruffe，1999；Pfeffer，1998；MacDuffie，1995）、职业发展机会（Rodriguez，2008）、工作环境（Benson，2006；Jamrog，2004）和上级支持（Madiha，et al.，2009；Ontario，2004）是影响员工留任的重要维度，并且通过这些维度与组织的能力相联系，证明员工留任对组织的发展大有裨益。Iverson和Roy（1994）从组织忠诚、身体状况和工作安全感三个方面来测量员工是否有留任意愿，通过研究发现，工作危害越高员工留任意愿就越不强烈。Jordan-Evants（1999）指出在测量员工留任的角度中应该加上工作满意度和工作关系。令人尊敬的上级和较高的工作满意度能提高员工的留任意愿（Dobbs，2000；Law et al.，2000；Buckingham，Coffman，1999）。Malik 等（2011）对巴基斯坦商业银行私人部门177位雇员进行实证研究，他们从工作满意度、情感承诺二维度对员工留任进行研究和测量，认为工作满意度与情感承诺是员工开发投入作用于离职倾向的完全中介，企业对员工开发投入越多，从而员工的工作满意度和情感承诺越高，就能够有效地降低员工离职倾向，员工就越倾向于留任。随着自由化办公的发展，员工认同、弹性工作制和培训对衡量员工留任应该占有优先权重（Cunningham，2002）。

当然测量的角度形形色色，因归咎于各研究人员选择研究切入点的不同，有学者从组织和个人两大维度对员工留任的测量进行了更加具体的细分。如 Walker（2001）提出测量员工留任的七个角度——现有工作的薪酬与激励、有挑战性的工作、职业发展（Boomer，Authority，2009；Arnold，2005；Herman，2005；Hiltrop，1999）、组织氛围、同事关系（Zenger，Ulrich，Smallwood，2000）、职业生活和私人生活的平衡、良好的沟通（Gopinathand，Becker，2000）是对测量员工留任因素比较全面的概括。而 Hytter（2007）则用员工因素和组织因素两个维度对 Walker 的七个维度进行了概括，员工因素包括员工忠诚、组织忠诚以及组织公民行为[①]；而组织因素有奖励制度、领导风格、职业发展机会（Arnold，2005；Herman，2005；Hiltrop，1999）、培训（Rodriguez，2008；Echols，2007；Gershwin，1996）以及职业生活与私人生活的平衡。

综上所述，员工留任以往的测量既有组织层面又有员工层面的角度，考虑到本研究的实际情况，本研究从员工的视角来测量雇主品牌对员工留任的影响机制。本书采用 Mak 从离职倾向、组织忠诚和工作倦怠三个维度对员工留任进行界定，该界定包含了已被学术界认可的员工离职倾向、组织忠诚层面，同时也包含了员工工作状态——工作倦怠衡量概念。

2.3.3　员工留任的前因变量

1. 员工投入

对于影响员工留任的因素，学者提出过不同的理论进行探索。早期研究中 Becker（1960）提出单边投入理论，该理论认为产生单边投入的方式包括员工对组织文化非特殊的要求、不受员工个人感情影响的官僚制度安排、对于社会定位的员工个体调整和与同事面对面的交互作用。从单边投入理论可以看到，

---

① HYTTER A. Retention strategies in France and Sweden [J]. The Irish Journal of Management，2007，28（1）：59-79.

员工对组织的投入不仅是员工的时间、金钱以及精力，还包括了员工的情感投入。① 同时 Becker 从经济学的角度出发，认为随着员工对组织各种投入的增加，员工的离职成本也在增加，所以员工会选择继续留在企业。Allen 和 Meyer 以单边投入理论为基础，认为员工留任的原因还包括员工所知觉到的离开组织所带来的损失以及知觉到的可选择工作机会的减少。② 王莉等根据单边投入理论，将员工留任原因分为 7 类，分别是他人的期望、自我实现的需要、经济回报、已有投入、生活便利、组织认同感、替代的工作机会。③ Seok-Eun Kim 和 Jung-Wook Lee 在 2005 年通过对一个使命导向的非营利的人类服务机构的实证分析发现，员工的使命投入会影响到员工留任。

2. 认同感

Kelman（1958）在关于态度变化的研究中，提出个体的态度变化经历三个过程，分别是顺从、认同和内部化。可以看到，当员工对组织的态度是顺从时会为获得特定的报酬或者是避免特定的惩罚，选择留在企业组织；当员工认同组织中的某个人或者是与组织中的群体维持关系时也会选择留在企业；当员工认为自己的价值观与组织的某个人或者组织的价值观相似时同样会选择留在企业组织。④ Iverson 和 Roy（1994）认为态度性承诺（组织忠诚）、身体状况和工作安全感与员工的留任意愿正相关，如果工作危险程度高会减弱员工的留任意愿。Mitchell 和 Lee（2001）在其离职模型研究中，以工作嵌入模式为切入点，工作嵌入是指当员工与组织有许多紧密的社会联系时，将通过各种方式嵌入或者陷入组织的社会网络中。

学者们关于工作嵌入的研究一般从联结、匹配和牺牲三个维度出发。当员工与组织或者组织中的其他成员变为联结的工作或者非工作的依赖性关系时，员工与组织联结的规模越大，员工依赖其组织的程度将越高；当员工感知到与组织和环境相容时，不仅员工的价值观、职业生涯目标等与组织的主流文化和工作要求等相匹配，员工的家庭等个人因素也与组织的环境相容，当员工选择离职时则需要变换生活再调适。员工离职时，将会丧失与工作相关的直接损失（比如同事、各种实惠愉快的工作生活）和各种远期转换成本要素（原单位弹性工作制给予个人发展需要和照顾家庭的时间好处、组织提供的影响个人生活

---

① BECKER H S. Notes on the Concept of Commitment [J]. American Journal of Sociology, 1960 (66)：32-42.

② ALLEN N J, J P MEYER. The Measurement and Antecedents of Affective, Continuance, and Normative Commitment to the Organization [J]. Journal of Occupational Psychology, 1990 (63)：1-18.

③ 王莉，石金涛，学敏. 员工留职原因与组织忠诚关系的实证研究 [J]. 管理评论, 2007, 19 (1).

④ HERBERT C KELMAN. Changing Attitudes Through International Activities [J]. Journal of Social Issues, 1962, 18 (1)：68-87.

的额外福利）。①

3. 领导风格

Jordan-Evans（1999）在研究员工留任因素时引入领导这一变量，认为员工的留任意愿会受到领导风格和工作满意度的影响。Buckinghan 和 Coffman（1999）认为领导对员工的职业发展和工作上的关怀直接影响员工的留职意愿，而且能够提高员工的留职意愿。Dobbs（2000）在研究员工留职意愿时发现最主要的因素是员工与领导的关系。Stein（2000）的研究结果表示管理人员对员工进行适当的奖励、授权以及真诚的关怀对员工留任能够起到关键的作用。郑怡雯（2011）以某食品公司为例，指出公司能够通过领导者的领导行为以及提高员工工作满意度来留住公司重要人才，其中关怀型领导、引导型领导对员工留任存在显著正相关关系，内在满意、外在满意、一般满意三者对员工的留任意愿存在显著正相关关系。

4. 组织文化、工作环境等其他因素

研究表明组织成员受到的工作压力会影响员工留任（Floyd，Lane，2000；Ketchen，et al.，2007；Upson，et al.，2007；Erik Monsen，Wayne Boss，2009）。More（1994）的相关研究表明企业可以通过减轻员工的工作压力并且重视和关心员工的职业发展，来增强企业中员工留任意愿。

Sheridan（1990）在研究员工留任的影响因素时发现组织文化影响员工留任，并且呈现正相关。刘平青（2011）在对内部营销与创业型企业员工留任意愿的关系进行研究时认为，创业型企业员工更加看重内部营销中的培训发展、奖赏制度、内部沟通。这些因素对留任意愿有巨大的促进作用，并且有显著正向关系，其中培训发展有极显著的正向影响。②

2.3.4 评析

学术界关于员工与组织之间雇佣关系的研究浩如烟海，其中员工留任问题一直是学者们研究的重点。Herman 在 1990 出版的"Keeping Good People"中正式提出员工留任问题。在众多关于员工留任的研究中，Frank 等（2004）提出，员工留任是雇主为了满足业务目标而使员工乐意留下的努力，这一定义在学界得到普遍认同。然而，本研究认为员工是实际做出了留任行为的主体，对于员工留任的决定应该从员工的角度出发。所以，本研究结合 Mak 等（2001）

---

① LEE T W, TERENCE R MITCHELL, CHRIS J SABLYNSKI, et al. The Effects of Job Embeddedness on Organizationalitizenship, Job Performance, Volitional Absence and VoluntaryTurnover [J]. Academy of Management Journal, 2004, 47（5）：711-722.

② 刘平青，李婷婷. 内部营销对创业型企业员工留任意愿的影响研究：组织社会化程度的中介效应 [J]. 管理工程学报，2011（4）.

对员工留任的相关研究，将员工定义为员工在综合考量雇主为争取其留任所付出的努力以及员工自身基本心理需求满足程度后做出的一种回应。

从文献梳理中不难发现，员工留任测量维度的研究都十分多元，从组织认同、绩效体系、激励制度、工作倦怠、离职倾向到工作环境等各方面都有学者进行研究。本研究从人力资源本体——员工出发，采用 Mak 的离职倾向、组织忠诚和工作倦怠三维度对员工留任进行界定，该界定包含了已被学术界认可的员工离职倾向、组织忠诚层面，同时也包含了员工工作状态（工作倦怠）的衡量。

在对员工留任的前因变量总结梳理的过程中我们发现，Becker、Allen 和 Meyer 主要是从成本的角度探讨员工留任的影响因素，随着员工对组织的投入越来越多（投入的逐渐增加构成对员工行为的约束），员工将继续留在组织。而 Kelman 认为随着时间的推移，员工会逐渐认同组织目标和价值观，进而产生对组织的情感依附。Mitchell 和 Lee 结合了之前三人的研究结果，认为员工留在组织是因为成本、目标以及价值观匹配等原因的集合。之后 Jordan-Evans、Buckinghan 和 Coffman，Dobbs，Stein 及郑怡雯在对员工留任的研究中都引入领导风格这一因素，认为随着领导风格转向关心员工，给予员工更多授权时，员工会认为自己受到重视，对组织更加满意，觉得在当前组织中会有更大的发展，进而留在组织。而 Sheridan 等人独辟蹊径地认为组织文化潜移默化地使得员工选择继续留在组织。最后中国学者刘平青在创业的特殊背景下研究员工的留任意愿，发现内部营销中的培训发展、奖赏制度、内部沟通对员工的留任意愿有促进作用。与以往的研究相比，本研究站在员工角度，同时考虑了雇主与员工两个方面对于员工留任的影响，这将进一步丰富对于员工留任领域研究的理论，并且为管理实践提供智力支持。

2.4 基本心理需求的相关研究述评

2.4.1 基本心理需求的涵义及主要概念辨析

尽管与自我决定理论（Self-determination Theory）相关联的研究可以追溯至 20 世纪 70 年代，但直到 1985 年 Deci 和 Ryan 在著作"Intrinsic motivation and self-determination in human behavior"① 中才第一次明确提出了该理论。该理论基于行为的不同原因和目标将不同类型的动机进行区分，并详细阐述了环

---

① DECI E L, RYAN R M. Intrinsic motivation and self-determination in human Behavior [M]. New York: Plenum, 1985.

境作用于个体并对其行为产生影响的机制,对激励和改变个体行为有十分深刻的指导意义。①

随后,学术界开始重视该领域,经过多年的研究得到颇丰的成果。Deci 和 Ryan 将该理论不断完善,并形成五个理论。其中较新的研究成果是基本心理需求理论(Deci, E. L, Ryan, R. M, 2000, 2004)。基本心理需求理论被认为是自我决定理论的核心(张剑,张微,宋亚辉,2011),该理论强调影响个体自我整合活动的环境因素。在随后的研究中,Deci 和 Ryan 发现,不管是在集体主义文化中,还是在个人主义文化中,自主需求(Autonomy)、胜任需求(Competence)和关系需求(Relatedness)的满足程度都影响了人的心理健康,这表明了该理论的普遍适应性。② 这种对人的基本心理需求的研究在后来被证明是非常有用的,它为不同的社会力量和人际交往环境如何影响人的自我控制提供了一系列的说明。胜任、自主与关系三大心理需求是人与生俱来的,个体趋向于努力寻找合适的环境使自己的这些需求得到满足。而其需求的满足是促进个体人格发展和认知结构完善的重要条件。该理论阐述了环境通过满足个体基本心理需求来激励和改变个体行为的作用机制,这为自我决定理论的实证研究提供了逻辑基础。

自主需求指的是自我抉择和自己做决定的需求,自我决定理论高度强调自主性需求,认为自主性的支持(Autonomy Support)、鼓励尊重个体的观点及选择的权力,有利于激励个体自我决策,对产生积极正面的心理效应大有裨益。许多研究也表明了这一点,Vansteenkiste, Simons, Lens, Sheldon 和 Deci(2004)通过对在校大学生的分组研究和对营销专业学生的系列调查发现,自主支持的环境能帮助学生提高学习成绩和增加学习时间;Paker, Jimmieson 和 Amiot(2010)通过对 123 名人寿保险企业的职员在工作负荷、任务控制、工作自我决定等一系列指标的问卷调查中发现,自我决定度高且任务控制感强的职员能体验到更多的工作投入,自我决定度低且工作负荷感强的职员的健康问题更突出;Sheldon 和 Watson(2011)通过对 141 名自由运动员、83 个体育俱乐部专业运动员和 40 个运动系在校学生的调研发现,教练给予运动员的自主性支持越多,运动员在训练和运动中的积极体验越多。

胜任需求指个体乐于挑战自我,并且在这个过程中得到与自己期望相符合的需要(White, 1959)。自我决定理论中关于胜任需求的描述使用的是 Competence 这一单词,通过对胜任这一概念的文献梳理不难发现,在学术界 Competence 和

---

① 张剑,张建兵,李跃,等. 促进工作动机的有效路径:自我决定理论的观点 [J]. 心理科学进展, 2010 (18): 752-759.

② EDWARD L DECI, RICHARD M RYAN. Self-Determination Theory: A Macrotheory of Human Motivation, Development, and Health [J]. Canadian Psychology, 2008, 49 (3): 182-185.

Competency 的混用情况十分突出，有必要对 Competence 和 Competency 进行区分。Competence 指胜任的条件或状态，它描述的是为了做好工作必须要克服困难去做的事情，是工作对员工的要求。其包括两方面内容：需要做的事情及其标准。Competency 指的是人们可以做的事情，而不是指做事情时的表现（Micheal，Angela，1998）。

关系需求是指人们在保障自我安全的情况下与他人保持亲密关系的需求，是一种能与他人建立互相尊重和依赖的感觉①，这是一种归属感的需求。美国心理学家 Clayton Alderfer 在 1969 年基于马斯洛需求层次理论提出了 ERG 理论，该理论认为人的基本需求包括生存需求、关系需求以及成长需求。其中，关系需求被定义为人们想要维持重要的人际关系的渴望。②

人心理健康的必要条件是基本心理需求得到满足③，Baar，Deci 和 Ryan 通过调查两个银行员工的自我决定因果关系以及上级的自主性支持的认知如何影响员工内在支持感的满足程度，发现可以从三种基本心理需求的满足程度来预测个体的绩效和心理健康水平④。Miserandino 对小学三四年级的孩子进行斯坦福成就测试的研究表明，相比于独立与认为自己有能力的小学生来说，感知能力缺少和自主感缺失的小学生有更多的消极情绪和退缩行为⑤。

2.4.2 基本心理需求的测量

在对基本心理需求测量的研究中，学者们主要存在两大类分歧。其一是动机倾向维度，其二是以自我决定理论为核心的基本心理需求理论。当然，除此之外，其他相关学者也进行了更多的细分，本书将对此进行相关综述。

第一种衡量人类基本心理需求采用了动机倾向方法，典型代表学者是 McClelland。这种观点认为人的需求或者更精确地说内隐动机，主要包括三种需求，即成就感（McClelland，et al.，1953）、归属感（McAdams，Bryant，1987）、权力欲（McClelland，1985；Winter，1973）。三种需求因人而异，所以其研究

---

① DECI E L, RYAN R M. The "what" and "why" of goal pursuits: human needs and the self-determination of behavior [J]. Psychological Inpuiry, 2000 (11): 227-268.

② ALDERFER, CLAYTON P. An Empirical Test of a New Theory of Human Needs [J]. Organizational Behaviour and Human Performance, 1969, 4 (2): 142-175.

③ RYAN R M, DECI E L. Self-determination theory and the facilitation of intrinsic motivation, social development and well-being [J]. American Psychologist, 2000, 55 (1): 68-78.

④ BAARD P P, DECI E L, RYAN R M. Intrinsic need satisfaction: A motivational basis of performance and well-being in two work settings [J]. Journal of Applied Social Psychology, 2004, 34 (10): 2045-2068.

⑤ MISERANDINOM. Children who do well in school: Individual difference in perceived competence and autonomy in above-average children [J]. Journal of Educational Psychology, 1996, 88 (2): 203-214.

重点主要放在测量个体不同需求的差异并利用需求差异预测个体行为上，通常使用的测量工具为镜像方法，如主题统觉测量（Thematic Apperception Test，简称TAT）等（McClelland，1985；Sheldon，Elliot，Kim，Kasser，2001）。

第二种衡量人类基本心理需求的方法来自基本心理需求理论，这是自我决定理论的最新发展（Deci et al.，2000，2004）。Deci和Ryan（2000）对集体主义、传统价值观、个人主义、平均主义等多种不同文化背景的国家进行了多年研究，发现胜任、自主、关系三种需求对基本心理需求测量具有很大的代表性，三种基本心理需求是人与生俱来的，个体趋向于努力寻找合适的环境使自己的这些需求得到满足（Chirkov，Ryan，Kim，Kaplan，2003）。但三种需求对个人起作用的程度依不同的文化背景而有所差异（Oyserman，Kemmelmeier，Coon，2002）。此外，Deci和Ryan（2000）通过不同侧面，从目标导向的内容和过程这两个基础性维度对三个基本心理需求理论进行了总结。

关于自主需求的概念学者们未有统一的定义，一部分学者认为其指的是行为主体选择并感觉自己的行动像个首创者（Angyal，1965；Charms，1968；Deci，1980；Ryan，Connell，1989；Sheldon，Elliot，1999）；还有一部分学者认为自主就是自控概念的另一种解释（Carver，Scheier，1999）。Morgeson和Humphrey在2006年的研究中发现自主需求和组织心理学的决定权或者自由支配权等不等同。Carver和Scheier认为从自我决定理论视角来看，自主是个体会按照自己的预期争取或者避免自己所熟悉的情境。胜任需求指个体乐于挑战自我，并且在这个过程中得到与自己期望相符合的需要（White，1959；Deci，Ryan，1980），与能力倦怠相对应（Deci，Ryan，2000）。关系需要指的是行为主体倾向于建立一种与别人相互尊重和依赖的感觉（Bowlby，1958；Harlow，1958；Ryan，1993；Baumeister，Leary，1995；Deci，et al.，2000），这与组织心理学中的社会支持（Viswesvaran，Sanchez，Fisher，1999）和工作孤独感（Wright，Burt，Strongman，2006）相对应。基本心理需求是联系外部环境和个体动作行为的关键。当环境与个体三种基本心理需求相匹配时，会促进外在动机转换为内在动机以及内在动机转换为外在行为，进一步提高员工的工作满意度和绩效水平（Baard，et al.，2004；Deci，et al.，2001；Gagne，et al.，2000；illardi，Leone，Kasser，Ryan，1993；Kasser，Davey，Ryan，1992）。

基本心理需求理论也被很多实例予以佐证。研究表明，自主支持与员工的信任和忠诚是相关的（Pajak，Glickman，1989）。当员工感受到领导给予他们自主支持的时候，他们的工作满意度会得到提高，从而减少旷工率，身体和心理会更健康（Blais，Brière，Lachance，Riddle，Vallerand，1993）。Deci（2001）使用问卷收集了员工的绩效信息，采用HLM分析方法，得出自主支持能有效地预期员工的三种基本心理需求这一结论。

除了用自主、胜任、关系三个维度来衡量人的基本心理需求之外，其他学者也发表了不同的见解。Marylène Gagné，Leone，Julian Usunov，Kornazheva 以及 Deci（2001）通过对来自保加利亚 10 家遍布电信、金融、石油、天然气、机械工业等企业的 548 名保加利亚人进行调查，在修正了以往 Deci 等人的研究的基础上，认为自主、胜任、关系需求在不同文化中的作用方式存在差异性，而且他们认为也可用员工的任务参与、焦虑、自尊三个维度来逆向反映员工基本心理需求的三个特征。而 Madrilène Gagne（2005）通过结合组织行为和工作动机，把胜任需求和自主需求归为内在动机，把关系需求归为外部动机内化，重新解读了自我决定理论的运行机制。Greguras 和 Diefendorff（2009）分三阶段收集了关于 163 名全职职员以及基层管理者的数据，通过调查发现，除了自主、胜任、关系之外，个人与环境的协调对员工的基本心理需求和行为产生影响（Kristof-Brown，Zimmerman，Johnson，2005；Schneider，2001）。

除了三维度研究以外，相关学者还对基本心理需求进行了更广泛的细分。Guardia，Ryan，Couchman 和 Deci（2000）的研究证明安全依附通过个人层面和组织层面影响员工的基本心理需求进而促进员工需求满足和身心健康（Ryan，Lynch，1989；Davila，Burge，Hammen，1997）。所以学者也提出通过这四个要素——安全依附需求、自主需求、胜任需求和关系需求来对员工基本心理需求进行测量。

相对于 Hullian 传统定义而言（Hullian 传统认为需求是与生俱来的），学者 Murray（1938）认为基本心理需求是后来习得的，包含众多要素。基本心理需求被定义为任何促进个人行为的动因。因此，Murray 的需求列表是相当广泛的，包括可驱动的积极心理发展（例如自我实现）以及导致个人不适应性功能（例如贪婪）。这些因素都是在测量个体心理需求时需考虑的维度。①

与 Murray 的多需求相呼应，学者 Broeck，Vansteenkiste，Witte，Soenens 以及 Lens 在 2010 年研究出来一个新量表 W-BNS（Work-related Basic Need Satisfaction Scale），这个量表用变量工作满意度、组织忠诚、生活满意感、工作投入、绩效、倦怠六个子维度来衡量基本心理需求，在一定程度上更加全面与精确。

2.4.3 基本心理需求的前因变量

基本心理需求理论（Basic Psychological Need Theory）提出自主、胜任与关系三大基本心理需求，三大基本心理需求是人与生俱来的，个体趋向于努力寻找合适的环境使自己的这些需要得到满足。总结文献，可以看到影响基本心理需求的因素分为如下几类。

---

① MURRAY H A. Explorations in personality [M]. New York：Oxford University Press，1938.

1. 组织环境

Deci，Deci 和 Ryan 提出认知评价理论（Cognitive Evaluation Theory），认为环境因素通过影响基本心理需要的满足从而影响认知过程，并将环境因素分为信息性、控制性与去动机性三种类型。①②③ 信息性的事件如工作中的选择机会、员工自主管理等能激发个体的自我决定感，进而促进个体内在的因果知觉与胜任感；控制性的事件比如奖惩措施、监督调控等使个体感觉到组织的控制，进而降低了个体的自主性；去动机性的事件如无效事件等促使个体产生无法胜任工作的感觉。Gagné 和 Deci（2005），Grant（2007）的研究发现通过增强员工的反馈、提供良好的工作环境，以及增强员工与顾客、员工和同事的互动，组织可能会培养员工的能力感和关系感。Morgeson 和 Humphrey（2006）提出如果为员工提供一个灵活的工作行程、做决定的机会或是自主选择完成工作的方式，那么有可能会增强员工的自主感。

2. 领导风格

自我决定理论强调组织环境与个体之间的互动，而组织中的领导与员工的沟通方式体现了组织环境与个体的互动。Ferris，Brown，Berry，Lia（2008）和 Tyler，Degoey，Smith（1996）研究发现当领导滥用监管职能如贬低下属、负面评估并过于强调员工的缺陷、欺骗和威胁员工、排斥或用其他粗暴的行为对待员工时，员工的基本心理需求满足程度会降低。贬低或是指责下属是质疑下属能力和成绩的行为，会降低员工的能力感，进而影响员工的胜任需求。员工为了避免成为被批评、排斥或者是其他粗暴行为对待的对象，开始按照监管者期望看到的员工的行为方式去行事，而这样的结果便是损害了个体的自主感。最后，排斥、贬低和粗鲁行为给个体传达的信息是他或她没有受到团队相应的尊重，进而降低了个体的归属感和关系需求。根据相关研究，自主支持可以直接或间接影响个体基本心理需求的满足（Taylor，Lonsdale，2010）。

2.4.4 基本心理需求的结果变量

根据自我决定理论，基本心理需求是影响个体健康和个体效能的重要因素。这些因素包括自主、能力和归属三个层面。当人的基本心理需求得到满足时，个体就会获得较好的健康水平和较高的效能感。过去的研究显示，基本心理需求的满足程度与更好的工作表现（Greguras，Diefendorff，2009）、更加投

---

① DECI E L. Intrinsic motivation [M]. New York：Plenum，1975.
② DECI E L, Ryan R M. Intrinsic motivation andself-determination in human behavior [M]. New York：Plenum，1985.
③ DECI E L, RYAN R M. The general causalityorientations scale：Self determination in personality [J]. Journal of Research in Personality，1985（19）：109-134.

入的工作态度（Deci, et al., 2001）、更佳的心理状态（Gagné, Deci, 2005）呈正相关关系。相反，基本心理需求得不到满足的情况下，员工会出现行为偏差（Shields, Ryan, Cicchetti, 2001）。

1. 工作满意度

工作满意度，作为一个对工作经历的总体评价，受到各种各样变量的影响，并且是一个宽泛的概念。Porter（1965）从满足基本需要的角度出发，提出达到工作满意的 5 个标准分别是安全、社会、独立、自尊和自我实现。Gagné 和 Deci（2005）也提出基本心理需求的满足有助于提高员工的工作满意度。Ryan, Deci（2008），Lynch, Plant, Ryan（2005）发现，基本心理需求的满足和员工的工作满意度呈正相关关系。

2. 情感承诺

组织中的活动会对组织的个人行为和感知产生重大影响。个人通过参加组织活动慢慢加深对组织的了解，并逐步建立同组织之间的情感和认知的联系，最终融入组织。研究表明，员工基本心理需求的满足程度与员工的组织忠诚相关。[1] 同时，在与个体基本心理需求满意度关系的强弱上，情感承诺强于规范承诺，而持续承诺与基本心理需求负相关或不相关。[2] 根据 Greguras 和 Diefendorff 的相关研究，满足员工的基本心理需求会提升员工的情感承诺，进一步提高员工的职业幸福感。[3] 同时，Meyer 通过相关实证分析也提出：员工基本心理需求与情感承诺显著正相关。[4] 张旭等根据以往的研究，提出两个假设：一是基本心理需求满意度与个体情感承诺显著正相关，其中，对情感承诺影响最强的是自主需求；二是关系需求具有调节效应，调节自主需求和胜任需求对情感承诺的影响。[5]

3. 工作投入

Kahn（1990）将工作投入（Work Engagement）定义为个体工作角色与自我的生理、认知及心理三方面的融合。Kasser 等发现，在员工感知到被监督的工作情景下，自主需求、胜任需求及关系需求的满足程度更高的员工比低满足

---

[1] MEYER J P, Maltin E R. Employee Commitment and Well-Being: A Critical Review, Theoretical Framework and Research Agenda [J]. Journal of Vocational Behavior, 2010, 77 (2): 323-337.

[2] MEYER J P, STANLEY L J, PARFYONOVA N M. Employee Commitmentin Context: The Nature and Implication of CommitmentProfiles [J]. Journal of Vocational Behavior, 2012, 80 (1): 1-16.

[3] GREGURAS G J, DIEFENDORFF J M. Different Fits Satisfy DifferentNeeds: Linking Person-Environment Fit to EmployeeCommitment and Performance Using Self-determination Theory [J]. Journal of Applied Psychology, 2009, 94 (2): 465-477.

[4] MEYER J P, STANLEY L J, PARFYONOVA N M. Employee Commitmentin Context: The Nature and Implication of CommitmentProfiles [J]. Journal of Vocational Behavior, 2012, 80 (1): 1-16.

[5] 张旭，樊耘，黄敏萍，等. 基于自我决定理论的组织忠诚形成机制模型构建：以自主需求成为主导需求为背景 [J]. 南开管理评论，2013, 16 (6): 59.

程度的员工会投入更多的时间工作。① Ilardi，Leone，Kass 和 Ryan 的研究表明那些表现出比一般员工更积极的工作态度、更强烈的自尊心和更高的幸福感的员工，其基本心理需求的满足度更高。② Sheld，Elliot，Kim 和 Kasser（2001）发现与生理需求、安全需求、自我实现需求等其他研究所提出的个体心理需求相比，自主需求、关系需求及胜任需求的满足最利于使员工产生自我实现感。Deci 和 Gagné 发现满足员工基本心理需求能够使其更为灵活、更加有效率地工作。③ Greguras 和 Diefendoeff（2009）认为员工个人需求的满足程度能显著地预测员工的工作表现、工作投入和心理调整能力，并且提出自主需求与员工工作动力和专注程度相关，自主需求和归属需求都与员工工作奉献度相关。李敏通过对员工工作投入与基本心理需求满足关系的研究，认为基本心理需求满足构念与工作投入是正相关关系，即员工的基本心理需求的满足程度高会有效提高其工作投入水平。④

4. 工作绩效与工作幸福感

Baard 的研究表明，员工基本心理需求的满足与其工作绩效息息相关，有自主因果定向特点的员工在觉察到自主支持时，会更积极地寻找可以满足其内在需求的机会。⑤ Broeck 的研究表明，员工特点和所在环境特征（如领导风格、环境特征、员工工作价值取向等）通过满足员工的基本心理需求进而提升了员工的幸福感和工作绩效。⑥ Deci 调查了保加利亚国有企业的情况，经过与美国私营企业的对比研究，发现在两个国家中，员工的基本心理需要满足程度均可以有效预测其工作绩效、幸福感，说明在预测员工的工作绩效与幸福感时，个体的内在基本心理需求是一个跨越政治、经济、文化分歧的，普遍存在

---

① KASSER T, DAVEY J, RYAN R M. Motivation and Employee-Supervisor Discrepancies in a Psychiatric Vocational Rehabilitation Setting [J]. Rehabilitation Psychology, 1992, 37（3）：175-188.

② ILARDI B C, LEONE D, KASSER T, et al. Employee and Supervisor Ratings of Motivation: Main Effects and DiscrepanciesAssociated with Job Satisfaction and Adjustment in a Factory Setting [J]. Journal of Applied Social Psychology, 1993, 23（21）：1789-1805.

③ GAGNé M, DECI L E. Self-Determination Theory and Work Motivation [J]. Journal of Organizational Behavior, 2005, 26（14）：331-362.

④ 李敏. 中学员工工作投入与基本心理需求满足关系研究 [J]. 员工教育研究, 2014（2）：43-49.

⑤ BAARD P P, DECI E L, RYAN R M. Intrinsic Need Satisfaction: Amotivational Basis of Performance and Well-Being in TwoWork Settings [J]. Journal of Applied Social Psychology, 2004, 34（10）：2045-2068.

⑥ VAN DEN BROECK A, VANSTEENKISTE M, DE WITTE H, et al. Capturing Autonomy, Competence, and Relatednessat Work: Construction and Initial Validation of the Work-Related Basic Need Satisfaction Scale [J]. Journal of Occupational andOrganizational Psychology, 2010, 83（4）：981-1002.

的预测变量。① 基本心理需求的满足有效地预测了员工的绩效，说明员工基本心理需求的各维度与工作绩效之间存在某种联系。②

5. 工作倦怠

自我决定理论集人类动力及调整理论之大成，认为需求的满足将会激励人们努力工作，而阻碍需求满足则导致人们消极的情绪和工作倦怠。基于这个理论，Aquino 和 Thau（2009）的研究已经证实了个体消极应对工作的一个重要原因便是基本心理需求没有得到满足。Deci 和 Ryan（2000）根据自我决定理论提出基本心理需求没有得到满足会损害个体调整行为的能力。自我决定理论还表明，当基本心理需求不能得到满足时，个体会变得缺少热情和认知去调整自己的行为，如工作时间睡觉或者迟到缺勤等行为（Ferris，Brower，Heller，2009；Kuhl，2000）。Broeck（2010）等人通过相关研究认为基本心理需求显著影响着工作资源、工作需求和工作倦怠之间的关系。

2.4.5 评析

通过文献梳理可以发现，自我决定理论以有机辨证元理论为基础，认为人具有一种使自我整合统一，与他人或周遭环境成为整体的倾向，并且先天具有自我决定和心理发展的潜能。在充分认识个人需要和环境信息后，个体对环境本能地做出自我决定，影响或改变自己的行为。在此哲学基础上，随着学者们对自我决定理论研究的不断精炼和完善，自我决定理论已经成为一个较为完整的理论体系，并不断有着新的发现。该体系主要包含基本心理需求理论、认知评价理论、有机整合理论、因果定向理论和目标内容理论。其中自我决定理论的核心是基本心理需求理论。基于此，本研究把基本心理需求理论作为理论基础。

作为自我决定理论的核心，基本心理需求理论认为人普遍拥有三种基本的心理需求：自主需要、胜任需要和关系需要。自主需求指的是自我抉择和自己做决定的需求，自我决定理论高度强调自主性需求，认为自主性的支持、鼓励尊重个体的观点及选择的权力，有利于激励个体自我决策，对产生积极正面的心理效应大有裨益。胜任需求指个体乐于挑战自我，并且在这个过程中得到与自己期望相符合的需要（White，1959）。关系需求是指人们在保障自我安全的情况下与他人保持亲密关系的需求，是一种能与他人建立互相尊重和依赖的感

---

① DECI E L, RYAN R M, GAGNé M, et al. Need Satisfaction, Motivation, and Well-Beingin the Work Organizations of a Former Eastern Bloc Country [J]. Personality and Social Psychology Bulletin, 2001, 27 (8): 930-942.

② 张剑，张微，EDWARD L DECI. 心理需要的满足与工作满意度：哪一个能够更好地预测工作绩效? [J]. 管理评论，2012，24（6）.

觉（Deci, et al., 2000），这是一种归属感的需求。学者们从不同角度详细定义了三种不同心理需求，最终认为这三种心理需求构成了人的基本心理需求。基于此，本研究认为基本心理需求分为自主需求、胜任需求以及关系需求。

对于基本心理需求的测量，学者们主要集中在两方面：一是动机倾向维度，二是自主需求、胜任需求、关系需求三维度。动机倾向方法的典型代表是McClelland，他认为人的需求或者更精确地说内隐动机主要包括成就感（McClelland, et al., 1953）、归属感（McAdams, Bryant, 1987）、权力欲（McClelland, 1985; Winter, 1973）。本研究认为，与动机倾向维度相比，自主需求、胜任需求、关系需求三维度的测量维度更具有准确性和代表性。以往的研究者都把这三类需求看作是与生俱来的，而且重要性相同，但是最近研究者发现针对不同的领域和不同的个体，三种需求的重要程度具有差异性（Julia Schüler, Kennon M. Sheldon, Stephanie M. Fröhlich, 2010）。鉴于基本心理需求理论的成熟性以及测量工具的逐步发展，本研究采用 Deci 等学者提出的自主需求、胜任需求、关系需求三种需求来衡量员工的基本心理需求。

与此同时，三种基本心理需求对个体心理健康有十分重要的"滋养"作用，这些需求被满足的程度决定了个体的幸福感。众多研究已经证实了三类需求是衡量或者预测个人行为的重要维度。企业通过满足三种需求来激发员工的内在动机，以达到激励员工、提高组织绩效的目的（Deci, Ryan, 2000; Vansteenkiste, Ryan, Deci, 2008）。通过文献梳理，本研究认为基本心理需求不仅受到组织环境和领导风格的影响，而且还影响着员工的工作满意度、情感承诺、工作投入和工作倦怠。

2.5 破坏性领导相关研究述评

2.5.1 破坏性领导的涵义

近年来对破坏性领导风格（Destructive Leadership）的研究取得了较为丰硕的成果。

20 世纪中后期之前，学术界对领导风格的研究集中在领导风格的积极面上（Kelloway, Mullen, Francis, 2006），而对其阴暗面——破坏性领导风格和其对组织影响的研究和理论发展都相对较少（Tepper, 2000）。20 世纪中后期，随着组织外部竞争的日益激烈，外部竞争压力有意或无意地转移到了组织内部，这些压力就落到了管理者身上，进而增大了管理者产生不正当领导行为的概率。随着社会上负面报道的增多，以及调查研究的深入，学者们将研究目光逐步锁定在组织中的破坏性领导风格上（Kellerman, 2004; Kelloway, Sivanathan, Francis,

Barling, 2005; Einarsen. S, Aasland. M. S, 2007)。有关调查显示,5%~10%的人在工作中至少受到过一次欺辱(Zapf, Einarsen, Hoel, Vartia 2003),而在其中,80%的欺辱行为都是由上级实施的(Einarsen, Hoel, Zapf, Cooper, 2003)。Lombardo 和 McCall（1984）通过一项对 73 位管理者的研究发现,74%的人都曾在工作中遇到过令人难以忍受的上司。Namie. G 和 Namie. R（2000）发现 89%的人把其在工作中受到欺凌的原因归结为其领导。这一系列的研究清楚地表明,在面对下属时,领导很容易表现出破坏性行为,另外怠工、偷窃和腐败等消极行为也是很容易出现的(Altheide, Adler, Adler, Altheide, 1978; Dunkelberg, Jessup, 2001; Kellerman, 2004; Lipman-Blumen, 2005)。Burke 假设通过对领导的"黑暗面"的研究会使得人们更加精确地认识领导。[①] 根据对以往文献的检索,Baumeister, Bratlavsky, Finkenauer 和 Vohs 认为已经有一个压倒性的看法,即消极的行为比积极的行为对社会交往有更大的影响。[②] 因此对破坏性领导的理解和预防比研究调查领导的积极面有更重要的学术和实践意义。

　　学者们将眼光首先投放在破坏性领导与下属的关系上,从而围绕核心概念列举出了一系列概念来形容这样的领导。其中有通过各种方法创造恐惧和恐吓控制他人的"辱骂的检察者"[③],因为自己对下属的态度和各种各样的行为使下属健康受损的"危及健康的领导"(Kile, 1990),运用权力和权威任性地和恶毒地行事的"小气的暴君"[④],"地痞"(Namie. G, Namie. R, 2000),"出界领导"(Schackleton, 1995), "难以忍受的老板"(Lombardo, McCall, 1984),"心理变态者"(Furnham, Taylor, 2004)和"强霸领导"(Brodsky, 1976)。随后,学者们也看到了破坏性领导在组织层面的影响,有人将其定义为不正直的,掩饰自己一系列的行为并且参与许多不会受人尊重活动的"毒性领导"(Lipman-Blumen, 2005)。这些活动包括腐败、伪善、怠工、做假账和其他一系列不道德的、非法的犯罪行为[⑤]。尽管这些定义之间有很多相似之处,但由于太过五花八门,最后学界广泛采用了 Tepper（2000）的定义和由其延伸出的概念框架。他将破坏性领导定义为主管领导长期持续对员工表现出可感知到的语言或非语言的敌意行为,与身体接触无关。Tepper（2000）对破坏性领导的界定得到学界的广泛认同,后续学者对于破坏性领导的研究绝大多数

---

　　① BURKE R J. Why leaders fail. Exploring the dark side. In R. J. Burke & C. L. Cooper (Eds.), Inspiring leaders [M]. London: Routledge, 2006.
　　② BAUMEISTER R F, BRATSLAVSKY E, FINKENAUER C, et al. Bad is stronger than good [J]. Review of General Psychology, 2001, 5 (4), 323-370.
　　③ HORNSTEIN H A. Brutal Bosses and their pray [M]. New York: Riverhead Books, 1996.
　　④ ASHFORTH B. Petty tyranny in organizations [J]. Human Relations, 1994 (47): 755-778.
　　⑤ LIPMAN-BLUMEN J. The allure of toxic leaders. Why we follow destructive bosses and corrupt politicians — and how we can survive them [M]. Oxford: Oxford University Press, 2005.

都是基于这个定义而进行的（李锐，凌文辁，柳士顺，2009；高日光，2009；朱月龙，等，2009；刘军，王未，吴维库，2013；颜爱民，裴聪，2013；李爱梅，等，2013；毛江华，等，2014）。Kellerman（2004）研究得出破坏性领导经常通过说谎、欺骗和偷窃以及一系列将自己个人利益置于组织合法利益之前的行为将自己卷入腐败。Ståle Einarsen（2007）提出了一个通用于员工层面和组织层面的定义，他将破坏性领导及其行为定义为：一个领导、监督者或是管理者的系统性的重复的暗箱操作行为，会对组织目标、任务完成、资源和影响力产生不利影响，减弱对员工的激励程度、幸福感与满意感，违背和损害组织的合法利益。

2.5.2 破坏性领导的测量

Tepper（2000）开发了研究破坏性领导的包含15个题项的量表。该量表及其简洁版较为成熟，信度效度都较高，在实证研究中被广泛采用（Harris, Kacmar, Zivnuska, 2007；Tepper, et al., 2009；Tepper, Henle, Lambert, Giacalone, Duffy, 2008）。Mitchell和Ambrose（2007）为了研究破坏性领导与员工工作偏差行为的关系，通过EFA和CFA方法对Tepper的量表题项进行修订精炼，最后精简为5道题项，不仅包含领导的主动性不当行为，也包括领导的被动的不当行为。国内外学者基于中国特殊文化背景的破坏性领导研究也多直接沿用Tepper的量表（刘军，吴隆增，林雨，2009；吴维库，王未，刘军，吴隆增，2012），或使用科学的方法对其进行修改（李锐，柳士顺，凌文辁，2009；李宁琪，易小年，2010；申传刚，杨璟，刘腾飞，马红宇，2012）。Aryee等（2007）为了研究适合中国特殊文化背景的破坏性领导量表，在Tepper的量表中选取了8个文化中性项目，其内部一致性系数高，信效度好。这些研究所修订出的问卷很多，不同学者对破坏性领导的操作性定义也稍有不同，但都以Tepper的量表作为修改基础。

除此之外，还有学者从其他角度来测量破坏性领导。Einarsen等（2007）受Blake和Mouton的领导方格理论的启发，采用一个横坐标为组织目标、任务和效果的行为与纵坐标为下属行为的一个平面直角坐标系构建了对破坏性领导风格的分类体系，他们认为一个领导不会一直只表现一个方面，在一个维度上表现出破坏性行为那么就会同时在另一个维度上表现出建设性行为，并发现典型的破坏性领导可以表现为"暴君型""越轨型"和"狭隘型"三种。Aasland（2009）在Einarsen的分类体系基础上进行研究，认为除了积极的、直接的破坏性行为外还包含消极的、间接的破坏性行为。他在Einarsen等2007年的研究基础上，提出了第四种破坏性领导的表现："放任型"领导。他编制了一个由22道题目构成的问卷，包含四个分量表和6道建设性领导相关的题目。实证研究显示该问卷的信效度较好。

Padilla（2007）提出了毒性三角理论模型，认为破坏性领导是毒性三角的首要要素，包含超凡魅力、个人化的权力需要、狂妄自大、灰暗的生活经历和仇恨意识五个关键特征。Schilling（2009）通过对42位管理者的访谈提出了与消极型领导相关的8种领导风格，并用非度量多维尺度分析对8种消极领导风格分类，得到了一个二维的消极领导一致性结构图形。

2.5.3 破坏性领导相关研究

已有实证研究表明破坏性领导风格会对下属的行为和感受产生重要影响。破坏性领导会在心理、态度、行为上对下属产生不利影响（李锐，凌文辁，柳士顺，2009）。即破坏性领导会导致下属产生抑郁、焦虑、紧张等消极心理（Tepper，2000，2007；吴宗佑，2008）。

破坏性领导风格会引发下属产生反抗行为、偏差行为和攻击行为等负向行为（Tepper，2007；Mitchell，Ambrose，2007；Tepper，Henle，Lambert，Giacalone，Duffy，2008；Thau，Bennett，Mitchell，Marrs，2009；Bowling，Michel，2011）。把组织公民行为视为角色外行为的员工在接受破坏性领导的辱虐行为后，会减少其组织公民行为的发生（Zellars，Tepper，Duffy，2002；Harris，Kacmar，Zivnuska，2007；Aryee，Chen，Sun，Debrah，2007，2008；吴隆增，刘军，刘刚，2009）。毒性领导会影响员工健康状况和加重组织成本（Dyck，2001），导致员工高缺勤率，增加员工离职倾向，减少员工的工作满意度和对上司满意度（Macklem，2005；Schimidt，2008；路红，2010），导致消极的工作绩效和群体思维（Willson - Starks，2003），从而导致组织营业额下降（Flynn，1999）。刘军、吴隆增和刘刚（2009）研究了破坏性领导风格对任务绩效和组织公民行为的影响，其中以员工对主管的信任为中介变量，以员工传统性作为破坏性领导风格与员工对主管的信任间的调节变量。严丹（2012）探讨了破坏性领导风格对员工建言行为的影响，以组织自尊和组织认同为中介变量，以权力距离感为调节变量。颜爱民等人研究了破坏性领导风格对职场偏差行为和工作绩效的影响。宋萌、王震（2013）研究了破坏性领导风格对工作绩效和离职意愿的影响，以领导认同为中介变量。

破坏性领导会导致员工的不满，进而使员工表现出反抗行为。通常来说，破坏性领导会造成以下两种行为：一种是主管导向的偏差行为，表现为员工在受到侵犯后，直接对主管进行报复；另一种是人际和组织偏差行为，表现为员工在受到侵犯后，对组织本身或组织的其他人进行替代性报复。Mitchell 和 Ambrose（2007）认为破坏性领导风格与上述两种偏差行为均存在正相关关系。李锐、凌文辁和柳士顺（2009）以组织支持感和心理安全感为中介变量，探讨了破坏性领导风格对下属建言行为的影响机制，并探讨上司地位知觉对该影响过程的调节作用。刘军、吴隆增和林雨（2009）以北京多家电子制造企业中的283位员工为被试进行研究发现，破坏性领导风格对下属的情绪耗竭和离职倾向有显著的正向预测作用，而下属的政治技能则在其中起负向调节作用。破坏性领导风格对建言行为有负面影响（严丹，黄培伦，2012；Wang，Jiang，2015），是导致员工沉默行为的重要原因（吴维库，等，2012）。

2.6 工作—家庭支持的研究述评

2.6.1 工作—家庭支持概念的研究

工作—家庭支持与工作—家庭冲突相对应，是工作—家庭关系中的一个重要组成部分，表现了工作—家庭关系之间的积极作用。家庭领域的支持主要来自配偶，分为情感性支持和工具性支持。① 情感性支持是在情感方面来自家庭成员的关爱和帮助；工具性支持是来自家庭成员对日常的家庭事务所持的态度和行为。

工作—家庭支持是工作—家庭促进的一种具体形式，现有关于工作—家庭促进的研究相对较少。② 研究表明，工作—家庭的促进关系可以表现为积极渗溢（Positive Spillover）、丰富（Enrichment）、促进（Facilitation）。在Crouter的研究中，他定义了工作—家庭积极渗溢——在某一角色中获得的收益在相应的领域会发生正向迁移，并有益于接受领域的角色表现③。Edward等认为这种可能在工作与家庭之间发生的积极渗溢包含四个方面的内容，即情感、价值观、技能和行为，这种正向的迁移会对接受领域产生积极影响④。Greenhaus等（2006）提出了工作—家庭的丰富（Enrichment），他们认为个体可以从工作（家庭）的角色中得到有意义的资源，从而帮助其在另一角色中获得更好的表现。工作家庭丰富可以通过工具性途径和情感性途径获得。⑤ 工具性途径是指个体通过一个领域获得用以直接提升领域角色的资源。具体来说，价值观、技能和行为等都是通过工具性途径产生的。情感性途径是指个体在一个领域内得

---

① BAMET R C, HYDE J S. Women, men, work and family: An expansionist theory [J]. The American Psychologist, 2001, 56 (10): 781-796.

② 李永鑫，赵娜. 工作—家庭支持的结构与测量及其调节作用 [J]. 心理学报, 2009 (4): 863-874.

③ CROUTER A C. Spillover from family to work: The neglected side of the work-family interface [J]. Human Relations, 1984 (37): 425-442.

④ EDWARDS J R, ROTHBARD N P. Mechanisms linking work and family: Clarifying the relationship between work and family constructs [J]. Academy of Management Review, 2000 (25): 178-199.

⑤ GREENHAUS J H, POWELL G N. When work and family are allies: A theory of work-family enrichment [J]. Academy of Management Review, 2006 (31): 72-92.

到的资源通过提高其内在感知，从而对另一领域的角色产生积极的影响。Wayne 等人（2006）提出工作—家庭促进这一概念，他们认为个体在某一角色领域（家庭或工作）中获得的资源能提升其在另一角色领域的整体效能。与此同时，Voydanoff 通过相关研究，认为工作—家庭促进是个体在工作和家庭两个角色领域中的任意一方获得的资源对另一方的促进作用。[1]

Carlson（2006）的研究表明，积极的工作—家庭关系可以表现出积极渗溢、丰富以及促进三种层面。其中，工作—家庭关系的促进是以正向溢出和丰富为前提和基础的。同时，与丰富相比，促进更注重个体自身系统功效的提升。然而，Butler（2006）等学者认为工作—家庭中积极渗溢、丰富和促进这三个概念是无差别的，可以进行互换。

在现有工作—家庭支持的研究中，Haar（2004）等认为，工作—家庭支持是指组织为个体提供的一种能调节个体日常生活和促进家庭工作稳定的政策。国内学者李永鑫和赵娜（2009）则认为工作—家庭支持的研究需要同时关注工作领域和家庭领域。他们认为从组织和家庭两个领域得到的支持会使员工更好地投入到工作中去。

综合上述研究，如表 2-2 所示，学者们大致从工作—家庭积极渗溢、丰富以及促进三方面来研究工作—家庭促进。本研究将工作—家庭支持定义为员工在家庭领域得到的各种支持，这种支持是对家庭和工作的双向支持，有益于促进工作—家庭的平衡和稳定。

回顾以往研究，工作—家庭支持的结果变量主要集中在个人心理、工作满意度等方面。Karatepe 和 Kilic（2007）研究发现，工作—家庭支持影响着员工工作满意度：来自配偶的支持与一些工作的相关结果呈显著正相关关系，包括工作成就感、良好的身体状况、工作满意度等。这表明工作—家庭支持越高，员工的工作满意度越高，员工的身体状况越好。Lim 认为家庭的支持调节着员工的工作安全感和生活满意度。[2] 与此同时，Allen 通过研究得出员工所获得的家庭支持越多，其投入工作的精力就越多，感受到的工作压力就越小。[3] 并且，员工留任受到工作满意度、工作压力等因素的直接影响。[4] Wayne 等人提出工作—家庭促进这一概念，他们认为个体在某一角色领域（家庭或工作）

---

[1] VOYDANOFF P. Implications of work and community demands and resources for work-to-family conflict and facilitation [J]. Journal of Occupational Health Psychology, 2004, 9 (4): 275-285.

[2] LIM V K. Job insecurity and its outcomes: moderating effects of work-based and no work-based social support [J]. Human Relations, 1996, 49 (2): 171-194.

[3] ALLEN T D. Family-supportive work environments: The role of organizational perspectives [J]. Journal of Vocational Behavior, 2001 (58): 414-435.

[4] 苏方国，赵曙明. 组织忠诚、组织公民行为与离职倾向关系研究 [J]. 科学学与科学技术管理, 2005 (8): 111-116.

中获得的资源能提升其在另一角色领域的整体效能。① 基于此，本研究在探究企业员工基本心理需求与其留任关系中，大胆假设，选取工作—家庭支持来探究其边际调节作用。

表2-2　　　　　　　　　　工作—家庭支持的概念

	立足点	定义内容	提出者
工作—家庭促进	工作—家庭积极渗溢	在某一角色中获得的收益在相应的领域会发生正向迁移，并有益于接受领域的角色表现	Crouter, 1984
		在工作与家庭之间发生的积极渗透包含四个方面的内容，即情感、价值观、技能和行为，这种正向的迁移会对接受领域产生积极影响	Edward, 2000
	工作—家庭丰富	个体可以从工作（家庭）的角色中收获有意义的资源，从而帮助其在另一角色中更好地表现。工作—家庭丰富可以通过工具性途径和情感性途径获得	Greenhaus, 2006
	工作—家庭促进	个体由于投入某一角色（工作或家庭）所收获的资源能使得其另一角色领域的整体效能提到提升，促进关注的是某一角色的资源对个体另一角色的整个系统水平产生影响	Wayne, 2004
		个体在一个角色中的经历会提高其在另一个角色中的表现	Voydanoff, 2004
工作—家庭支持	单方面的工作支持家庭	来自家庭方面的支持是指企业或者法人给予个体的一种政策，这种政策起着调节个体日常生活和促进家庭和工作稳定的作用	Haar, 2004
	双向支持	来自组织和家庭的支持有利于员工工作和家庭的平衡	李永鑫，赵娜，2009

2.6.2　工作—家庭支持的测量

在工作—家庭支持的测量方面，学者 King 将来自工作领域的支持和家庭领域的支持分别编制了量表，初步把工作—家庭支持分成了四种：官方支持和

---

① WAYNE J H, RANDEL A E, STEVENS J. The role of identity and work—family support in work—family enrichment and its work—related consequences [J]. Journal of Vocational Behavior, 2006, 69 (3): 445-461.

非官方支持（工作领域支持）、情感性支持和工具性支持（家庭领域支持）[1]。Hanso 等人开发了工作—家庭积极渗溢多维量表，从工作—家庭和家庭—工作两个维度测量了情感、价值观、技能和行为四方面的积极渗溢的内容。[2] Carlson（2006）等人设计开发了工作—家庭增益量表，从工作—家庭和家庭—工作两个维度的三方面内容（发展、情感和资本）来对工作—家庭关系进行研究。[3] 国内学者李永鑫、赵娜根据国外学者现有的量表结合国内具体现状提出了工作—家庭支持量表，填补了国内工作—家庭支持量表研究的空白。[4]

综合上述研究，汇总国内外有关工作—家庭支持的量表，如表 2-3 所示，我们发现这些都是新近开发出来的工具，其信效度还有待在今后大量的实证研究中进行检验。国外的工作—家庭支持问卷是否适合中国的具体情况，国内员工和国外员工所需要的支持是否相同，还有待进一步的研究和验证。基于此，本研究根据目前国外较成熟的量表，结合国内企业员工实际情况，在 King. L. A（1995）开发的家庭领域支持的量表基础上修订合适的量表。

表 2-3　　　　　　　　工作—家庭支持测量情况

名称	说明	提出者
社会支持问卷	包括工作基础上的社会支持和个人基础上的社会支持，但是并未对社会支持进行分类	Marcinku，2007
工作—家庭支持量表	工作领域支持（官方支持、非官方支持）；家庭领域支持（情感性支持、工具性支持）	King，L. A，1995
工作—家庭积极渗溢多维量表	从工作—家庭和家庭—工作两个维度测量了情感、价值观、技能和行为四方面积极渗溢的内容	Hanso，2006

---

[1] KING L A, MATTIMORE L K, KING D W, et al. Family Support Inventory for Workers: A New Measure of Perceived Social Support from Family Members [J]. Journal of Organizational Behavior, 1995, 16 (3): 235-258.

[2] HANSO G C, HAMMER L B, COLTON C L. Development and validation of multidimensional scale of perceived work-family positive spillover [J]. Journal of Occupational Health Psychology, 2006 (3): 249-265.

[3] CARLSON D S, KACMAR K M, WAYNE J H, et al. Measuring the positive side of the work-family interface: Development and validation of a work-family enrichment scale [J]. Journal of Vocational Behavior, 2006 (68): 131-164.

[4] 李永鑫，赵娜. 工作—家庭支持的结构与测量及其调节作用 [J]. 心理学报，2009 (41): 863-874.

表2-3(续)

名称	说明	提出者
工作—家庭增益量表	从工作—家庭和家庭—工作两个维度的三方面内容（发展、情感和资本）对工作—家庭关系进行研究。	Carlson，2006
组织非正式工作—家庭支持问卷和工作—家庭增益问卷	从非正式组织工作以及对工作的增益角度出发	唐汉瑛，2008
工作—家庭支持量表	从工作—家庭和家庭—工作两个维度进行测量	李永鑫，赵娜，2009

2.7 主要变量间的关系研究

2.7.1 雇主品牌与员工留任的关系研究

雇主品牌站在一个全新的视角阐述了雇主与员工之间的关系。Backhaus 和 Tikoo（2004）通过研究认为，资源基础观、心理契约理论和品牌权益理论是雇主品牌的理论基础。他们认为雇主品牌有利于提升公司人力资本，并且能够更好地将其作为公司的核心资本发展，从而创造以人为核心的竞争优势。同时，二者还提出雇主品牌能够促使雇佣双方心理契约的稳定，其产生的雇主品牌权益能有力提升员工留任意愿。相关研究也表明，雇主品牌是企业保留员工的核心要素，好的雇主品牌是员工留任的主要影响因素（Barrow，Rosethorn，Wilkinson，Peasnell，Davies，2006）。Roger E. Herman（2005）指出员工留任对于企业高层管理者来说，是一个必须重视的问题，员工留任不只是一个人力资源策略，而是一个管理策略。同时他还将雇主品牌与员工留任相结合，认为不管是内部还是外部的雇主品牌都对员工留任产生影响。[①] 殷志平（2007）的相关研究表明，如果把雇主品牌建设和传统人力资源管理理念相结合，有助于激励和留住敬业的员工，为企业带来超额附加值。胡海平等（2007）认为，雇主品牌的建设最终是要满足员工的自尊感、安全感、荣誉感和成就感，这种良好的雇佣关系和雇佣体验能够有效留住企业多数核心员工，增强员工的凝聚力。他们认为打造良好的雇主品牌是企业成功的关键。陈静通过研究发现，良好的雇主品牌对激励和留住企业核心员工有着不可替代的作用，它能够在吸引

---

① ROGER E HERMAN. HR Managers as Employee-Retention Specialists [M]. Employment Relations Today，2005.

和激励优秀员工的同时培养员工对企业的归属感和忠诚度。①

与此同时,有些学者讨论了雇主品牌与员工留任分维度的关系,而员工留任又可以分为离职倾向、工作倦怠、组织忠诚三个维度。Will Rush 通过研究认为,良好的雇佣经历可以降低企业员工流失,提高现有员工的满意度和忠诚度。② 符益群认为影响员工离职的因素很多,从雇主品牌的角度概括,雇主品牌对员工离职倾向有着重要的影响,企业通过对自身雇主品牌的建设,可以有效降低员工的离职倾向,增强员工留任意愿。③ 建立起良好的雇主品牌的企业比没有雇主品牌的企业,员工流失率低得多(Ritson,2002;伏绍宏,2006;孟跃,2007)。雇主品牌反映的是员工对其雇主体验的认同感(Barrow,Mosley,2005)。因此,员工的组织忠诚受到雇主品牌的影响,并且良好的雇主品牌对员工的组织忠诚度的提高有积极的作用(Priyadarshi,2011)。周勇、张慧通过对被试发放调查问卷,考察被试的忠诚度和其雇主品牌状况,运用实证分析的方法,得到结果:员工忠诚度与雇主品牌有着显著的相关关系,雇主品牌建设越好,员工忠诚度越高。④ 李珲认为,企业应该从雇主品牌的角度管理员工离职行为,雇主品牌既能减少企业员工的离职倾向,又能使离职的员工为企业带来正面的价值。⑤

2.7.2 雇主品牌与基本心理需求的关系研究

品牌通常分为三种:企业品牌、战略单元品牌和产品/服务品牌(Bierwirth,2003;Keller,1998;Strebinger,2008)。雇主品牌得到企业品牌的支撑,成为稳定的品牌存在(Burmann, et al., 2008;Petkovic,2008)。Deci 和 Ryan 发现,不管是在集体主义文化中,还是在个人主义文化中,自主需求(Autonomy)、胜任需求(Competence)和关系需求(Relatedness)的满足程度都影响了人的心理健康,这表明了该理论的普遍适应性。⑥ 在企业中,已有学者将雇员认定为是企业内部的消费者(Rust, Stewart, Miller, Pielack, 1996),对于雇员来说,其情感、心理、社会、物质和金钱的需求和欲望受其雇主品牌的影响,而其中,基本心理需求的满足尤为显著。

---

① 陈静. 打造雇主品牌 避免核心员工流失 [J]. 现代商业, 2009 (17).

② WILL RUSH. How to Keep Your Best Talent from Walking out the Door [J]. Dynamic Business Magazine, 2001 (6).

③ 符益群,凌文辁,方俐洛. 企业职工离职意向的影响因素 [J]. 中国劳动, 2002 (7).

④ 周勇,张慧. 雇主品牌与员工忠诚度的分析 [J]. 创新, 2010 (3).

⑤ 李珲. 好马也吃回头草,离职管理最重要——基于雇主品牌的员工离职管理 [J]. 人力资源管理, 2009.

⑥ EDWARD L DECI, RICHARD M RYAN. Self-Determination Theory: A Macrotheory of Human Motivation, Development, and Health [J]. Canadian Psychology, 2008, 49 (3): 182-185.

雇主品牌对雇员需求满足的吸引力是一直存在的，当雇员的需求特别是心理需求得到满足甚至超出其预想程度时，他们会感到满意（Rust，et al.，1996）。雇主品牌作为企业一种大的环境，会通过影响个体的基本心理需求，激发个体的意识性和目标性行为，如留任等，这本身就属于一种自我调节系统（Eroglu S，Machleit K，Davis L，2003）。而基本心理需求的满足程度取决于环境和自我决定的相互作用，即个体和环境能相互影响（Deci，2000）。所以，员工的基本心理需求受到其所处环境的影响。而对于员工而言，其所处的最大环境就是企业组织（Sorasak，2014）。在企业组织中，雇主品牌作为企业品牌的一部分，体现了员工雇佣体验之间的差异化，而这种雇佣体验在很大程度上会影响甚至决定员工的基本心理需求的满足程度。简而言之，雇主品牌会影响员工的基本心理需求，既包括方向，也包括大小（Martin，2010；Ewing，et al.，2002；Kirchgeorg，Günther，2006；Petkovic，2008；Sponheuer，2009）。同时，雇主与雇员之间确实存在着一种相互期望的关系（Levinson，1962）。这种相互期望可以表现为员工和组织之间的一种内隐协议：员工希望组织创造各种条件满足其基本心理需求，作为回报，员工会对组织忠诚，减少离职倾向，维护并捍卫组织的雇主品牌（Kotter，1973）。因此，良好的雇主品牌在一定程度上表现为对员工基本心理需求的满足。

2.7.3 基本心理需求与员工留任的关系研究

我们通过文献梳理发现，基本心理需求可以直接或间接影响员工留任。

一方面，基本心理需求直接影响员工留任。Aquino 和 Thau（2009）的研究已经证实了个体消极应对工作其中一个重要原因便是基本心理需求没有得到满足。当基本心理需求得不到满足时，员工会出现行为偏差，产生离职等行为（Shields，Ryan，Cicchetti，2001）。同时，基本心理需求没有得到满足也会损害个体调整行为的能力，个体会变得缺少热情和认知去调整自己的行为，最终选择离开组织（Ferris，Brower，Heller，2009；Kuhl，2000）。

另一方面，基本心理需求间接影响员工留任。现有关于员工留任的影响因素研究主要集中在组织和个体两个层面，具体包括：员工投入（Becker，1960；Allen，Meyer，1984；Seok-Eun Kim，2005）、心理认同感、工作满意度、情感承诺（Kelman，1958；Iverson，Roy，1994；Mitchell，Lee，2001）、领导风格（Jordan-Evans，1999；Dobbs，2000；Stein，2000）、组织文化和工作环境（Floyd，Lane，2000；Ketchen，et al.，2007；Upson，et al.，2007；Erik Monsen，R. Wayne Boss，2009）等。其中，员工基本心理需求的满足可以通过影响员工对企业的心理认同感，进而影响员工留任来实现（Greguras，Diefendorff，2009）。Kelman 在关于员工态度变化的研究中指出，根据员工基本心理需求满足程度的不同，可以把员工对企业的态度分为顺从、维持以及融入三个层次。当员工顺从组织时，员工会为获得特定的报酬或者是避免特定的惩罚，选择留在企业；当员工认同组织中的某个人或者是与组织中的群体维持关系时也会选择留在企业；当员工认为自己的价值观与组织的某个人或者组织的价值观相似时同样会选择留在企业。① 与此同时，基本心理需求的满足有助于提高员工的工作投入（Sheld, Elliot, Kim, Kasser, 2001）、工作满意度（Ryan, Deci, 2008；Lynch, Plant, Ryan, 2005）、情感承诺（Meyer, Maltin, 2010；Meyer, 2012）、工作幸福感（Broeck, 2010）。相关研究也显示，基本心理需求的满足程度与更好的工作表现（Greguras, Diefendorff, 2009）、更加投入的工作态度（Deci, et al., 2001）、更佳的心理状态（Gagné, Deci, 2005）呈正相关关系。而更好的工作表现、工作投入、更佳的心理状态又是员工留任的重要影响因素。因此，基本心理需求可以间接影响员工留任。

2.7.4 破坏性领导对雇主品牌、基本心理需求的关系研究

根据文献梳理可以看出，学术界对领导风格的研究集中在领导风格的积极面上（Kelloway, Mullen, Francis, 2006），而对其阴暗面——破坏性领导风格和其对组织影响的研究和理论发展都相对较少（Tepper, 2000）。随着组织外部竞争的日益激烈，外部竞争压力有意或无意地转移到了组织内部，这些压力就落到了管理者身上，进而增大了管理者产生不正当领导行为的概率。学者们将研究目光逐步锁定在组织中的破坏性领导风格上（Kellerman, 2004；Kelloway, Sivanathan, Francis, Barling, 2005；Einarsen. S, Aasland. M. S, 2007）。雇主品牌是组织取得差异化竞争优势的资源，是企业为内部员工提供的品牌承诺（Backhus, Tikoo, 2004）。在组织情境下，员工与主管领导接触较多，领导也常常被看成是组织或部门的代理人，破坏性领导是一种重要的资源配置方式（Yukl, 2010）。因此，破坏性领导可能影响员工的雇主品牌感知。与此同时，破坏性领导一般会在心理、态度、行为上对下属产生不利影响（李锐，凌文辁，柳士顺，2009）。即破坏性领导不仅会导致下属产生抑郁、焦虑、紧张等消极心理，影响着员工基本心理需求的满足（Tepper, 2007；吴宗佑, 2008），还会提高员工的缺勤率，增加员工的离职倾向，降低员工的工作满意度和对上司的满意度（Macklem, 2005；Schimidt, 2008；路红, 2010）。

2.7.5 工作—家庭支持对基本心理需求、员工留任的关系研究

工作—家庭支持和工作—家庭冲突是工作—家庭关系的重要组成部分，是员工在同一环境中所经历的相互对立的两种工作—家庭关系（Grzywacz,

---

① HERBERT C KELMAN. Changing Attitudes Through International Activities [J]. Journal of Social Issues, 1962, 18 (1): 68-87.

Marks, 2000)。

根据自我决定理论, 环境能通过满足个体基本心理需求影响和改变个体行为 (Ryan, 1995)。而家庭作为社会环境的一个重要组成部分, 工作—家庭支持是员工经历的一种工作—家庭关系的支持性环境, 其对组织成员的基本心理需求具有重要影响 (李永鑫, 等, 2009)。

工作—家庭支持表现了工作—家庭关系之间的积极作用。这种积极作用主要来自配偶, 分为情感性支持和工具性支持 (Bamet, 2001)。Carlson (2006) 的研究证实, 家庭领域的支持性资源能够增强员工在工作领域的效能。Edward (2000) 等通过研究发现, 来自家庭的支持能够在工作与家庭之间产生积极渗透, 从而影响到个体的情感、价值观、技能和行为。Karatepe 和 Kilic (2007) 发现, 来自配偶的支持与一些工作相关结果呈显著正相关关系, 包括职业成功、良好的身体状况、工作满意度等, 即家庭支持越高, 员工的工作满意度越高, 员工的身体状况越好。李永鑫、赵娜 (2009) 通过实证研究发现, 工作—家庭支持与离职意向呈显著负相关关系, 表明当员工受到工作—家庭支持时, 离职意向会降低。综上, 员工在家庭中获得支持性资源 (时间、心态、精力等) 后, 会不断将这种资源带入工作中, 工作和家庭形成积极互动, 正向影响两个领域中的行为倾向。而员工留任作为员工的组织行为倾向之一, 会受到工作—家庭支持的影响。

2.8 文献综述小结

综上所述, 国内外对雇主品牌的研究尚不成熟, 尤以实践性的研究居多, 且在研究方法上多以调查报告、管理实践等定性研究为主。雇主品牌从定义到测量维度的研究都十分多元, 从组织认同、企业声誉、组织形象、企业文化和企业品牌推广等各方面都有学者进行研究。研究视角从强调工作场所吸引力到强调企业对员工做出的价值承诺再到强调员工与求职者和雇主之间的关系。本研究着重探讨雇主品牌对企业现有员工行为的影响, 为了更好地探究其作用机制, 将雇主品牌选定为单一维度。同时, 我们通过文献梳理发现, 雇主品牌对员工绩效、组织忠诚、员工离职都有显著影响。

对于员工留任的定义, 学界比较认同的是 Frank 等 (2004) 提出的 "雇主为了满足业务目标而使员工乐意留下的努力"。但是, 本研究认为员工是实际做出留任行为的主体, 对员工留任的定义应该从员工的角度出发。本研究结合 Mak 等 (2001) 关于员工留任的研究, 认为员工留任是员工在综合考量雇主为争取其留任所付出的努力以及自身基本心理需求的满足程度后做出的一种回应。从文献梳理中不难发现, 员工留任测量维度的研究都十分多元, 从组织认同、绩效体系、激励制度、工作倦怠、离职倾向到工作环境等各方面都有学者进行研究。以往对员工留任的测量大都从员工的离职倾向层面进行研究，本研究从人力资源本体——员工出发，采用 Mak 的离职倾向、组织忠诚和工作倦怠三维度对员工留任进行界定，该界定包含了对已被学术界认可的员工离职倾向、组织忠诚层面的衡量，同时也包含了对员工工作状态（工作倦怠）的衡量。与以往的研究相比，本研究站在员工角度，同时考虑了雇主与员工两个方面对于员工留任的影响，这将进一步丰富对于员工留任领域研究的理论，并且为管理实践提供智力支持。

基本心理需求理论是自我决定理论的重要组成部分（Ryan，Deci，2008）。基本心理需求理论认为，胜任、自主与关系三大基本心理需求是人与生俱来的，个体趋向于努力寻找合适的环境使自己的这些需求得到满足。而其需求的满足是促进个体人格发展和认知结构完善的重要条件。该理论阐述了环境通过满足个体基本心理需求来激励和改变个体行为的作用机制。而研究表明，这三种基本心理需求对个体心理健康有十分重要的"滋养"作用，这些需求被满足的程度决定了个体的幸福感。众多研究已经证实了三类需求是衡量或者预测个人行为的重要维度，企业通过满足员工的三种需求来激发员工的内在动机，以达到激励员工、提高组织绩效的目的（Deci，Ryan，2000）。鉴于基本心理需求理论的成熟性以及测量工具的逐步发展，本研究采用 Deci 等学者所提出的胜任、关系、自主三种需求来衡量员工的基本心理需求。

领导风格和工作—家庭支持分别是影响基本心理需求和员工留任的重要因素。破坏性领导被定义为：一个领导、监督者或是管理者系统性的重复的暗箱操作行为，会对组织目标、任务完成、资源和影响力产生不利影响，减弱对员工的激励程度、幸福感与满意感，损害组织的合法利益。学者们大致从工作—家庭积极渗溢、丰富以及促进三方面来研究工作—家庭促进。本研究将工作—家庭支持定义为员工在家庭领域中得到的各种支持——这种支持是对家庭和工作的双向支持，有益于促进工作和家庭的平衡和稳定。工作—家庭支持的结果变量主要集中在个人心理、工作满意度等方面。研究认为来自配偶的支持与一些工作的相关结果呈显著正相关关系，包括工作成就感、良好的身体状况、工作满意度等。这表明工作—家庭支持越高，员工的工作满意度越高，员工的身体状况越好。

3 研究设计

伴随着社会经济的发展，企业间竞争加剧，员工与组织之间的关系也发生着重大变化。本章在上一章理论基础和文献综述的基础上，从员工感知的视角，对雇主品牌与员工留任间的关系进行系统讨论，确立了本研究的概念模型，并提出相应的研究假设，进一步明确各构念的测量变量，为之后第四章、第五章的研究方法与数据分析奠定基础。

3.1 概念模型和研究变量

3.1.1 概念模型

自我决定理论有力地阐述了环境对个体行为的影响机制，该理论认为环境可以通过影响个体的基本心理需求来影响个体行为（Deci, Ryan, 1985）。而满足基本心理需求的程度取决于环境和自我的决定。一方面，个体行为受到基本心理需求满足与自我决定程度的影响；另一方面，环境对个体的基本心理需求满足起到重要作用（Hannes Leroy, Frederik Anseel, William L Gardner, Luc Sels, 2012）。因此，本研究选择自我决定理论作为理论基础，探讨雇主品牌与员工留任的影响机制。

对于员工而言，其所处的最大环境就是企业组织（Sorasak, 2014）。根据自我决定理论，环境对个体的基本心理需求满足起到重要作用（Deci, 2000）。雇主品牌是企业通过工作场所建立的企业形象，使得企业区别于其他企业，成为最优工作环境（Ewing, Bussy, Berthon, 2002; Berthon, Ewing, Hah, 2005）。同时已有研究认为雇主品牌的基础是员工在组织中的感受，即雇佣体验（Versant, 2011）。这种雇佣体验直接影响员工基本心理需求的满足（Dave Lefkou, 2001; Hewitt, 2005），并且雇主品牌对雇员需求满足的吸引力是一直存在的（Rust, et al., 1996）。简而言之，雇主品牌会影响员工的基本心理需求，既包括方向，也包括大小（Martin, 2010; Ewing, et al., 2002; Kirchgeorg, Günther, 2006; Petkovic, 2008; Sponheuer, 2009）。

进一步，基本心理需求得到满足能够促成个体的积极行为（Greguras，Diefendorff，2009），比如员工就会更好地留在企业（Mitchell，Lee，2001）；而其未得到满足时，员工会出现行为偏差，产生离职等行为（Ferris，Brower，Heller，2009；Kuhl，2000；Shields，Ryan，Cicchetti，2001）。而员工留任是个体行为中最重要的一种行为（Mike Christie，2001），可以从离职倾向、工作倦怠和组织忠诚进行衡量和判断（Mak，2001），所以，基本心理需求会影响员工留任。基于此，本研究以自我决定理论为基础，建立概念模型来探究员工雇主品牌感知如何通过基本心理需求的满足对员工留任产生影响，从而揭示雇主品牌感知与员工留任之间更为深层次的作用关系。

随着组织外部竞争的日益激烈，外部竞争压力有意或无意地转移到了组织内部，这些压力就落到了管理者身上，进而增大了管理者产生不正当领导行为的概率，尤其是破坏性领导行为（Kellerman，2004；Kelloway，Sivanathan，Francis，Barling，2005；Einarsen. S，Aasland. M. S，2007）。破坏性领导行为是主管领导长期持续对员工表现出可感知到的语言或非语言的敌意行为（Tepper，2000），高日光（2009）指出破坏性领导在中国组织情境下表现得更为明显。在组织情境下，员工与主管领导接触较多，领导也常常被看成是组织或部门的代理人，会对组织资源配置产生重要影响（Yukl，2010），而雇主品牌是组织取得差异化竞争优势的资源，为内部员工提供的品牌承诺（Backhus，Tikoo，2004）。不仅如此，破坏性领导是对员工心理冲击最大的领导风格之一，不仅会导致下属产生抑郁、焦虑、紧张等消极心理，而且影响着员工的基本心理需求的满足，给员工留下较深的印象（Tepper，2007；吴宗佑，2008）。由此可见，破坏性领导风格一定程度上影响员工雇主品牌的感知，也影响了员工基本心理需求的满足。故本研究从破坏性领导风格出发，考察领导风格对雇主品牌与基本心理需求满足之间关系的调节作用。

与此同时，任何研究都是在一定的情境中进行的，而家庭是研究员工留任的重要社会情境（Karatepe，2001）。一方面，家庭与工作的界线不再是棱角分明，工作—家庭支持和工作—家庭冲突是工作家庭关系的重要组成部分，是员工在同一环境中所经历的相互对立的两种工作家庭关系（Grzywacz，Marks，2000）。工作—家庭支持是员工经历的一种工作家庭关系的支持性环境，其对组织成员的基本心理需求具有重要影响（李永鑫，等，2009）。另一方面，工作—家庭支持表现为工作—家庭关系之间的积极作用。提升工作满意度、员工的情感承诺等是工作—家庭支持的重要结果变量，而工作满意度、情感承诺等又可以影响员工留任（Kilic，2007）。研究表明，得到的工作—家庭支持越多，员工就能感到更加胜任自己的工作（Allen，2001）。故本研究拟探求工作—家庭支持对员工基本心理需求与员工留任之间关系的调节作用，且工作—家庭支持对基本心理需求与员工留任之间的关系呈正向调节作用。

综上所述,本研究依托自我决定理论,提出雇主品牌对员工留任的影响机制模型,比较深入地阐述了两者之间的关系及其作用机制与边界条件,并构建相关模型。模型如图 3-1 所示。

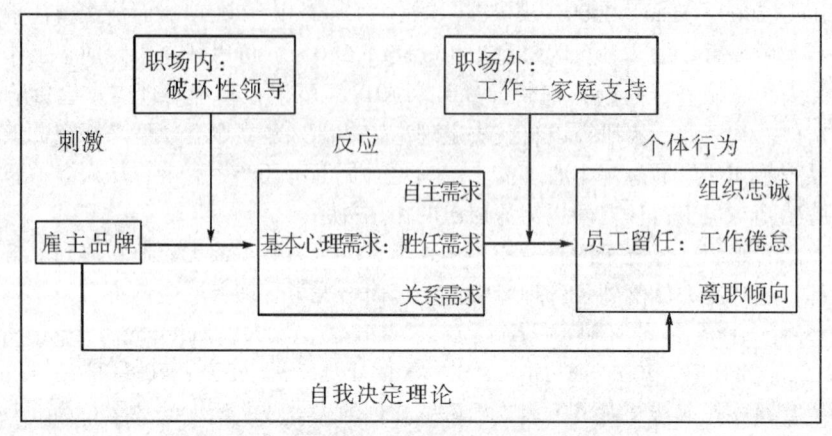

图 3-1 雇主品牌对员工留任的影响机制模型

3.1.2 研究变量

1. 雇主品牌

本研究的目的在于探究雇主品牌如何通过基本心理需求影响企业在职员工的留任问题。因此,本研究将雇主品牌定义为通过在企业员工心中树立良好的雇主形象(含象征性特征和功能性特征),来达到吸引、激励和保留核心员工的作用,从而增加企业的竞争力。本研究基于 Berthon,Ewing 和 Hah 在 2005 年开发的雇主吸引力测量量表进行修订,从而形成中国文化情境下企业在职员工的雇主品牌量表。量表的具体题项如表 3-1 所示。

表 3-1 雇主品牌测量题项

编号	题项
GZPP1	我所在的单位工作环境有趣味
GZPP2	我所在的单位工作环境使人感到幸福
GZPP3	我所在的单位能够提供中上等水平的薪资
GZPP4	我所在的单位能够让我得到上司的赏识和认可
GZPP5	我所在的单位能够成为我职业发展的一个跳板
GZPP6	我所在的单位让我变得更加自信
GZPP7	我所在的单位能够提升我的职业能力

表3-1(续)

编号	题项
GZPP8	我所在的单位重视我并且让我发挥创造力
GZPP9	我所在的单位内部有很好的晋升机会
GZPP10	我所在的单位让我有成就感
GZPP11	我所在的单位拥有良好的同事关系
GZPP12	我所在的单位能够提供高质量的产品和服务
GZPP13	我所在的单位能够回馈社会
GZPP14	我所在的单位以顾客为导向
GZPP15	我所在的单位能让我亲自参与部门之间的交流
GZPP16	我所在单位能够让我将所学知识加以运用

2. 员工留任

本研究采用 Mak 等（2001）的离职倾向、组织忠诚和工作倦怠三维度对员工留任进行界定，提出员工留任是员工在综合考量雇主为争取其留任所付出的努力以及其自身基本心理需求的满足程度后做出的一种回应。员工留任可以从离职倾向、工作倦怠及组织忠诚三个角度进行阐述和衡量。量表的具体题项如表3-2所示。

表3-2　　　　　　　　　员工留任测量题项

维度	编号	题项
工作倦怠	GZJD1	目前的工作让我感到沮丧
	GZJD2	目前的工作让我感到身体疲倦
	GZJD3	目前的工作让我感到精神疲倦
	GZJD4	目前的工作让我感觉很难受
	GZJD5	目前的工作让我觉得自己没有出路
	GZJD6	目前的工作让我觉得自己没有价值
	GZJD7	目前的工作令我觉得厌烦
	GZJD8	目前的工作给我带来了不断的麻烦
	GZJD9	目前的工作让我觉得一点希望都没有
	GZJD10	在目前的工作中我觉得自己处处碰壁
组织忠诚	ZZZC1	我的价值观和单位的价值观非常相似
	ZZZC2	我的单位能够激发我在工作中的最大潜能
	ZZZC3	我真的很开心能为这个单位工作
	ZZZC4	我会鼓励朋友到我们单位上班

表3-2(续)

维度	编号	题项
离职倾向	LZQX1	我正在主动寻求目前所在单位外部的工作机会
	LZQX2	我可能会考虑找一个管理更好的单位上班
	LZQX3	若其他单位提供稍好一点的职位，我会考虑离开
	LZQX4	若另外的工作能提供更好的薪酬，我会考虑离开

3. 基本心理需求

基本心理需求理论强调影响个体自我整合活动的环境因素。Deci 和 Ryan 发现，不管是在集体主义文化中，还是在个人主义文化中，三种基本心理需求即自主需要（Autonomy）、胜任需要（Competence）和关系需要（Relatedness）的满足都影响了人的心理健康，表明了该理论的普遍适应性。这为不同的社会力量和人际交往环境影响人自我控制机制提供了一系列的说明。本研究采用 Deci 和 Ryan（2000）的量表。量表的具体题项如表 3-3 所示。

表 3-3　　　　　　　基本心理需求测量题项

维度	编号	题项
自主需求	ZZXQ1	在单位工作时，我感觉很自在
	ZZXQ2	当我和我的上司在一起时，我感觉受到约束
	ZZXQ3	在单位工作时，我拥有发言权能表明自己的观点
胜任需求	SRXQ1	在单位工作时，我经常感觉能力不足
	SRXQ2	在单位工作时，我感觉很有效率
	SRXQ3	在单位工作时，我感觉自己很有能力
关系需求	GXXQ1	在单位工作时，我和上司之间总有距离感
	GXXQ2	在单位工作时，我和上司之间十分亲近
	GXXQ3	在单位工作时，我感觉自己受到关爱

4. 破坏性领导

破坏性领导为本书雇主品牌与基本心理需求之间的调节变量，本书沿用学界广泛采用的 Tepper（2000）对破坏性领导的定义和由其延伸出的概念框架，即下属感知到的主管领导长期持续表现出来的言语或非言语的敌意行为，但不包括直接的身体接触。本研究采用 Mitchell 和 Ambrose（2007）的量表。量表的具体题项如表 3-4 所示。

表 3-4　　　　　　　　破坏性领导测量题项

编号	题项
PHLD1	我的上司经常嘲笑我
PHLD2	我的上司经常说我无能
PHLD3	我的上司经常说我的想法是愚蠢的
PHLD4	我的上司经常在其他人面前负面评价我
PHLD5	我的上司经常在其他人面前羞辱我

5. 工作—家庭支持

工作—家庭支持为本书基本心理需求与员工留任之间的调节变量，本研究通过梳理以往文献，将家庭支持定义为员工在家庭领域中得到的各种支持，这种支持是对家庭和工作的双向支持，有益于促进工作家庭的平衡和稳定。本研究采用（King, L. A，1995）的量表。经过修订后，量表的具体题项如表 3-5 所示。

表 3-5　　　　　　　工作—家庭支持测量题项

维度	编号	题项
情感型支持	QGZC1	对工作上的问题，家人经常给我提供不同的意见和看法
	QGZC2	当工作有烦恼时，家人总是能理解我的心情
	QGZC3	当工作出现困难时，家人总是和我一起分担
	QGZC4	当工作很劳累时，家人总是鼓励我
	QGZC5	当工作遇到问题时，我总是会给家人说
	QGZC6	当工作出现问题时，家人总是安慰我
工具型支持	GJZC1	工作之余，家人总能给我一些私人空间
	GJZC2	当我某段时间工作很忙时，家人能够帮我分担家务
	GJZC3	我与家人谈及有关工作上的事情时很舒服
	GJZC4	家人对我所做的工作比较感兴趣

3.2　研究假设的提出

3.2.1　雇主品牌与员工留任之间的关系假设

本研究的理论基础为自我决定理论，其余涉及的理论为心理契约理论、社会交换理论、组织认同理论、资源基础理论等。

Deci 和 Ryan 于 1985 年在著作 "Intrinsic motivation and self-determination in human behavior"① 中第一次明确提出了自我决定理论，该理论以动作发生的不同原因和目标产生的不同类型动机进行不同区分，阐述了受环境作用后个体及其行为动作生成影响的因果路径。随着自我决定理论的不断发展和完善，现在已经形成由五个子理论构成的理论体系，其中以基本心理需求为其核心。② 基本心理需求理论认为自主、胜任与关系三大心理需求是人与生俱来的，个体趋向于努力寻找合适的环境使自己的这些需要得到满足。③ 一般来说，企业可通过营造舒适的工作环境、提供良好的支持保障体系来塑造优秀的雇主品牌形象（段丽娜，2011）。而良好的雇主品牌形象有利于提升员工的心理归属感，进而促使员工留在该企业（Priyadarshi，2011；张宏，2014）。

社会交换理论认为人类的一切行为都归结为某种能够带来奖励和报酬的交换活动，这种交换活动就是彼此相互交换资源的过程（Blau，1956）。在交换双方互惠、信任、公平规范的前提下，企业加强雇主品牌的建设以换取员工留任的过程，实际也是一种社会交换。在此交换中，企业能提供的"互利资源"来自于其雇主品牌，雇主品牌表现为为员工提供的功能的、经济的和心理的利益等集合的差异化（Tim Ambler，Simon Barrow，1996），员工能提供的"互利资源"则是其本身——人力资源。资源基础理论认为企业罕见的、宝贵的、不可替代和难以模仿的资源可以促进其形成领先于对手的可持续竞争优势（Barney，1991），其中人力资本被证明是创造竞争优势的重要资源（Priem，Butler，2001）。在这样初步的交换中，员工得到的"互利资源"或是"报酬"就是雇主为其所提供的功能的、经济的和心理的利益等方面的东西。因此，员工通过付出自己的努力能得到雇主经常性的报酬，那么他就会重复为该雇主劳作的行为，即留在该组织。

由心理契约理论可知，雇员和雇主之间互相对对方提供的各种责任有自己的理解和感知，在这种相互理解感知的基础上建立了心理契约（Herriotp，Pemberton，1995）。那么组织对员工的责任与员工对组织的责任应是一对矛盾统一的整体，对心理契约理解的一致程度高能减少理解歧义而带来的消极情感（李艳芬，2010）。由于雇主品牌的建设有利于提升员工和雇主双方之间心理契约的一致性，所以雇主品牌产生的雇主品牌权益能鼓励现有员工留下来并支持企业（Backhaus，2004）。基于此，本书提出以下假设。

---

① DECI E L, RYAN R M. Intrinsic motivation and self-determination in human Behavior [M]. New York: Plenum, 1985.

② 张剑，张微，宋亚辉. 自我决定理论的发展及研究进展评述 [J]. 北京科技大学学报：社会科学版，2011, 27 (4): 131-137.

③ DECI E L, RYAN R M. The "what" and "why" of goal pursuits: human needs and the self-determination of behavior [J]. Psychological Inpuiry, 2000 (11): 227-268.

H1：雇主品牌对员工留任有正向影响。

雇主品牌是企业在员工心中所树立的形象，能使员工对企业产生满意感（Will Rush，2001）。而工作满意度与组织忠诚之间有着显著相关性（Clvie, Richard，1996；张慧，2010）。所谓组织忠诚指个体认同并参与一个组织的强度，是与组织签订的一种"心理契约"。基于此，本书提出以下假设：

H1a：雇主品牌与组织忠诚正相关。

由上文可知，雇主品牌能使员工产生满意感，而员工满意度又会对人员流动性产生影响，从而间接影响在职员工的离职倾向（Kervin，1998；Liou，1998）。符益群认为影响员工离职的因素很多，从雇主品牌的角度概括，雇主品牌对员工离职倾向有着重要的影响，企业通过对自身雇主品牌的建设，可以有效降低员工的离职倾向，增强员工留任意愿。① 建立起良好的雇主品牌的企业比没有雇主品牌的企业，员工流失率低很多（Ritson，2002；伏绍宏，2006；孟跃，2007）。企业为员工提供较好的职业发展机会以及公平的薪酬考核和激励能让员工有较好的雇佣体验，这就提高了员工对于组织的认可度和满意程度，降低其流动性（伏绍宏，2006；孟跃，2007）。基于此，本书提出以下假设：

H1b：雇主品牌与离职倾向负相关。

雇主品牌从雇佣承诺角度来看正是一种组织对员工的承诺（Dave Lefkou，2001；Rogers, et al.，2003；Ann Zuo，2005；Hewitt，2005）。根据社会交换理论，组织支持越高，员工就会加倍地投入工作来回报企业；组织支持降低，员工对企业的责任感也会降低（刘小平，王重鸣，2001）。虽然组织和员工的关系是互惠的，但这种关系由组织开始，先有组织对员工的承诺，才会有员工对组织的承诺（Eisenberger，1986）。组织支持会给员工带来组织支持感，组织支持感的缺失会导致员工身心疲惫和工作状态消耗，即产生工作倦怠（彭凌川，2007；白玉苓，2010）。基于此，本书提出以下假设：

H1c：雇主品牌与工作倦怠负相关。

3.2.2 雇主品牌与基本心理需求之间的关系假设

自我决定理论有力地阐述了环境如何对个体行为产生影响，其中个体三种基本心理需求的满意度（自主需求、胜任需求、关系需求）为本研究提供了个体与组织互动的内在动力源泉（Deci, Ryan，1985）。根据自我决定理论，基本心理需求的满足程度取决于环境和自我的决定的相互作用，即个体和环境能相互影响（Deci，2000）。所以，员工的基本心理需求受到其所处环境的影响。而对于员工而言，其所处的最大环境就是企业组织（Sorasak，2014）。根

---

① 符益群，凌文辁，方俐洛. 企业职工离职意向的影响因素［J］. 中国劳动，2002 (7).

据自我决定理论，环境对个体的基本心理需求满足起到重要作用（Deci，2000）。雇主品牌是企业通过工作场所建立的企业形象，使得企业区别于其他企业，成为最优工作环境（Ewing, Bussy, Berthon, 2002; Berthon Ewing, Hah, 2005）。同时已有研究认为雇主品牌的基础是员工在组织中的感受，即雇佣体验（Versant, 2011）。这种雇佣体验直接影响员工基本心理需求的满足（Dave Lefkou, 2001; Hewitt, 2005），并且雇主品牌对雇员需求满足的吸引力是一直存在的（Rust, et al., 1996）。简而言之，雇主品牌会影响员工的基本心理需求，既包括方向，也包括大小（Martin, 2010; Ewing, et al., 2002; Kirchgeorg, Günther, 2006; Petkovic, 2008; Sponheuer, 2009）。与此同时，根据心理契约理论，雇主与雇员之间确实存在着一种相互期望的关系（Levinson, 1962）。这种相互期望可以表现为员工和组织之间的一种内隐协议：员工希望组织创造各种条件满足其基本心理需求，作为回报，员工会对组织忠诚，减少离职倾向，维护并捍卫组织的雇主品牌（Kotter, 1973）。所以，雇主品牌感知的强弱能够影响员工的基本心理需求满足。基于此，本书提出以下假设：

H2：雇主品牌与基本心理需求正相关。

自我决定理论高度强调自主性需求，认为自主性的支持（Autonomy Support）、鼓励尊重个体的观点及选择的权力，有利于激励个体自我决策，对产生积极正面的心理效应大有裨益（Vansteenkiste, Simons, Lens, Sheldon, Deci, 2004; Paker, Jimmieson, Amiot, 2010; 江智强, 2003）。根据品牌关系理论和消费者重复购买理论，良好的品牌是企业向顾客释放的积极而富有意义的信号（Berthon, 2002）。自主需求指的是自我抉择和自己做决定的需求，而雇主品牌理论阐述了雇主与员工之间的关系，雇主通过在员工心中树立良好的雇主形象，来激励和保留核心员工（Sullivan, 2004）。由此可知，雇主品牌作为员工所处的外部环境能够释放出积极信号，进而有效促进员工自主需求的满足。基于此，本书提出以下假设：

H2a：雇主品牌与员工自主需求正相关。

品牌关系理论认为，差异化的品牌体验通过满足顾客的基本心理需求，来促进顾客建立对品牌独特的情感（Berthon, 2002）。而这种独特的情感能够促进顾客的参与（陈荣秋, 2009）。雇主品牌得到企业品牌的支撑，成为稳定的品牌存在（Burmann, et al., 2008; Petkovic, 2008）。在企业中，已有学者将雇员认定为是企业内部的消费者（Rust, Stewart, Miller, Pielack, 1996），对于雇员来说，其情感、心理、社会、物质和金钱的需求和欲望受其雇主品牌的影响，而其中，基本心理需求的满足尤为显著。由上可知，雇主品牌能够吸引与激发员工的参与，而自我决定理论中胜任需求指个体乐于挑战自我，并且在这个过程中得到与自己期望相符合的需要（White, 1959）。基于此，本书提出以下假设。

H2b：雇主品牌与员工胜任需求正相关。

由消费者行为理论可知，顾客参与是指顾客通过服务他们自身或与共同服务的人员合作实现顾客实际涉入，进而实现顾客感知价值的创造（Lengnick-Hall，1995）。我们发现雇主品牌与企业品牌有着相同的逻辑和不同的研究对象，故消费者行为理论的许多观点也可以用于人力资源管理研究领域。雇主品牌是雇主与员工之间建立的互动关系（Will Rush，2001），员工与企业的关系影响员工情感上的信任和依赖（刘敬严，2008），而自我决定理论中的关系需求，指的是建立一种与别人相互尊重和依赖的感觉（Bowlby，1958；Harlow，1958；Ryan，1993；Baumeister，Leary，1995；Deci，et al.，2000）。因此，雇主品牌可能影响员工关系需求。基于此，本书提出以下假设：

H2c：雇主品牌与员工关系需求正相关。

3.2.3 基本心理需求与员工留任之间的关系假设

基本心理需求直接影响员工留任。根据自我决定理论，自主、胜任与关系三大心理需求是人与生俱来的，个体趋向于努力寻找合适的环境使自己的这些需求得到满足（Deci，2000）。根据社会交换理论，对于员工而言，其所处的最大环境就是企业组织。当组织给予员工各项支持，满足了员工的基本心理需求，作为回报，员工会选择留在组织。李敏提出员工的基本心理需求的满足程度高会有效提高其工作投入水平。[①] 进一步，根据影响员工留任因素中的单边投入理论，员工对组织物质与非物质投入的增加会增加员工离开组织的成本。组织认同理论认为当个体的基本心理需求得到满足时，个体会加深对组织的认同，进而改变自己对组织的态度（Mowday，1982）。而个体对组织的态度会直接影响个体行为（Watson，2011）。Kelman（1958）的研究表明员工对组织的态度会经历三个过程，分别是顺从、认同和内部化。当员工对组织的态度是顺从时会为获得特定的报酬或者是避免特定的惩罚，选择留在企业组织；当员工认同组织中的某个人或者是与组织中的群体维持关系时也会选择留在企业；当达到内部化，员工认为自己的价值观与组织的某个人或者组织的价值观相似时同样会选择留在企业组织。

Aquino 和 Thau（2009）的研究已经证实了个体消极应对工作的一个重要原因便是基本心理需求没有得到满足。当基本心理需求得不到满足时，员工会出现行为偏差，产生离职等行为（Shields，Ryan，Cicchetti，2001）。同时，基本心理需求没有得到满足也会损害个体调整行为的能力，个体会变得缺少热情

[①] 李敏. 中学员工工作投入与基本心理需求满足关系研究 [J]. 员工教育研究，2014（2）：43-49.

和认知去调整自己的行为,最终选择离开组织(Ferris, Brower, Heller, 2009; Kuhl, 2000)。基于此,本书提出以下假设:

H3:基本心理需求与员工留任正相关。

自我决定理论认为个体充分认识到个人需要和环境信息后,会做出自我决定,并掌控自己的行为(Deci, 2000)。柯友凤、柯善玉(2006)提出员工的心理能量在长期的奉献过程中消耗过多,会出现情绪耗竭继而出现工作倦怠。Maslach 在关于工作倦怠的定义中提到工作倦怠表现为情绪耗竭、缺乏激情、个人成就感低落。① 已有研究表明自主需求能够影响员工的工作倦怠,如工作自主能够缓冲情绪调节所导致的工作倦怠,即工作自主使员工能够获得资源来弥补情绪调节所导致的资源丧失。② 同时,Tai 和 Liu(2007)研究工作压力、神经质与工作倦怠三变量之间的关系时发现,工作自主性的调节作用即自主需求对工作倦怠负向调节。基于此,本书提出以下假设:

H3a:自主需求与工作倦怠负相关。

在 Price-Mueller(2000)关于离职模型的研究中,他认为员工离职受到环境变量、个体变量、结构变量的影响,其中个体变量主要是指员工的基本心理需求。自主需求作为员工基本心理需求的重要组成部分,主要表现为员工的自主性需求(Vansteenkiste, 2004)。三项元分析的结果表明,员工工作自主性与工作绩效、工作满意度这两个变量显著相关(Fried, Ferris, 1987; Spector, 1986; Taber, Taylor, 1990)。与此同时,员工工作满意度与离职倾向之间存在负相关关系(Hellman, 1997)。因此,自主需求可能通过影响员工的工作满意度、组织忠诚等间接影响员工的离职倾向。基于此,本书提出以下假设:

H3b:自主需求与离职倾向负相关。

自主需求指的是自我抉择和做决定的需求,自我决定理论高度强调自主性需求,认为自主性的支持、鼓励尊重个体的观点及选择的权力,有利于激励个体自我决策,对产生积极正面的心理效应大有裨益(Deci, 2000)。而组织忠诚是员工对其所服务的组织充满热情,愿意为组织的发展奉献自己聪明才智的情感和行为。较高的自主性支持对员工工作满意度和组织忠诚有积极的正向影响(Roy, 1994)。根据社会交换理论,组织满足了员工的自主性需求,作为交换,员工会提升对组织的忠诚度,更倾向于留任。基于此,本书提出以下假设:

---

① MASLACH C, SCHAUFELI W B, LEITER MP. Job Burnout [J]. Annual Review of Psychology, 2001 (52): 397-422.

② BROTHERIDGE C, GRANDEY A. Emotional labor andburnout: Comparing two perspectives of "people work" [J]. Journal of Vocational Behavior, 2002 (60): 17-39.

H3c：自主需求与组织忠诚正相关。

胜任需求指个体乐于挑战自我，并且在这个过程中得到与自己期望相符合的需要（White，1959；Deci，Ryan，1980），与能力倦怠相对（Deci，Ryan，2000）。Aquino 和 Thau（2009）的研究已经证实了个体消极应对工作的一个重要原因是基本心理需求没有得到满足。根据 Deci 和 Ryan（2000）的自我决定理论，基本心理需求没有得到满足会损害个体调整行为的能力和认知，如工作时间睡觉或者迟到、缺勤等行为（Ferris，Brower，Heller，2009；Kuhl，2000）。与此同时，Broeck 等（2010）研究发现当工作环境能满足员工的胜任需求时，员工会采取更积极主动的工作投入或者组织公民行为，降低工作倦怠感。基于此，本书提出以下假设：

H3d：胜任需求与工作倦怠负相关。

人与组织的匹配理论（POF）认为个人与组织应该存在两个方面的相容性。Kristof（1996）提出个人与组织有相似的基本特征和个人与组织至少有一方满足另一方的需要。而个体的努力、承诺、经验、知识、技能等要适应组织的需求，即当组织有任务时，个体有能力完成这项任务，这充分体现出员工的胜任需求。与此同时，Vancouver 与 Kristof（1991）的研究证明人与组织匹配程度正向影响着员工对组织忠诚、员工的工作满意，并且与离职倾向负相关。基于此，本书提出以下假设：

H3e：胜任需求与离职倾向负相关。

胜任是指个体在与环境的交互作用中感觉自己是有能力的。根据 Vroom 等（1964）的期望理论和 Bandura 等（1997）的自我效能理论，可知员工对胜任需求的追求有利于提高员工的信心，使员工在活动中感受到自我的存在价值。同时，组织为员工提供的能力发展机会和技能培训能够满足员工的胜任需求（Boomer Authority，2009；Rodriguez，2008；Arnold，2005；Herman；2005）。根据社会交换理论和组织认同理论，组织为员工提供了福利和资源，作为交换，员工会更认同组织，表现出更高的忠诚度以及组织公民行为。进一步，Greguras 和 Diefendorff（2009）指出胜任需求得到满足的员工会对组织有更高的忠诚度。基于此，本书提出以下假设：

H3f：胜任需求与组织忠诚正相关。

根据自我决定理论，主动行为的实施来自于行为的自发性，而自主支持型组织情景更有利于个体实施主动行为，自主支持的组织情景促使个体将外部目标整合内化为个人目标进行自我调节（Deci，2000）。研究已经证实，员工基本心理需求是联结外部环境与其自身行为的关键，即当环境因素支持基本心理需求的满足时，就会促进外在动机的内化以及内在动机转化为外在行为，员工便会采取有利于组织和个人目标匹配的行为，提高工作的积极性，进而减少工作倦怠。毫无疑义，这里的基本心理需求包含了关系需求这一子维度（Baard， et al., 2004；Deci, et al., 2001；Gagne, et al., 2000；Ilardi, Leone, Kasser, Ryan, 1993；Kasser, Davey, Ryan, 1992）。可见，人际关系处理的好坏会影响员工的工作情绪以及对组织的认同，对组织认同感低的员工，更倾向于在工作中表现出工作倦怠（Maslach, Jackson, 1981）。基于此，本书提出以下假设：

H3g：关系需求与工作倦怠负相关。

关系需求是指人们在保障自我安全的情况下与他人保持亲密关系的需求，是一种能与他人建立互相尊重和依赖的感觉[①]，这是一种归属感的需求。Richer, Blanchard 和 Vallerand（2002）的研究发现来自于同事的关系需求满足感正向地影响员工的自我决定性工作动机。此外，工作中关系需求的满足会降低员工的离职倾向（Jordan-Evans, 1999；Madiha, et al., 2009；Ontario, 2004；Zenger, Ulrich, Smallwood, 2000）。因此，员工的关系需求得到满足，觉得自己是组织的一员，员工的工作满意度和组织公民行为增多，从而离职倾向降低。根据 Bedeianetal（1991）的相关研究，直接影响离职的最终认知变量是离职倾向。我们可以用离职倾向来预测员工离职行为（Mobley, 1977；Mobley, et al., 1978）。基于此，本书提出以下假设：

H3h：关系需求与离职倾向负相关。

根据社会交换理论，员工通过自己对组织的忠诚来换取组织对自己的支持（Rhoades, Eisenberger, 2002）。Mowday, Steers 和 Porter（1979）把组织忠诚定义为：员工自身对组织所抱有的积极心理倾向。他们发现，当组织满足员工的基本心理需求时，员工对组织的忠诚就得到了提高。与此同时，Zenger, Ulrich, Smallwood（2000）提出，员工关系需求的满足对组织忠诚有显著影响。进一步地，当员工感知到与组织和环境相容时，员工的价值观、职业生涯目标等更倾向于与组织的主流文化和工作要求等相匹配，员工对组织的认同感更强，越有利于加强员工对组织的忠诚（Terence R. Mitchell, 2004）。基于此，本书提出以下假设：

H3i：关系需求与组织忠诚正相关。

3.2.4　基本心理需求在雇主品牌与员工留任之间的中介效应作用假设

自我决定理论有力地阐述了环境如何对个体行为产生影响，它与积极心理学和积极组织行为学紧密联系（Deci, Ryan, 1985）。根据自我决定理论，首先，三种基本心理需求（自主需求、胜任需求、关系需求）的满足程度为本研究提供了个体与组织互动的内在动力源泉。其次，基本心理需求的满足程度

[①] DECI E L, RYAN R M. The "what" and "why" of goal pursuits: human needs and the self-determination of behavior [J]. Psychological Inquiry, 2000 (11): 227–268.

取决于环境和自我的决定的相互作用：一方面，个体行为受到基本心理需求满足和自我决定程度的共同影响；另一方面，环境对个体基本心理需求的满足具有重要影响（Deci，2000）。对于员工而言，其所处的最大环境就是企业组织（Sorasak，2014）。雇主品牌是企业通过工作场所建立的企业形象，使得企业区别于其他企业，成为最优工作环境（Ewing，Bussy，Berthon，2002；Berthon Ewing，Hah，2005）。组织要想被独立个体所感知并产生融入感，必须要被个体理解和认知，而雇主品牌的基础是员工在组织中的感受，即雇佣体验（Versant，2011）。这种雇佣体验直接影响员工基本心理需求的满足（Dave Lefkou，2001；Hewitt，2005）。

基本心理需求得到满足能够促成个体的积极行为和态度，反之当基本心理需求得不到满足的时候，个体会表现出消极的行为和态度（Ferris，Brower，Heller，2009；Kuhl，2000；Shields，Ryan，Cicchetti，2001）。过去的研究显示，基本心理需求的满足度与更好的工作表现（Greguras，Diefendorff，2009）、更加投入的工作态度（Deci，et al. 2001）、更佳的心理状态（Gagné，Deci，2005）呈正相关关系。相反，在基本心理需求得不到满足的情况下，员工会出现行为偏差（Shields，Ryan，Cicchetti，2001）。而员工留任是个体行为中最重要的一种行为（Mike Christie，2001），可以从离职倾向、工作倦怠和组织忠诚进行衡量和判断（Mak，2001）。所以，基本心理需求的满足会影响员工留任。基于此，本书提出以下假设：

H4：基本心理需求在雇主品牌与员工留任之间起中介效应作用。

3.2.5 破坏性领导的调节作用假设

近年来，领导风格被广泛认为是组织成功的关键因素，其中备受关注的是领导风格的阴暗面——破坏性领导风格（Yukl，2010）。破坏性领导是主管领导长期持续对员工表现可感知到的语言或非语言的敌意行为（Tepper，2000）。高日光（2009）指出破坏性领导在中国组织情境下表现得更为明显。在组织情境下，员工与主管领导接触较多，领导也常常被看成是组织或部门的代理人，会对组织资源配置产生重要影响（Yukl，2010）。而雇主品牌是组织取得差异化竞争优势的资源，为内部员工提供的品牌承诺（Backhus，Tikoo，2004）。不仅如此，破坏性领导一般会在心理、态度、行为上对下属产生不利影响（李锐，凌文铨，柳士顺，2009），即破坏性领导不仅会导致下属产生抑郁、焦虑、紧张等消极心理，影响着员工基本心理需求的满足（Tepper，2007；吴宗佑，2008），还会提高员工缺勤率，增加员工离职倾向，降低员工的工作满意度和对上司的满意度（Macklem，2005；Schimidt，2008；路红，2010）。因此，破坏性领导的行为直接影响着员工的基本心理需求的满足程度。基于此，本书提出以下假设：

H5：破坏性领导在雇主品牌和基本心理需求之间起调节作用。

3.2.6 工作—家庭支持的调节作用假设

工作—家庭支持与工作—家庭冲突相对应，是工作家庭关系中的一个重要组成部分，表现了工作—家庭关系之间的积极作用。这种积极作用主要来自配偶，分为情感性支持和工具性支持（Bamet，2001）。其中，情感性支持是在情感方面来自家庭成员的关爱和帮助；工具性支持是来自家庭成员对日常的家庭事务所持的态度和行为。Edward（2000）等通过研究发现，来自家庭的支持能够在工作与家庭之间产生积极渗透，从而影响到个体的情感、价值观、技能和行为。根据自我决定理论，环境能通过满足个体基本心理需求来影响和改变个体行为（Ryan，1995）。而家庭作为社会环境的一个重要组成部分，其对组织成员的基本心理需求具有重要影响（李永鑫，2009）。更进一步，Wayne等（2006）认为个体在某一角色领域（家庭或工作）中获得的资源能提升其在另一角色领域的整体效能。并且，Karatepe和Kilic（2007）研究发现，工作—家庭支持影响着员工的工作满意度：来自配偶的支持与一些和工作相联系的概念显著正相关，包括工作成就感、良好的身体状况、工作满意度等。这表明工作—家庭支持越高，员工的工作满意度越高，员工的身体状况越好，工作倦怠越少。与此同时，Allen（2001）通过研究认为员工所获得的家庭支持越多，其投入工作的精力就越多，感受到的工作压力就越小。可见，工作满意度、员工的情感承诺等是工作—家庭支持的重要结果变量，而工作满意度、情感承诺等又可以影响员工留任（Karatepe，Kilic，2007）。基于此，本书提出以下假设：

H6：工作—家庭支持在基本心理需求和员工留任之间起调节作用。

3.2.7 研究假设汇总（见表3-6）

表3-6　　　　　　　　本研究假设汇总表

假设序号	假设内容	假设性质
H1	雇主品牌对员工留任有正向影响	验证性
H1a	雇主品牌与组织忠诚正相关	开拓性
H1b	雇主品牌与离职倾向负相关	验证性
H1c	雇主品牌与工作倦怠负相关	开拓性
H2	雇主品牌与基本心理需求正相关	验证性
H2a	雇主品牌与员工自主需求正相关	开拓性
H2b	雇主品牌与员工胜任需求正相关	开拓性

表3-6(续)

假设序号	假设内容	假设性质
H2c	雇主品牌与员工关系需求正相关	开拓性
H3	基本心理需求与员工留任正相关	验证性
H3a	自主需求与工作倦怠负相关	验证性
H3b	自主需求与离职倾向负相关	开拓性
H3c	自主需求与组织忠诚正相关	验证性
H3d	胜任需求与工作倦怠负相关	验证性
H3e	胜任需求与离职倾向负相关	开拓性
H3f	胜任需求与组织忠诚正相关	验证性
H3g	关系需求与工作倦怠正相关	开拓性
H3h	关系需求与离职倾向负相关	验证性
H3i	关系需求与组织忠诚正相关	验证性
H4	基本心理需求在雇主品牌与员工留任之间起中介效应作用	开拓性
H5	破坏性领导在雇主品牌与基本心理需求之间起调节作用	开拓性
H6	工作—家庭支持在基本心理需求和员工留任之间起调节作用	开拓性

3.3 小结

本章主要是在文献综述的基础上，以自我决定理论为理论基础，通过雇主品牌、员工留任、基本心理需求、领导风格和工作—家庭支持等构念内部的逻辑关系，利用社会交换理论、心理契约理论等找出各变量间的关系，提出了本研究的概念模型，并对研究变量的内涵和量表进行了界定。本研究在概念模型的基础上，提出了两两变量间的研究假设。本研究找到了雇主品牌对员工留任影响的中介效应和调节效应，分别是基本心理需求在雇主品牌对员工留任之间的中介效应，破坏性领导风格在雇主品牌与基本心理需求之间的调节效应，工作—家庭支持在基本心理需求与员工留任之间的调节效应。本书假设中雇主品牌与员工留任为验证性假设，其余假设均为开拓性假设。具体研究假设汇总图如图3-2所示。

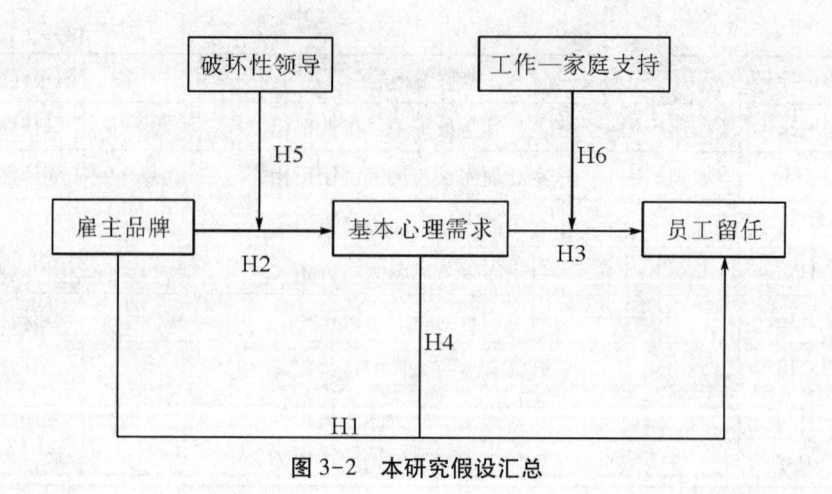

图 3-2　本研究假设汇总

4 研究方法与数据分析

我们通过对国内外文献的分析和梳理，初步了解了员工视角下的雇主品牌感知情况，建立了雇主品牌与员工留任关系的概念模型，并提出了研究假设。为了更好地获得员工视角下的雇主品牌感知情况以及深入探讨中国企业雇主品牌如何影响员工留任，本研究认为只有直接接触企业一线员工，才能够获取最真实的研究资料。因此，本研究通过深度访谈法对核心变量进行定性研究，利用问卷调查法收集小样本和大样本数据，对测量量表的信度和效度进行检验。

4.1 深度访谈法

深度访谈法（In-depth Interview Method）是一种常用的定性分析方法，应用于探索性和验证性研究中。深度访谈主要有非结构化、半结构化两种访谈形式。非结构化访谈表明调查的问题并不是预先设计好的，而是由调查员根据调查对象的最初回答、现场状况、研究目的等自主决定询问方式、询问内容等。半结构化访谈则是根据一个粗略的访问提纲进行访问，访谈者可以针对现场情况灵活地调整提问方式和顺序。相对于非结构化访谈，半结构化访谈更容易抓住主题，不至于使访谈漫无目的，适合访谈者在特定领域获得相关信息。在半结构化访谈的流程方面，通常的做法是：首先根据访谈目标和访谈内容，由调查员先从一个一般性的问题问起，如"一谈到雇主品牌，你可以想到些什么"，然后鼓励调查对象自由表达其想法，调查者再根据调查对象的回答以及访谈提纲来继续接下来的提问（如员工可能回答"雇主品牌让我想到了好的待遇"，这时调查员就可以继续问"好的待遇会对你继续待在这家企业有什么影响呢"）。这样既可以让访谈对象畅所欲言，表达真实的想法，又可以兼顾访谈目的，加以引导以获得想要的答案。值得一提的是，访谈中为了使访谈对象放下顾虑，更加真实的表达观点，以便调查员更准确地把握其内心的真实想法和潜在动机，我们首先在访谈前跟员工强调，这次访谈仅仅是一次科学研究，谈话的内容和谈话的对象都是保密的，然后注意布置了周围环境并先谈论了一些轻松的话题，使访谈对象更加接近平时的状态，最后在访谈过程中注意访问顺序以及访问方式，尽量避免访谈对象不便直接回答的问题，最终取得了理想的结果。但也要注意，深度访谈法对调查员的要求较高，访问的结果受调查员的影响大，耗时耗力，且结果很难分析和解释，不利于大样本的定量研究。综合考虑深度访谈法的优缺点，本研究采用半结构化深度访谈法这一方式进行初步的定性分析，以了解有关基本情况，揭示对相关问题的更深层次的看法，为后续的大样本定量研究打好基础。

4.1.1 访谈目的

深度访谈的作用主要有三个：一是研究者通过深度访谈可以把雇主品牌研究的问题、目的和意义解释得更加清楚；二是进一步验证雇主品牌对员工留任的影响是否具有普适性，员工对雇主品牌的理解与本研究的内容是否一致；三是在访谈中，调查员与被访者进行讨论与沟通，增进对研究问题的认识和理解，消除研究盲点。本研究从国有企业、民营企业、外资企业三类典型企业中，找到有一定工作经验的员工为样本，采用深度访谈的方法以验证模型的合理性及相关构念的效度。具体要达成的访谈目的包括：

（1）进一步探究雇主品牌的内涵、方式、特征。

（2）深入探索雇主品牌对员工留任的影响是否具有显著的预测作用，特别是验证员工层面的心理动机和其基本心理需求满足的情况的可预见性，以帮助进一步检验本研究的理论模型。

为了保证访谈的成功开展和访谈内容结果的有效性，本研究在深度访谈前进行了细致的准备工作。首先，对雇主品牌等构念的测量量表进行梳理、归纳和提炼，形成半结构式的访谈提纲；其次，对部分具有丰富组织工作经验的朋友和同学进行了个别访谈，听取他们对访谈提纲的意见和建议；再次，请教相关专业老师和专家，听取他们对访谈各项事宜的意见和建议；最后实施访谈。

4.1.2 访谈对象选取

在对被访谈者样本的甄选过程中，要借鉴科学研究的程序和经验，并且遵循以下三条原则：第一，参与者具有一定的代表性，或者说参与者所处的行业或企业具有代表性，能够提供访谈内容并提高访谈结论的外部效度；第二，参与者要对所讨论的事物和主题有充分的经验或者经历（Naresh K. Malhotra, 2006），对于雇主品牌及相关的内容具有丰富的经历；第三，参与者不应该包括企业的老总或者实际控制人，因为与本研究内容不相符。根据以上三条原则，本研究主要的访谈对象重点选取有一定工作经验的员工，要求其谈及本人对于其单位在雇主品牌建设中的认知、经历、经验及体会，以及现阶段在本单位工作的状态。访谈对象信息如表4-1所示。

表 4-1　　　　　　　　　　访谈对象信息表

访谈编号	访谈对象	企业性质	工作岗位	性别	工作年限	收集方式
1	兰*	民营企业	市场营销	男	2	访谈记录
2	潘**	民营企业	研发部门	男	8	访谈记录
3	许**	民营企业	人力资源管理	女	6	访谈记录
4	卢*	民营企业	财务管理	女	7	访谈记录
5	彭**	民营企业	行政管理	女	10	访谈记录
6	王**	外资企业	人力资源管理	女	3	访谈记录
7	徐**	外资企业	行政管理	女	8	访谈记录
8	曾**	外资企业	财务管理	男	13	访谈记录
9	钟**	外资企业	生产管理	男	5	访谈记录
10	冯**	国有企业	人力资源管理	女	3	访谈记录
11	周**	国有企业	行政管理	女	8	访谈记录
12	黄*	国有企业	财务管理	男	13	访谈记录
13	李**	国有企业	生产管理	男	5	访谈记录

4.1.3　访谈资料收集

本研究通过深入访谈，认真整理访谈内容，得到了员工对所在单位雇主品牌、自身目前工作状况、自身目前所处工作环境等方面的信息，从而概括出雇主品牌的内涵与结构维度以及员工选择留任的影响因素，进而为研究探讨基本心理需求满足对员工留任的影响机制以及领导风格和工作—家庭支持如何影响员工留任奠定了基础。根据所建模型，我们在访问中认真深入地讨论了所选取变量之间的关系，以尽可能多地发现变量之间的作用机制，从而对已有假设提供支持以及增加新的潜在假设。这种讨论尤其对中介变量的设定和调节变量的选择有很大帮助。下面详细介绍访谈内容。

（1）针对雇主品牌内涵的理解，本研究采用深度访谈法的形式获得有关信息。本研究使用了三种访谈技术，即字词联想、讲品牌故事和问题讨论来确定员工对雇主品牌内涵的理解。字词联想是指让参与者以"雇主品牌"一词为中心尽可能多地自由联想，从而了解员工对雇主品牌的全面感知。讲品牌故事是指让参与者讲述自己与雇主品牌之间的联系，从中描绘出员工对雇主品牌的认知和情感。问题讨论是指参与者对问题提纲上的问题进行问答，以深入地了解参与者对雇主品牌内涵的理解。

（2）针对员工留任的影响因素，本研究采用半结构化的访谈形式。访谈内容包括以下几个方面：当你感觉想离开你目前所在单位时，可能的原因是什么？又是什么原因让你留了下来？（分维度——离职倾向）；当你感觉工作没有意义或者很无趣的时候，可能的原因是什么？又是通过什么方式调整的呢？（分维度——工作倦怠）；你会不会有时候感觉工作特别有意思，特别想完成某项工作或者任务，描述一下这些工作或者任务，并说说它有什么吸引你的地方？（分维度——组织忠诚）。

（3）针对雇主品牌对员工留任的影响。员工处在不同工作阶段会产生不同的工作状态，而这些工作状态会体现出其对工作或者本企业的认识和情感，而且在一定程度上反映出员工基本心理需求程度的不同。访谈中，我们询问了访谈对象对目前雇主的看法，对目前心理需求的满足情况是否满意，在工作中满意与不满意的地方等。在资料的整理过程中，我们发现许多困难和挑战来自于员工的心理层面的不满足。领导风格和工作—家庭支持会不同程度地影响员工对工作状态的认知。这些发现都为模型的验证奠定了良好的基础。

另外在访谈的过程中，我们尽量做到三要三不要。三要：一要选择被访者觉得舒适的地点，比如办公室、家中、咖啡馆等安静的场所，使访谈不易被打扰；二要积极鼓励参与者与访谈者积极互动，激励参与者提供更多更丰富的信息；三是访谈结束后，要立即就受访内容进行讨论、整理，防止信息遗失。三不要：一是不要诱导性问题及简短性回答，防止人为干扰信息的准确性和独立性；二是不要访谈时间过长，为保证访谈的效果，每个受访者的受访时间控制在40~50分钟；三是不要加入研究者主观的认识，对个别含糊不清的构念或者回答，可对受访者进行追问。

值得一提的是，我们在访谈时并不是按照访谈提纲的问题顺序依次提问的，而是按照访谈目的以及访问对象的回答，灵活调整提问方式和顺序（详细访谈提纲见附录1）。

4.1.4 访谈资料整理

本研究采用传统的内容分析方法对定性材料进行分析。内容分析方法包括以下四个步骤：第一步是对样本材料进行筛选，剔除无效的与本研究无关的信息；第二步是制定编码分类系统，确定编码方案是成功分析内容的关键；第三步是在整理访谈内容时，我们以完整意义的句子作为归类整理的最小单位，对访谈内容进行编码处理；第四步是汇总整理，并进行概念化的分析（Insch, et al., 1997）。

在具体执行这一过程时，我们邀请了两名不熟悉本研究的研究生，告知他们可能涉及的变量，并对这些变量做了一定的解释。为了尽可能保证我们都是基于同一个变量内涵进行分类，我们特别将这些变量的测量量表提供给他们，再让他们单独对访谈内容进行分类整理。最后我们将这三种分类结果进行对比，对其中有分歧的部分进行共同探讨，详细听取各方的意见，对一些内容重新提取核心要素后再归类，最后形成一致结果。

这样做首先可以确保我们的归类标准基本是一致的，然后我们在此基础上考虑两名研究生的分类结果，以修正我们先入为主的偏见。之所以选取两名研究生，是为了让他们相互对比，从而确认他们的分类标准是否一致。如果他们的分类结果差距大，(则)可能是由于我们在给他们解释这些变量时存在问题，需要让他们重新归类整理。结果表明，他们的分歧（不同归类语句数量/语句总数）在5%左右，分类基本是一致的，可以认为给他们的分类标准是基本一致的。然后将他们的分类结果与我们的分类分别进行比较，分歧均小于10%，可以认为三种分类均是在同一标准下进行的。表4-2是最终归类结果以及要素提炼。

表4-2　　　　　　　　　　访谈资料汇总表（简）

变量	原话再现	提取要素
雇主品牌	"企业对我还不错，领导同事人都很好，压力也没那么大，感觉比较舒服，没考虑过离开" "我觉得待在这里很不错，当初选这个企业就是感觉这个企业待遇好，而且刚好专业也对口" "其实，怎么说呢，工资待遇比这好的工作还很多，但（我）还是选择跳槽来这里，主要就是（当时）考虑到，在这边可能有更大的空间吧" "老板是我们当地人，我们也有很多人在这上班，离家近，照顾孩子也比较方便，暂时还没考虑过其他单位" "我之所以选现在这个企业，是因为当时（这个）公司在西南就已经很出名了，感觉（这个公司）很有发展潜力，最主要的是可以（在公司里）学到很多东西"	人际关系 薪酬待遇 自我发展 工作家庭 品牌名声
基本心理需求	"上面会给一些任务，但具体完成基本都是（我们）自己决定，还是比较好" "一开始是跟着别人干，有时候就感觉自己的一些想法和别人不大一样，（所以）现在我自己搞了一个项目，很多东西都是自己在做" "工作有一点难度，但上级都会给我们支持，而且完成后感觉很有成就感" "我当时选择这个工作就是感觉自己也还算年轻，想闯一闯，这边空间比较大，可以发挥自己的特长" "我们公司规模比较小，大家基本都相互认识，关系都很好，也经常在一起吃饭，就像一个大家庭" "可能是领导和我一样，都是一个母亲，人很温柔，对人很好。同事关系也不像其他地方，反正大家都挺好的，可能是由于我们公司的压力比较小吧"	自主需要 胜任需要 关系需要

表4-2(续)

变量	原话再现	提取要素
员工留任	"我是从一开始就待在这个公司的,公司对我也不错,前年派我出去学习,最近又让我负责了一个项目,不会考虑离职" "目前没打算换地方,公司里很多人我都认识,大家都是一起出来的,都有感情了,换个地方不说待遇,就是没朋友说话,感觉也受不了啊" "和公司签了合同,而且在公司也工作了这么久,不是说转就能转的" "目前没有跳槽的打算,一是没看到好的企业,二是现在还在等上面的消息(升职),但如果有更好的企业,还是会考虑的" "公司待遇不算高,但还可以,最主要是我和老婆两个都在这上班,房子也买在这边的,你说辞职要找个附近的(工作)也比较难" "公司近几年发展比较快,引进了很多硕士生和博士生,还有些国外名校毕业生,感觉自己有点跟不上,很多工作做起来也很吃力,正考虑换个压力小点的、工作轻松点的(工作)"	组织忠诚 离职倾向 工作倦怠
破坏性领导	"(公司)总体感觉不错,就是目前和主管关系不大好,不光是我,我们几个同事都说这主管可能心理上有点问题,反正我已经(跟公司)反映了,实在得不到解决就考虑换个企业" "领导比较挑剔,感觉就是在故意挑刺,而且他声音又大,整层楼都听得到,让我很烦,但其他同事就没这个事" "领导上班的时候经常不在,也不怎么管事,(弄得)我们的事情也一直被拖着" "一开始进这个企业(感觉)还不错,就是现在换了个领导,估计是老板的亲戚,没啥能力,就是瞎指挥,今天一套,明天一套,还喜欢摆架子,最主要是有点记仇,感觉待不下去了"	领导关系不好 领导负面评价 领导消极怠工 领导滥用权力
工作—家庭支持	"虽然目前的工作不顺心,但她还是不断鼓舞我,让我坚持下去" "我工作需要经常出差和加夜班,就感觉有点对不起她,但她还是很理解我,家里基本上就是她在照顾" "我和我老公都是搞财务的,只是为了照顾小孩,没在一个公司,平时不懂的都是问他"	家庭支持

注:括号内的内容为笔者添加,以方便理解;听取访谈录音的时候,在保证不改变句子意义的基础上,出于语句通畅的考虑,笔者对部分语句的个别字进行了调整。

首先,通过对以上资料的分类、整理和提取加工,笔者初步发现表现较好的企业(好的雇主品牌)的员工有较强的留任意愿(员工留任),如:"企业对我还不错,领导、同事人都很好,压力也没那么大,感觉比较舒服,还没考虑过离开"。这表明仅从访谈结果来看，可以认为雇主品牌对员工留任确实有影响，这初步验证了本研究理论模型的主效应。其次，我们还发现员工在具体谈及对企业行为的感受时，常出现"自己决定""有成就感""气氛好"等类似语句，而这些积极的心理体验往往是由雇主的积极行为所引起并和较强员工留任意愿结合在一起的。结合自我决定理论，我们可以认为企业行为能够通过满足员工的基本心理需求对员工留任产生影响，这就表明员工的基本心理需求对雇主品牌和员工留任起到了中介作用，这初步验证了本研究理论模型的中介效应。再次，我们发现即使是总体看来有积极行为的企业（优秀雇主品牌），如果领导采取了破坏性领导，最终还是会导致消极的员工心理体验；与此相似的还有工作—家庭支持，我们发现许多员工尽管对目前的工作状态不是很满意，心理体验也并不是积极的，但在家庭成员的支持和鼓励下，还是表现出了较强的留任意愿。这和我们在前面的定性认识（好的雇主品牌导致好的员工心理体验和较强的员工留任意愿）有差别。考虑到这种差别，我们可以认为破坏性领导和工作—家庭支持这两个变量起到了调节作用。而对于其他的因素，如公仆型领导相关因素等则没有在此访谈中表现出这种影响。最后，由于可能的中介变量数目较多，不能一次全部验证，而本次访谈直接揭示的只有这两个变量，最终本研究决定不对模型的中介变量进行调整，而只验证这两个变量的调节作用，将其余可能的变量留待其他研究去验证。

4.2 预调研：问卷调查法

1. 问卷设计

本研究问卷中各变量的题项全部来自国外的成熟量表，在甄选的过程中，主要依据以下的原则和步骤：①针对国外成熟量表，如雇主品牌，首先采用直接翻译的方法形成中文题项，再让英语专业的两位大学教师回译成英文后与原文进行比照，反复这一过程直至问题清楚明了且回译结果与原文相差无几，针对已经被研究者使用的外文量表中文版，如破坏性领导、员工留任的量表，我们在考察相关研究中各量表的信效度后决定先不做修改，直接纳入问卷；②对经过以上方法形成的初步问卷进行第一次测试以检验问卷的合理性；③与领域内专家进行讨论，对涵义不清的题项重新表述，对个别题项，根据测试结果以及研究目的进行删除，从而形成了新的问卷；④反复上述的②③步骤，直至问卷各题项表述清楚，设置合理；⑤最终形成正式问卷用于研究。

我们通过以上的过程，形成了本次研究的初始问卷。为使问卷的题项更好地反映出本研究的需要，同时避免问卷的语言在面对调查对象时出现表述不清、涵义模棱两可、难以读懂等情况，也为了使问卷的题项表达更加简洁明了,更加符合中国人的阅读习惯,本研究特邀请多名专家以及样本代表参与此次问卷题项修改。他们逐题阅读问卷,一旦发现有不能立即对问题作答的情况,我们就将对此情况进行仔细研讨,以确定是否是问卷题项设置问题。通过反复这一过程,我们对其中的部分题项进行修订直至参与人员均能顺利地理解题项意思并作答。以上方法,使整个问卷的表达习惯更统一,表达内容更清晰,表达风格更简洁。此外,为了判断问卷填答者的回答态度及质量,问卷中往往会设置一些反向题以及同一观点的正反说法,当出现反向题与周围正向题得分几乎一致或者是同一观点的正反说法得分几乎一致的情况时,我们就要仔细判别该份问卷的质量并决定是否加以采用。本研究为了保证数据质量,一律将出现此问题的问卷视为无效问卷。

初始问卷包括三部分,第一部分是标题和指导语,包括自我介绍以及强调调查目的,并表明本问卷只为学术研究用。为使调查对象放下戒心,尽可能接近平时的状态,我们在指导语中特别说明"答案不分对错",只是了解情况,用于学术研究,并在填写前向其强调问卷内容不涉及姓名等私人隐私,请放心作答,以尽可能得到真实的答案。最后我们对问卷中的数字进行解释和说明:问卷中①表示"非常不同意"、⑤表示"非常同意"、③表示态度在"非常不同意"和"非常同意"中间,使调查对象明白各答案的涵义,便于准确作答。第二部分和第三部分则是按照题项的重要性进行分别排序,即第二部分是用于测量本研究涉及的各变量的量表,这主要是考虑到问卷的长度,因为答题时间越长,被调查者就越缺乏耐心,第三部分是样本的人口统计特征。

2. 抽样对象的确定

抽样对象的选择主要依托笔者的社会联系,通过面向具有良好的自我认知、能够充分表达出个人的工作状态的员工发放,具体的调查数据来自于四川成都、重庆、北京、辽宁沈阳、江西南昌、广东深圳等地区。我们通过问卷了解员工对雇主品牌、基本心理需求、工作倦怠、离职倾向等现状的认识,考虑到离职倾向、工作倦怠等变量针对的是在职工作者,故本研究把具有正式工作的员工确定为研究对象。

3. 抽样方法与过程

抽样方法主要包括概率抽样和非概率抽样两种方法(Naresh K. Malhotra, 2006)。非概率样本虽然可以较好估计总体特征,但是由于没有方法能确定将任一特定总体选入样本的概率,其所获得的估计在统计上不能反射到总体。由于员工群体实在太过巨大,如果采取随机抽样则势必涉及全国各种形式组织的员工,在时间、经济、精力等成本上耗费巨大,故本研究最终采取了便利抽样与滚雪球抽样相结合的方式,以期验证总体存在的一些特征,但对这些特征在总体中占比情况的推论要谨慎做出。简而言之,非概率抽样可以通过样本情况揭示总体中有某种特征,但无法揭示总体中各种特征的构成情况。

滚雪球抽样的核心在于选出一组最初的调查对象后,在调查后要求这些调查对象推荐一些属于目标总体的其他人,然后运用同样的方法推荐选出后面的被访者。这一过程可以重复下去,从而形成一个"滚雪球"的效应。综合来看,结合这两种方法的抽样并不是研究总体的良好代表,故研究者在从样本结论推广到总体的过程中应该审慎地考虑,避免以偏概全的错误。

4. 小样本数据收集

本研究主要依托问卷星网站进行问卷发放,首批问卷向30位毕业于西南财经大学的校友发放,这属于便利抽样,同时让这些校友向五名他的朋友或者同事转发问卷星的网上链接,并完成问卷,他们推荐的人可能是与他们类似的人,这属于滚雪球抽样。由于预调研的样本只需要150份即可,因此问卷星设置了问卷样本采集的数量的上限为150份和填写时间的限制。最终回收的有效问卷为127份,回收样本有效率为84.67%。我们直接从问卷星中导出 Spss 格式的数据,并将样本中17个反向措辞的问项反向计分,整理出预调研数据。

4.3 小样本数据分析

4.3.1 小样本概况

小样本基本人口统计特征见表4-3。

表4-3　　　　　　　　人口统计特征（N=127）

变量	编码	标签	人数（人）	百分比（%）
性别	1	男	48	37.8
	2	女	79	62.2
年龄	1	25 岁以下	18	14.2
	2	26~30 岁	54	42.5
	3	31~35 岁	6	26.8
	4	36~40 岁	7	4.7
	5	41~45 岁	8	5.5
	6	46 岁以上	17	6.3
学历	1	博士	12	9.4
	2	硕士	52	40.9
	3	本科	46	36.2
	4	本科以下	17	13.4
婚姻状况	1	未婚	51	40.2
	2	已婚	76	59.8

表4-3(续)

变量	编码	标签	人数（人）	百分比（%）
职位级别	1	高层管理人员	5	3.9
	2	中层管理人员	19	14.2
	3	基层管理人员	31	24.4
	4	普通员工	73	57.5
企业工龄	1	1年以下	29	22.8
	2	1~3年	50	39.4
	3	4~6年	15	11.8
	4	7~10年	19	15
	5	11年以上	14	11
单位性质	1	国有企业	37	29.1
	2	民营企业	38	29.9
	3	中外合资企业	2	1.6
	4	外商独资企业	4	3.1
	5	科研院校	16	12.6
	6	政府机关	9	7.1
	7	事业单位	16	12.6
	8	其他	5	3.9
合计			127	100

4.3.2 小样本的信度和效度分析

1. 问卷的信度分析

对一个多项量表的准确性和可应用性进行评价涉及对量表的信度、效度的评价（Naresh K. Malhotra, 2006）。信度是指根据测验工具所得到结果的一致性和稳定性。这表明一个值得信赖的量表首先是测量随机误差小的，对同一对象的测量结果是处在一个稳定的范围内的，这是由所测特性在一定的时间段内是几乎不变的假定所决定的。如物理上测量长度，一个物体在短时间内的几次测量结果应该相差不大，如10.1厘米、10.0厘米、9.9厘米，这样的测量误差就很小，我们就有理由认为其数值是可信的；如果几次的测量结果分别是5厘米、10厘米、15厘米，其误差很大，我们就有理由认为这些数值是不可信的。仅有信度是不够的，还需要确保测量各变量的量表题项既要覆盖变量的所有内涵同时比例恰当，又不能测量无关的内容，即要对量表的效度进行判断。

在信度方面，本研究主要结合修正的项目总相关系数（Corrected-item Total Correlation, CITC）和Cronbach α 系数进行分析，从而进一步确定量表题项，使测量结果更为可信。修正的项目总相关系数为每一题项得分与其他题项加总后

（不含该题项）得分的相关系数。若此相关系数过低，则可以考虑删除该题项。一般而言，该系数低于 0.5 时，就可以考虑是否删除该题项；但吴明隆指出该系数低于 0.4 时，才表示该题与其余题项为低度相关。本研究取上限值与下限值，低于 0.3 直接删除，当该值小于 0.5 时，就应该结合其余信息仔细考虑。

此外，一般说来，Cronbach α 系数随量表题项数的增加而增大。但当某一题项与其余题项所测心理特质并不一样时，删除该题后 Cronbach α 系数反而会增大，这可以作为一个判断是否删除题项的辅助标准。

（1）雇主品牌的信度分析（见表 4-4）

表 4-4 雇主品牌的信度分析

变量	操作变量	修正的项目总相关系数	删除该题项后的 Cronbach α 值	Cronbach α 值
雇主品牌	GZPP1	0.577	0.9684	0.919
	GZPP2	0.602	0.967	
	GZPP3	0.542	0.969	
	GZPP4	0.397	0.974	
	GZPP5	0.462	0.972	
	GZPP6	0.623	0.975	
	GZPP7	0.741	0.962	
	GZPP8	0.457	0.981	
	GZPP9	0.616	0.962	
	GZPP10	0.636	0.935	
	GZPP11	0.598	0.981	
	GZPP12	0.585	0.933	
	GZPP13	0.648	0.932	
	GZPP14	0.619	0.806	
	GZPP15	0.308	0.946	
	GZPP16	0.494	0.923	
	GZPP17	0.655	0.949	
	GZPP18	0.768	0.928	
	GZPP19	0.792	0.924	
	GZPP20	0.699	0.941	
	GZPP21	0.705	0.94	
	GZPP22	0.4	0.989	
	GZPP23	0.324	0.928	
	GZPP24	0.503	0.964	
	GZPP25	0.333	0.967	

从以上雇主品牌的信度分析可以看出，Cronbach α 值为 0.919。该值大于 0.9，这说明以上变量之间存在较高的内部一致性。但其中 GZPP4、GZPP5、GZPP8、GZPP15、GZPP16、GZPP22、GZPP23、GZPP25 的 CITC 值小于 0.5，且删除该题项后的 Cronbach α 值大于 0.919，依据判别规则，这些题项应该予以删除。针对 GZPP24 这一题项，考虑到修正的项目总相关系数接近 0.5，且删除该题项后的 Cronbach α 值增加了 0.045（0.964-0.919），变化明显，综合考虑决定删除该题项。剩下的题项均得到了保留。

（2）基本心理需求的信度分析（见表 4-5）

表 4-5　　　　　　　　基本心理需求的信度分析

二级变量	操作变量	修正的项目总相关系数	删除该题项后的 Cronbach α 值	层面的 Cronbach α 值	Cronbach α 值
自主需求	ZZXQ1	0.537	0.777	0.881	0.802
	ZZXQ2	0.562	0.774		
	ZZXQ3	0.566	0.773		
胜任需求	SRXQ1	0.437	0.790	0.815	
	SRXQ2	0.428	0.793		
	SRXQ3	0.484	0.784		
关系需求	GXXQ1	0.458	0.787	0.832	
	GXXQ2	0.478	0.785		
	GXXQ3	0.503	0.782		

根据表 4-5，基本心理需求的 Cronbach α 值为 0.802，大于 0.8，信度指标佳，表明变量内部一致性很高，所有变量的修正的项目总相关系数均大于 0.4，且删除该题项后的 Cronbach α 值均小于 0.802，故所有题项均得到了保留。

（3）员工留任的信度分析（见表4-6）

表4-6　　　　　　　　员工留任的信度分析

二级变量	操作变量	修正的项目总相关系数	删除该题项后的Cronbach α 值	层面的Cronbach α 值	Cronbach α 值
工作倦怠	GZJD1	0.695	0.807	0.941	0.830
	GZJD2	0.610	0.811		
	GZJD3	0.657	0.808		
	GZJD4	0.797	0.801		
	GZJD5	0.690	0.806		
	GZJD6	0.717	0.804		
	GZJD7	0.751	0.803		
	GZJD8	0.714	0.808		
	GZJD9	0.739	0.804		
	GZJD10	0.666	0.810		
组织忠诚	ZZZC1	0.655	0.849	0.857	
	ZZZC2	0.768	0.828		
	ZZZC3	0.792	0.824		
	ZZZC4	0.699	0.841		
离职倾向	LZQX1	0.560	0.814	0.875	
	LZQX2	0.591	0.812		
	LZQX3	0.614	0.810		
	LZQX4	0.538	0.815		

从员工留任的信度分析结果可以看出，员工留任的 Cronbach α 值为 0.830，信度指标佳，表明变量的内部一致性很高，且所有变量的修正项目总相关系数均大于 0.5，故所有题项均得到了保留。

（4）破坏性领导的信度分析

破坏性领导的信度分析结果如表 4-7 所示。

表4-7　　　　　　　　破坏性领导的信度分析

名义变量	操作变量	修正的项目总相关系数	删除该题项后的Cronbach α 值	Cronbach α 值
破坏性领导	PHLD1	0.834	0.945	0.951
	PHLD2	0.896	0.935	
	PHLD3	0.893	0.935	
	PHLD4	0.850	0.943	
	PHLD6	0.855	0.942	

从破坏性领导的信度分析结果可以看出，Cronbach α 值为 0.951。该值大

于 0.9，这意味着该变量拥有较高的内部一致性。所有变量的修正项目总相关系数均大于 0.5，且所有题项删除该题项后的 Cronbach α 值均小于 0.951，故所有题项均得到了保留。

（5）工作—家庭支持的信度分析

工作—家庭支持的信度分析如表 4-8 所示。

表 4-8　　　　　　　　工作—家庭支持的信度分析

名义变量	操作变量	修正的项目总相关系数	删除该题项后的 Cronbach α 值	Cronbach α 值
工作—家庭支持	QGZC1	0.329	0.879	0.871
	QGZC2	0.789	0.842	
	QGZC3	0.786	0.841	
	QGZC4	0.785	0.843	
	QGZC5	0.617	0.857	
	QGZC6	0.802	0.841	
	GJZC1	0.348	0.874	
	GJZC2	0.318	0.877	
	GJZC3	0.745	0.845	
	GJZC4	0.370	0.874	

从表 4-8 可以看出，变量工作—家庭支持的 Cronbach α 值为 0.871，这意味着该变量拥有较高的内部一致性。其中的 QGZC1、GJZC1、GJZC2 和 GJZC4 题项的修正的项目总相关系数小于 0.5，且删除 QGZC1 题项后，量表的 α 值将上升至 0.879；删除 GJZC1 题项后，量表的 α 值将上升至 0.874；删除 GJZC2 题项后，量表的 α 值将上升至 0.877；删除 GJZC4 题项后，量表的 α 值将上升至 0.874。根据本研究所采取的规则，删除了 QGZC1、GJZC1、GJZC2 和 GJZC4 题项，剩下的题项均得到了保留。

2. 效度分析

效度（Validity）不是系统误差或者随机误差（Naresh K. Malhotra，2006）。完美的效度要求没有测量误差。考虑效度时通常需要考虑内容效度、结构效度、聚合效度、区分效度。这是由于在测量时，我们需要根据被访者对各个题项的反应，得出一个分数，作为对所测量变量的估计。但在得出这一分数前，我们必须确认这些题项的确反映了同一个变量，这时所得出的分数才是有意义的。测量指标的单一维度性是我们测量理论中一个最为基本和关键的假设（Gerbing，Anderson，1988）。即在使用量表前，我们可以通过探索性因子分析评价测验的内部结构。首先通过计算 KMO 值和巴特利球形检验值来判断，即 KMO 值越大（至少>0.5）、巴特利球形检验值显著时（<0.001），题项间相关系数显著不为零，题项

之间相关性高，表明可能存在共同的因子（即量表所涉及的变量），这个时候分析题项间的内部结构是有意义的，适合进行因子分析。其次通过主成分法提取初始特征值大于1的因子（Kaiser，1960），如果题项能够按照我们量表的初始设定聚合在一起，即各个因子的题项均与我们量表各变量包含的题项重合，且其因子载荷量在所在因子上大于0.5，同时在其他因子上的因子负荷小于0.5，则表示该测验的内部结构很清楚，量表的结构效度高。

（1）雇主品牌的效度分析

对雇主品牌的效度分析应该在删除题项 GZPP4、GZPP5、GZPP8、GZPP15、GZPP16、GZPP22、GZPP23、GZPP24、GZPP25 以后进行，我们通过对剩余题项进行探索性因子分析，得到结果为：KMO 检验值为 0.940，大于 0.9，远大于 0.5，巴特利球形检验值为 0.000。这表明其非常适合进行因子分析。雇主品牌的总方差解释如表 4-9 所示，雇主品牌各操作变量的因子载荷如表 4-10 所示。

表 4-9　　　　　　　　雇主品牌的总方差解释

成分	初始特征值			提取成分后的特征值		
	特征值	解释方差百分比（%）	累计解释方差比例（%）	特征值	解释方差百分比（%）	累计解释方差比例（%）
1	11.908	74.425	74.425	11.908	74.425	74.425

注：已省去特征值小于1的成分。提取方法为主成分分析法。

表 4-10　　　　　　雇主品牌各操作变量的因子载荷

成分	共同因子
GZPP1	0.827
GZPP2	0.738
GZPP3	0.807
GZPP6	0.758
GZPP7	0.845
GZPP9	0.811
GZPP10	0.762
GZPP11	0.768
GZPP12	0.732
GZPP13	0.840
GZPP16	0.781
GZPP17	0.756

表4-10(续)

成分	共同因子
GZPP18	0.824
GZPP19	0.810
GZPP20	0.765
GZPP21	0.757

根据表4-9，只有1个因子的特征值大于1，并且，该变量的方差解释率为74.425%，大于70%。根据效度检验的相关原则，本研究认为经检验，雇主品牌这一变量具有良好的效度。同时，在检验过程中本研究未对提取的唯一因子进行转置处理，这就表明该因子可以测量好雇主品牌。

（2）基本心理需求的效度分析

基本心理需求的总方差解释如表4-11所示。

表4-11　　　　　　基本心理需求的总方差解释

成分	初始特征值			提取成分后的特征值			转置后的特征值		
	特征值	解释方差百分比（%）	累计解释方差比例（%）	特征值	解释方差百分比（%）	累计解释方差比例（%）	特征值	解释方差百分比（%）	累计解释方差比例（%）
1	3.521	39.125	39.125	3.521	39.125	39.125	3.521	39.125	39.125
2	1.780	19.777	58.902	1.780	19.777	58.902	1.780	19.777	58.902
3	1.599	17.765	76.667	1.599	17.765	76.667	1.599	17.765	76.667

注：已省去特征值小于1的成分。提取方法为主成分分析法。旋转方法为最大方差法。

基本心理需求各操作变量的因子载荷如表4-12所示。

表4-12　　　　　基本心理需求各操作变量的因子载荷

操作变量	共同因子1	共同因子2	共同因子3
ZZXQ1	0.903		
ZZXQ2	0.964		
ZZXQ3	0.876		
SRXQ1			0.867
SRXQ2			0.807
SRXQ3			0.865
GXXQ1		0.870	
GXXQ2		0.912	
GXXQ3		0.763	

如表 4-11 所示，3 个因子共同解释了基本心理需求的方差累计近 76.667%，说明基本心理需求有较高的构念效度。根据表 4-12，旋转的结果比较理想。其中，题项 ZZXQ1～ZZXQ3 表示的共同因子是"自主需求"，SRXQ1～SRXQ3 表示的共同因子是"胜任需求"，GXXQ1～GXXQ1 表示的共同因子是"关系需求"。

(3) 员工留任的效度分析

员工留任的总方差解释如表 4-13 所示。

表 4-13　　　　　员工留任的总方差解释

成分	初始特征值			提取成分后的特征值			转置后的特征值		
	特征值	解释方差百分比(%)	累计解释方差比例(%)	特征值	解释方差百分比(%)	累计解释方差比例(%)	特征值	解释方差百分比(%)	累计解释方差比例(%)
1	9.331	51.841	51.841	9.331	51.841	51.841	6.041	33.563	33.563
2	1.776	9.866	88.091	1.776	9.866	88.091	3.272	18.178	51.741
3	1.336	7.421	69.127	1.336	7.421	69.127	3.130	17.387	69.127

注：已省去特征值小于 1 的成分。提取方法为主成分分析法。旋转方法为最大方差法。

员工留任各操作变量的因子载荷如表 4-14 所示。

表 4-14　　　　员工留任各操作变量的因子载荷

操作变量	共同因子 1	共同因子 2	共同因子 3
GZJD1	0.710		
GZJD2	0.709		
GZJD3	0.745		
GZJD4	0.809		
GZJD5	0.686		
GZJD6	0.753		
GZJD7	0.756		
GZJD8	0.767		
GZJD9	0.731		
GZJD10	0.741		
ZZZC1		0.811	
ZZZC2		0.829	
ZZZC3		0.746	
ZZZC4		0.702	

表4-14(续)

操作变量	共同因子1	共同因子2	共同因子3
LZQX1			0.724
LZQX2			0.793
LZQX3			0.799
LZQX4			0.782

根据表4-13，3个共同因子共同解释了员工留任的方差累计近69.127%。这就说明员工留任有较高的构念效度。根据表4-14，题项GZJD1~GZJD10代表的共同因子是"工作倦怠"，ZZZC1~ZZZC4代表的共同因子是"组织忠诚"，LZQX1~LZQX4代表的共同因子是"离职倾向"，这说明旋转效果较好。

（4）破坏性领导的效度分析

破坏性领导的总方差解释如表4-15所示。

表4-15　　　　　破坏性领导的总方差解释

成分	初始特征值			提取成分后的特征值		
	特征值	解释方差百分比（%）	累计解释方差比例（%）	特征值	解释方差百分比（%）	累计解释方差比例（%）
1	4.189	83.795	83.795	4.189	83.795	83.795

注：已省去特征值小于1的成分。提取方法为主成分分析法。

破坏性领导各操作变量的因子载荷如表4-16所示。

表4-16　　　　破坏性领导各操作变量的因子载荷

成分	共同因子
PHLD1	0.894
PHLD1	0.936
PHLD1	0.934
PHLD4	0.904
PHLD5	0.907

根据表4-15，只有1个因子的特征值大于1。破坏性领导的方差解释率为83.795%，根据效度检验的相关原则，本研究认为经检验，破坏性领导这一变量具有良好的效度。同时，在检验过程中本研究未对提取的唯一因子进行转置处理，这就表明该因子可以测量好破坏性领导。

（5）工作—家庭支持的效度分析

根据工作—家庭支持信度检验的结果，我们剔除 QGZC1、GJZC1、GJZC2 和 GJZC4 题项后做探索性因子分析，得到结果：KMO 值为 0.899，大于 0.8，接近 0.9，巴特利球形检验值为 0.000。

工作—家庭支持的总方差解释如表 4-17 所示。

表 4-17　　　　　　　工作—家庭支持的总方差解释

成分	初始特征值			提取成分后的特征值		
	特征值	解释方差百分比（%）	累计解释方差比例（%）	特征值	解释方差百分比（%）	累计解释方差比例（%）
1	4.511	75.183	75.183	4.511	75.183	75.183

注：已省去特征值小于 1 的成分。提取方法为主成分分析法。

工作—家庭支持各操作变量的因子载荷如表 4-18 所示。

表 4-18　　　　　工作—家庭支持各操作变量的因子载荷

操作变量	共同因子
QGZC2	0.901
QGZC3	0.905
QGZC4	0.900
QGZC5	0.749
QGZC6	0.904
GJZC3	0.832

根据表 4-17，只有 1 个因子的特征值大于 1，工作—家庭支持的方差解释率为 83.795%，根据效度检验的相关原则，本研究认为经检验，工作—家庭支持这一变量具有良好的效度。同时，在检验过程中本研究未对提取的唯一因子进行转置处理，这就表明该因子可以测量好工作—家庭支持。

4.4　共同方法偏差的检验

在研究中，如果测量情境和语境相同，且数据来源一致的话，将容易导致测量变量与效标变量的人为共变，这种人为产生的共变称为共同方法偏差（Common Method Biases，CMB）。共同方法偏差在心理学、行为科学研究中广泛存在，尤其在问卷调查法中更明显，已经引起研究学者的广泛重视。行为科学研究中，共同方法偏差作为一种系统性误差对研究结果产生误导及混淆是广泛存在的（Podsakoff, et al., 2003）。通常，降低共同方法偏差的做法有：对平衡测量题项进行顺序安排，问卷的题项安排做到条理清晰、由浅及深；在问卷中设置反向题推测问卷的真实性；使被调查者匿名作答，减少被调查者对测量目的的猜度所有测量题项的探索性因子分析如表4-19所示，赢取问卷填写者的支持和理解。①

所有测量题项的探索性因子分析如表4-19所示。

表4-19　　　　　　　所有测量题项的探索性因子分析

成分	初始特征值			提取成分后的特征值		
	特征值	解释方差百分比（%）	累计解释方差百分比（%）	特征值	解释方差百分比（%）	累计解释方差百分比（%）
1	16.612	30.763	30.763	16.612	30.763	30.763
2	4.643	8.598	39.360	4.643	8.598	39.360
3	4.338	8.033	47.393	4.338	8.033	47.393
4	2.791	5.168	52.561	2.791	5.168	52.561
5	1.912	3.541	56.103	1.912	3.541	56.103
6	1.689	3.129	59.231	1.689	3.129	59.231
7	1.417	2.624	61.855	1.417	2.624	61.855
8	1.294	2.396	64.252	1.294	2.396	64.252
9	1.206	2.234	66.486	1.206	2.234	66.486
10	1.063	1.968	68.454	1.063	1.968	68.454

注：特征值小于1的部分已略去；分析方法为主成分分析法；其中反向题进行反向计分。

4.5　大样本的数据收集与处理

本研究通过前文对小样本进行信效度检验，并且根据检验结果对相关题项进行修正和删减，经修正后的问卷已具有较高的信度和效度，满足本研究之需要。进而，我们发布正式调研的问卷，进行大样本的数据收集与处理。

---

① 刘军. 管理研究方法、原理与应用 [M]. 北京：中国人民大学出版社，2008.

4.5.1 大样本抽样

本研究大样本抽样采用非随机抽样的方法,按照如下程序进行发放:首先将整理好的正式问卷在问卷星网站上编辑好;然后同时向朋友、同学发放电子问卷;最后收集的问卷主要来自在四川、江西、新疆、广东、辽宁、北京等地的被调查者。

4.5.2 样本情况

大样本描述性分析如表4-20所示。

表4-20　　大样本描述性分析汇总表（N=500）

变量	变量编码	变量内容	人数（人）	百分比（%）
性别	1	男	204	40.8
	2	女	296	59.2
年龄	1	25岁以下	79	15.8
	2	26~30岁	195	39.0
	3	31~35岁	139	27.8
	4	36~40岁	40	8.0
	5	41~45岁	30	6.0
	6	46岁以上	17	3.4
学历	1	博士	46	9.2
	2	硕士	211	42.2
	3	本科	184	36.8
	4	本科以下	59	11.8
婚姻状况	1	未婚	201	40.2
	2	已婚	299	59.8
职位级别	1	高层管理人员	17	3.4
	2	中层管理人员	75	15.0
	3	基层管理人员	124	24.8
	4	普通员工	284	56.8
企业工龄	1	1年以下	104	20.8
	2	1~3年	178	35.6
	3	4~6年	87	17.4
	4	7~10年	67	13.4
	5	11年以上	64	12.8

表4-20(续)

变量	变量编码	变量内容	人数（人）	百分比（%）
单位性质	1	国有企业	149	29.8
	2	民营企业	135	27.0
	3	中外合资企业	12	2.4
	4	外商独资企业	13	2.6
	5	科研院校	70	14.0
	6	政府机关	29	5.8
	7	事业单位	62	12.4
	8	其他	30	6.0
合计			500	100

本研究所采用的量表均来自于西方文化，虽经过标准的翻译和回译程序，但是将其直接应用于具有本土情境的组织实践中，可能会存在不精确性，从而造成因子提取存在差异。本研究进行探索性因子分析与验证性因子分析，以此决定因子数目，了解因子结构。

4.5.3 正式量表的信效度检验

在小样本信效度分析的基础上，我们对样本进行信度和效度测试。表4-21显示正式样本的信效度情况，此表中因子载荷中的成分均为旋转后的因子载荷成分矩阵。

表4-21   正式样本的信效度检验（N=500）

变量	子维度	测量题项	因子载荷			层面的Cronbach α值	Cronbach α值	KMO值	被解释的方差（%）
			成分1	成分2	成分3				
雇主品牌	雇主品牌	GZPP1	0.827			0.923	0.940		74.425
		GZPP2	0.738						
		GZPP3	0.807						
		GZPP4	0.758						
		GZPP5	0.845						
		GZPP6	0.811						
		GZPP7	0.762						
		GZPP8	0.768						
		GZPP9	0.732						
		GZPP10	0.840						
		GZPP11	0.781						
		GZPP12	0.756						
		GZPP13	0.824						
		GZPP14	0.810						
		GZPP15	0.765						
		GZPP16	0.757						

表4-21(续)

变量	子维度	测量题项	因子载荷			层面的 Cronbach α 值	Cronbach α 值	KMO 值	被解释的方差（%）
			成分1	成分2	成分3				
工作—家庭支持	情感支持	QGZZ2	0.839			0.872	0.861	0.861	63.098
		QGZZ3	0.853						
		QGZZ4	0.841						
		QGZZ5	0.630						
		QGZZ6	0.850						
	工具支持	GJZZ3	0.727						
员工留任	工作倦怠	GZJD1	0.710			0.941	0.830	0.924	69.127
		GZJD2	0.709						
		GZJD3	0.745						
		GZJD4	0.809						
		GZJD5	0.686						
		GZJD6	0.753						
		GZJD7	0.756						
		GZJD8	0.767						
		GZJD9	0.731						
		GZJD10	0.741						
	组织忠诚	ZZZC1		−0.811		0.857			
		ZZZC2		−0.829					
		ZZZC3		−0.746					
		ZZZC4		−0.702					
	离职倾向	LZQX1			0.724	0.875			
		LZQX2			0.793				
		LZQX3			0.799				
		LZQX4			0.782				
破坏性领导	破坏性领导	PHLD1	0.854				0.929	0.871	78.113
		PHLD2	0.912						
		PHLD3	0.910						
		PHLD4	0.871						
		PHLD5	0.871						
基本心理需求	自主需求	ZZXQ1	0.903			0.881	0.802	0.746	76.667%
		ZZXQ2	0.864						
		ZZXQ3	0.876						
	胜任需求	SRXQ1			0.867	0.815			
		SRXQ2			0.807				
		SRXQ3			0.865				
	关系需求	GXXQ1		0.870		0.832			
		GXXQ2		0.912					
		GXXQ3		0.763					

资料来源：本研究整理

通过对各个构念的信效度检验，由表4-21可知，各个构念均有较好的信度和效度，适合做进一步的数据分析。

4.5.4 验证性因子分析和组合信度

依据探索性因子分析的结果，本研究运用软件 Lisrel8.7 进行验证性因子分析（CFA）。根据研究的实际需要和研究特点，我们重点考察核心变量测量量表的聚合效度与判别效度。

1. 聚合效度与判别效度分析内容介绍

聚合效度（Convergent Validity）指测量题项得到的测量值是否存在较高的相关度，并显示具有相同特质的题项是否会聚合到一个因素上面，以此反映测量方法的有效性。一般来讲，量表的聚合效度检验可以采用验证性因子分析（CFA）进行检验。具体而言，当潜变量的 CR（Composite Reliability）值大于 0.6 时，则说明模型的内在质量达到标准。潜变量获取的平均萃取方差 AVE（Average Variance Extracted）能够解释有效变量变异值的比值，AVE 越大，越能够有效反映其共同因素构念的潜在特征。一般而言，以 0.5 作为衡量标准，若 AVE 大于或等于 0.5，表明潜变量聚合效度较好，若 AVE 小于 0.5，则表明潜变量聚合效度不佳。其中，AVE 的计算方法如下：

$$\rho_V = \frac{(\sum \lambda^2)}{[(\sum \lambda^2) + \sum(\theta)]} = \frac{(\sum 标准化因素负荷量^2)}{[(\sum 标准化因素负荷量^2) + \sum(\theta)]} \quad ①$$

判别效度指使用同一个方法测量不同构念的相关度较低，这表示潜在构念与其他构念的相关度较低或者说存在较大的差异。一般而言，判别效度的检测方法是对各个潜变量的 AVE 的平方根值和各构念之间的相关系数进行比较，如果结果显示 AVE 值的平方根大于各构念的相关系数，则一般认为各构念的判别效度较好（Fornell, Larcker, 1981）。

2. 模型适配性检验指标

本研究的潜在构念无法直接观测，在验证性因子分析进行效度分析过程中，结构方程分析可以提供契合程度的数据指标，进而可以根据这些指标对模型的契合程度进行评定，模型拟合的主要参数有 χ^2/df，GFI，AGFI，NFI，CFI，RMSEA。具体的参考以及理想值标准如表 4-22 所示。

---

① 吴明隆. 结构方程模型——AMOS 的操作与应用 [M]. 重庆大学出版社，2009.

表 4-22　　结构方程模型的整体适配度指标的标准值范围

指标类型	拟合指标	参考标准	理想值标准	涵义
绝对拟合指数	χ^2/df	大于 0	小于 5，小于 3 更佳	卡方指数 χ^2 代表观察矩阵与理论估计矩阵之间的不适配性，依赖样本大小，通过相对拟合指数 χ^2/df 进行修正
	GFI（Goodness of Fit Index）	0~1	大于 0.9 或 0.85	理论方差、协方差能够解释观测数据的方差、协方差的程度
	AGF（Adjusted Goodness of Fit Index）	0~1	大于 0.9 或 0.85	对 GFI 进行修正，减少样本容量的影响
	近似误差均方根 RMSEA	大于 0	小于 0.1，小于 0.05 更好	拟合残差方差的平均值的平方根，是一种平均残差方差
相对拟合指数	标准拟合指数 NFI	0~1	大于 0.9 或 0.85	理论模型相对于基准模型的卡方减少程度
	增量拟合指数 IFI	0~1	大于 0.9 或 0.85	对 NFI 修正，减少其对样本量的依赖
	相对拟合指数	0~1	大于 0.9 或 0.85	克服 NFI 的缺陷，不受样本的影响

3. 各变量的收敛、区分效度与适配性检验结果

（1）雇主品牌的分析（见图4-1、表4-23）

```
0.4 → GZPP1  ─── 0.7 ┐
0.4 → GZPP2  ─── 0.7 │
0.6 → GZPP3  ─── 0.6 │
0.3 → GZPP4  ─── 0.8 │
0.5 → GZPP5  ─── 0.6 │
0.2 → GZPP6  ─── 0.8 │
0.3 → GZPP7  ─── 0.7 │
0.3 → GZPP8  ─── 0.8 ├─→ (GZPP) ─── 1.0
0.4 → GZPP9  ─── 0.7 │
0.1 → GZPP10 ─── 0.9 │
0.6 → GZPP11 ─── 0.6 │
0.5 → GZPP12 ─── 0.6 │
0.7 → GZPP13 ─── 0.4 │
0.7 → GZPP14 ─── 0.4 │
0.7 → GZPP15 ─── 0.5 │
0.5 → GZPP16 ─── 0.6 ┘
```

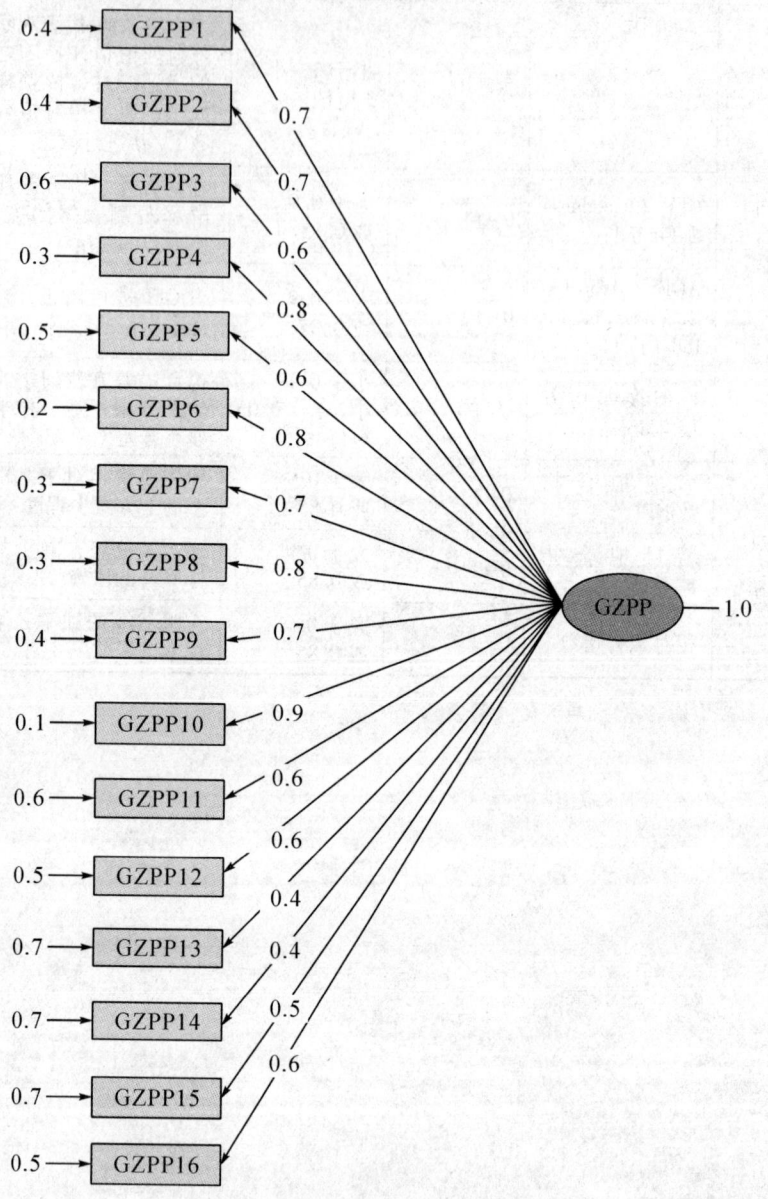

图4-1 雇主品牌的验证性分析模型

表 4-23　　　　　　　雇主品牌量表的验证性因子分析结果

测量构念	测量题项	标准化载荷（R）	临界比（C. R.）	R^2	AVE
雇主品牌	GZPP1	0.733	18.787	0.537	0.489
	GZPP2	0.723	18.462	0.523	
	GZPP3	0.609	14.746	0.371	
	GZPP4	0.799	21.142	0.638	
	GZPP5	0.646	15.834	0.417	
	GZPP6	0.857	23.765	0.735	
	GZPP7	0.792	21.004	0.627	
	GZPP8	0.802	21.366	0.643	
	GZPP9	0.743	19.140	0.552	
	GZPP10	0.901	25.740	0.812	
	GZPP11	0.611	14.755	0.373	
	GZPP12	0.639	15.696	0.408	
	GZPP13	0.480	11.151	0.230	
	GZPP14	0.460	10.626	0.212	
	GZPP15	0.549	13.004	0.301	
	GZPP16	0.672	16.743	0.452	
拟合优度	$\chi^2/df=1.925$, GFI = 0.961, AGFI = 0.937, NFI = 0.989, CFI = 0.994, RMSEA = 0.043				

对雇主品牌的验证性因子分析的结果如图 4-1 和表 4-23 所示。在各项拟合指标中，$\chi^2/df=1.925$，小于 3，GFI = 0.961，AGFI = 0.937，NFI = 0.989，CFI = 0.994，均大于 0.9，RMSEA = 0.043，数值在 0 和 1 之间，且小于 0.05，说明本研究的测量模型有效。各题项的因子标准化载荷均基本大于 0.5。萃取的平均方差（AVE）为 0.489，基本达到 0.5 的临界值，这说明整体的聚合效度较好。

（2）破坏性领导的分析（见图4-2、表4-24）

```
0.2 → PHLD1 ←
              \ 0.9
0.0 → PHLD2 ←
              \ 0.96
0.1 → PHLD3 ←—— PHLD
              / 0.9
0.2 → PHLD4 ←
              / 0.8
0.2 → PHLD5 ←
              / 0.8
```

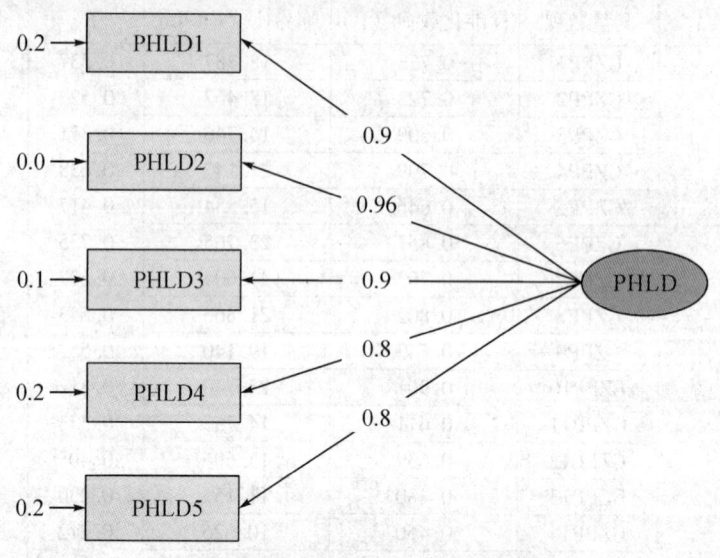

图4-2　破坏性领导的验证性分析模型

表4-24　　　　破坏性领导量表的验证性因子分析结果

测量构念	测量题项	标准化载荷（R）	临界比（C.R.）	R^2	AVE
破坏性领导	PHLD1	0.895	25.640	0.801	0.831
	PHLD2	0.960	28.998	0.922	
	PHLD3	0.943	28.093	0.889	
	PHLD4	0.873	24.548	0.762	
	PHLD5	0.884	25.098	0.782	
拟合优度	$\chi^2/df = 3.94$, GFI = 0.988, AGFI = 0.953, NFI = 0.996, CFI = 0.997, RMSEA = 0.077				

对破坏性领导的验证性因子分析的结果如图4-2和表4-24所示。在各项拟合指标中，$\chi^2/df = 3.94$，小于5，GFI = 0.988，AGFI = 0.953，NFI = 0.996，CFI = 0.997，均大于0.9，RMSEA = 0.077，数值在0和1之间，且小于0.1，说明本研究的测量模型有效。各题项的因子标准化载荷均大于0.7。萃取的平均方差（AVE）为0.831，大于0.5的临界值，R^2大于0.5的衡量标准，这说明整体的聚合效度较好。

（3）基本心理需求的分析（见图4-3、表4-25、表4-26）

```
0.19 → ZZXQ1 ←
              0.90
0.28 → ZZXQ2 ← 0.85 ← ZZXQ — 1.000
              0.87
0.25 → ZZXQ3 ←

0.29 → SRXQ1 ←
              0.84
0.43 → SRXQ2 ← 0.75 ← SRXQ — 1.000
              0.86
0.27 → SRXQ3 ←

0.66 → GXXQ1 ←
              0.58
0.53 → GXXQ2 ← 0.69 ← GXXQ — 1.000
              0.97
0.05 → GXXQ3 ←
```

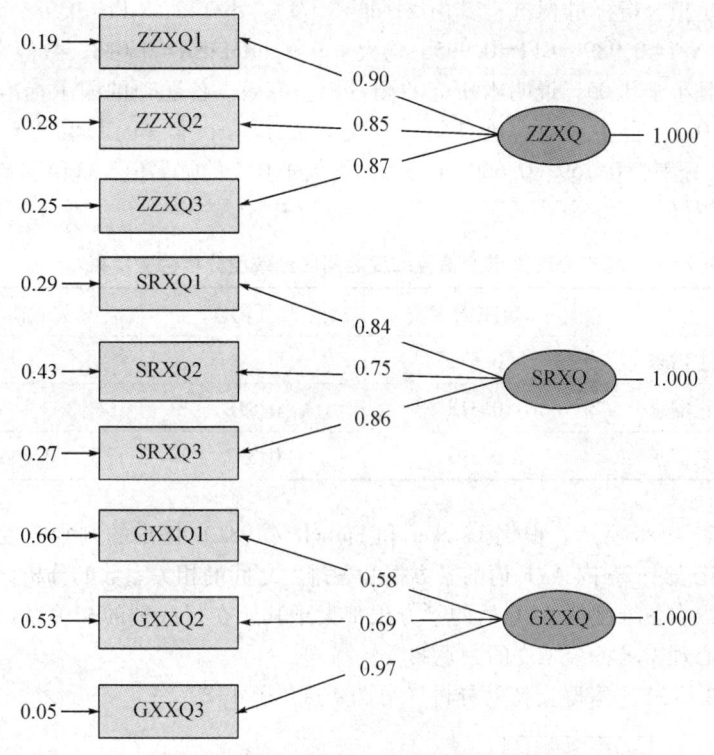

图4-3　基本心理需求的验证性分析模型

表4-25　　　　基本心理需求量表的验证性因子分析结果

因子结构	测量题项	标准化载荷（R）	临界比（C. R.）	R^2	AVE
自主需求	ZZXQ1	0.899	24.947	0.808	0.759
	ZZXQ2	0.848	23.001	0.719	
	ZZXQ3	0.866	23.573	0.750	
胜任需求	SRXQ1	0.841	22.033	0.707	0.669
	SRXQ2	0.753	18.761	0.567	
	SRXQ3	0.856	22.218	0.733	
关系需求	GXXQ1	0.583	11.602	0.334	0.586
	GXXQ2	0.688	13.230	0.473	
	GXXQ3	0.975	16.442	0.951	
拟合优度	$\chi^2/df=1.714$, GFI = 0.986, AGFI = 0.966, NFI = 0.989, CFI = 0.995, RMSEA = 0.038					

对基本心理需求验证性因子分析的结果如图4-3和表4-25所示。所得结果均满足拟合指标的标准，其中 $\chi^2/df = 1.714$，小于2，GFI = 0.986，AGFI = 0.966，NFI = 0.989，CFI = 0.995，均大于0.9，RMSEA = 0.038，数值在0和1之间，且小于0.05，说明本研究的测量模型有效。各题项的因子标准化载荷均大于0.5，自主需求、胜任需求、关系需求三个维度的萃取的平均方差（AVE）分别为0.759、0.669、0.586，均大于0.5的临界值，这说明整体的聚合效度较好。

表4-26　基本心理需求变量各维度之间区分效度分析检验结果

	自主需求	胜任需求	关系需求
自主需求	(0.871)		
胜任需求	0.318	(0.818)	
关系需求	0.393	0.337	(0.766)

如表4-26所示，根据Larcker和Fornell（1981）提出的判别效度检验指标，对比表4-25内AVE值的平方根和各维度之间的相关系数的分析结果，基本心理需求各维度的AVE值的平方根都大于其所在行或列的相关系数，这表明基本心理需求各个维度的判别效度较好。

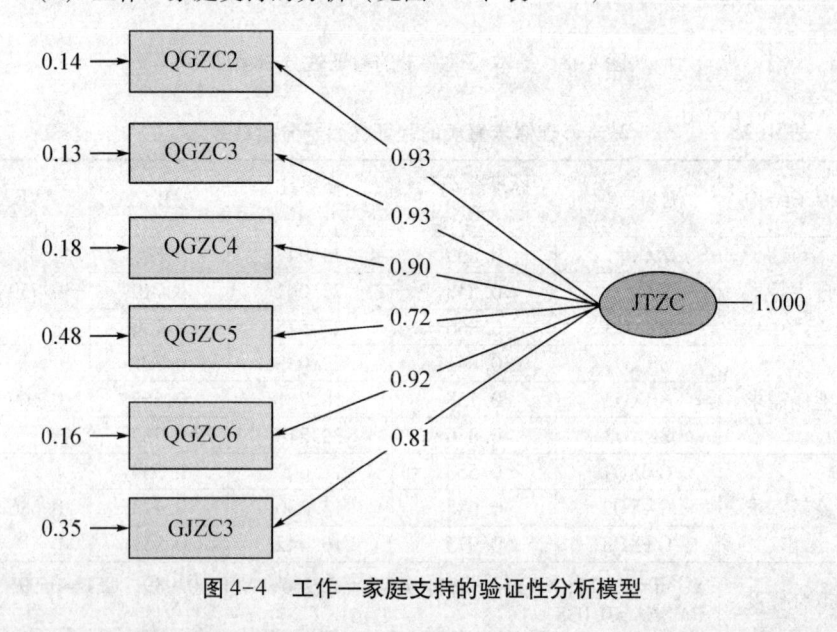

（4）工作—家庭支持的分析（见图4-4、表4-27）

图4-4　工作—家庭支持的验证性分析模型

表 4-27　　工作—家庭支持量表的验证性因子分析结果

测量构念	测量题项	标准化载荷（R）	临界比（C.R.）	R^2	AVE
工作—家庭支持	GQZC2	0.927	26.598	0.859	0.759
	QGZC3	0.932	26.794	0.869	
	QGZC4	0.903	25.545	0.815	
	QGZC5	0.722	18.324	0.521	
	QGZC6	0.917	26.159	0.841	
	GJZC3	0.806	21.527	0.650	
拟合优度	χ^2/df = 2.013，GFI = 0.995，AGFI = 0.972，NFI = 0.998，CFI = 0.999，RMSEA = 0.045				

对工作—家庭支持的验证性因子分析的结果如图 4-4 和表 4-27 所示。在各项拟合指标中，χ^2/df = 2.013，小于 3，GFI = 0.995，AGFI = 0.972，NFI = 0.998，CFI = 0.999，均大于 0.9，RMSEA = 0.045，数值在 0 和 1 之间，且小于 0.05，说明本研究的测量模型有效。各题项的因子标准化载荷均大于 0.7。萃取的平均方差（AVE）分别为 0.759，均大于 0.5 的临界值，R^2 大于 0.5 的衡量标准，这说明整体的聚合效度较好。

（5）员工留任的分析（见图4-5、表4-28、表4-29）

```
0.30 → GZJD1  ↖ 0.84
0.48 → GZJD2  ← 0.72
0.37 → GZJD3  ← 0.79
0.12 → GZJD4  ← 0.94
0.37 → GZJD5  ← 0.79
0.36 → GZJD6  ← 0.80   ( GZJD ) → 1.00
0.22 → GZJD7  ← 0.89
0.38 → GZJD8  ← 0.79
0.15 → GZJD9  ← 0.92
0.47 → GZJD10 ← 0.73

0.48 → ZZZC1  ← 0.72
0.42 → ZZZC2  ← 0.76   ( ZZZC ) → 1.00
0.15 → ZZZC3  ← 0.92
0.35 → ZZZC4  ← 0.81

0.51 → LZQX1  ← 0.70
0.28 → LZQX2  ← 0.85   ( LZQX ) → 1.00
0.17 → LZQX3  ← 0.91
0.31 → LZQX4  ← 0.83
```

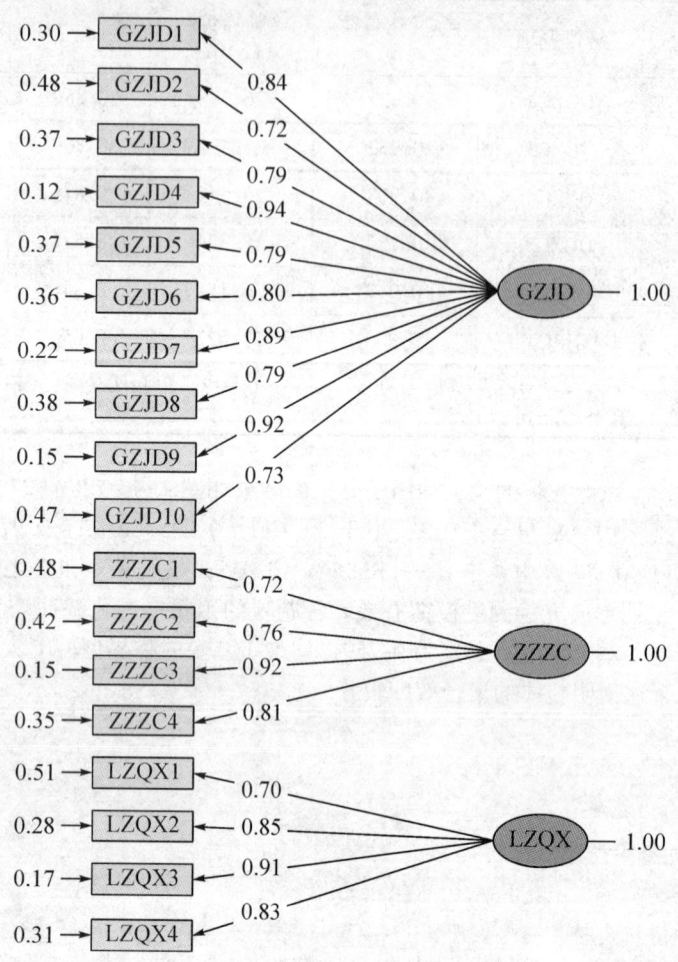

图4-5　员工留任的验证性分析模型

表 4-28　　　　　员工留任量表的验证性因子分析结果

因子结构	测量题项	标准化载荷（R）	临界比（C. R.）	R^2	AVE
工作倦怠	GZJD1	0.840	22.935	0.706	0.679
	GZJD2	0.720	18.456	0.518	
	GZJD3	0.791	21.006	0.626	
	GZJD4	0.940	27.811	0.884	
	GZJD5	0.795	21.074	0.632	
	GZJD6	0.800	21.233	0.640	
	GZJD7	0.885	25.053	0.783	
	GZJD8	0.790	21.131	0.624	
	GZJD9	0.922	25.481	0.850	
	GZJD10	0.726	18.766	0.527	
组织忠诚	ZZZC1	0.724	18.184	0.524	0.652
	ZZZC2	0.762	19.377	0.581	
	ZZZC3	0.924	25.982	0.854	
	ZZZC4	0.805	21.045	0.648	
离职倾向	LZQX1	0.701	16.898	0.491	0.683
	LZQX2	0.848	22.107	0.719	
	LZQX3	0.913	24.636	0.834	
	LZQX4	0.830	20.956	0.689	
拟合优度	χ^2/df = 2.738, GFI = 0.938, AGFI = 0.902, NFI = 0.988, CFI = 0.992, RMSEA = 0.059				

对员工留任的验证性因子分析的结果如图 4-5 和表 4-28 所示。在各项拟合指标中，χ^2/df = 2.738，小于 3，GFI = 0.938，AGFI = 0.902，NFI = 0.988，CFI = 0.992，均大于 0.9，RMSEA = 0.059，数值在 0 和 1 之间，且小于 0.1，说明本研究的测量模型有效。各题项的因子标准化载荷均大于 0.7。工作倦怠、组织忠诚、离职倾向三个子维度的萃取平均方差（AVE）分别为 0.679、0.652、0.683，均大于 0.5 的临界值，R^2 基本大于 0.5 的衡量标准，这说明整体的聚合效度较好。

表 4-29　　　　　员工留任各维度之间区分效度分析检验结果

	工作倦怠	组织忠诚	离职倾向
工作倦怠	(0.824)		
组织忠诚	0.667	(0.807)	
离职倾向	0.713	0.651	(0.826)

如表 4-29 所示,根据 Larcker 和 Fornell(1981)提出的判别效度检验指标,对比表 4-28 内 AVE 值的平方根和各维度之间的相关系数的分析结果,员工留任各维度的 AVE 值的平方根都大于其所在行或列的相关系数,这表明员工留任各个维度的区分效度较好。

5 数据分析与假设检验

依据本研究的整体研究设计，本章首先在大量问卷调查的基础之上，对获得的数据进行描述性统计分析以及对各个变量之间相互关系的作用机制进行分析；然后对研究模型的主效应、中介效应以及调节效应的各假设进行检验；最后，根据检验结果对本研究的假设进行更进一步的讨论。

5.1 描述性统计分析

5.1.1 各变量的描述性分析

本研究的问卷测量题项有两项采用反向计分。因此，进行数据处理之前先作反向题反向计分的处理，然后分别计算各构念以及各维度的均值、标准差等描述性统计特征，结果如表5-1所示。其中均值表示接受调查者对该项因子的评价程度，均值的数值越低，说明对其评价越差。从表5-1可以看出，破坏性领导的均值低于2，表示被调查的对象对于破坏性领导的评价较低。而工作—家庭支持的均值为3.614，说明参与调查的人对于工作与家庭支持这一关系的评价较高。其余各项因子的均值介于2和4之间，表明大部分的参与者对其评价程度在不确定与基本肯定之间。本研究采用里克特5点测量量表，代表的同意程度由1到5逐步加深，1代表"非常不同意"，5代表"非常同意"。

表 5-1　　　　　样本各维度的描述性统计表

	样本量	均值	标准差	偏度	峰度
雇主品牌	500	3.321	0.623	−0.073	0.666
破坏性领导	500	1.990	0.879	1.414	2.773
自主需求	500	3.126	0.881	−0.699	0.395
胜任需求	500	3.176	0.830	−0.671	1.104
关系需求	500	2.933	0.755	−0.142	0.759

表5-1(续)

	样本量	均值	标准差	偏度	峰度
工作—家庭支持	500	3.614	0.856	-0.693	1.017
组织忠诚	500	2.979	0.761	-0.055	0.185
工作倦怠	500	3.372	0.782	-0.428	0.143
离职倾向	500	2.873	0.864	0.111	-0.256

5.1.2 相关性分析

分析变量之间的相关关系可以保证多元回归的可行性，我们可以此分析数据作为简要的判断研究假设设定的合理性的数据支撑。从表5-2中可以看出，除"工作—家庭支持"与"关系需求"和"自主需求"之间的相关关系不显著外，其余因子之间的相关系数均显著。其中"破坏性领导"与"自主需求""员工忠诚""离职倾向"等各因子是负相关关系，与预期设想相吻合。"雇主品牌"与大部分因子是正相关关系，除了与"破坏性领导"为负相关关系。"雇主品牌"与"破坏性领导"的负相关关系可以解释为：破坏性领导在面对下属时很容易表现出言语上的欺辱，使得下属产生消极情绪，降低员工满足感，而雇主品牌能让员工增强自我的工作满意度，使其产生积极行为，这与破坏性领导的作用相反，所以两者之间呈现负相关关系。

表5-2　　变量各维度间相关系数矩阵（N=500）

	雇主品牌	破坏性领导	自主需求	胜任需求	关系需求	工作—家庭支持	组织忠诚	工作倦怠	离职倾向
雇主品牌	1								
破坏性领导	-0.211**	1							
自主需求	0.417**	-0.342**	1						
胜任需求	0.338**	-0.124**	0.243**	1					
关系需求	0.377**	-0.224**	0.322**	0.224**	1				
工作—家庭支持	0.192**	-0.107*	0.001	0.165**	0.040	1			
组织忠诚	0.784**	-0.145**	0.364**	0.341**	0.358**	0.164**	1		
工作倦怠	0.572**	-0.408**	0.423**	0.323**	0.300**	0.212**	0.572**	1	
离职倾向	0.461**	-0.282**	0.422**	0.345**	0.312**	0.095*	0.539**	0.628**	1

注：** 表示在置信度（双侧）为 0.01 水平时，相关性是显著的；* 表示在置信度（双侧）为 0.05 水平时，相关性是显著的。

5.2 人口统计特征的方差分析

控制变量是除自变量以外对因变量产生影响的其他变量。研究中应该尽可能对控制变量加以控制，以确保研究结论的纯粹性。本研究的控制变量包括性别、年龄、学历、职位级别、婚姻状况以及企业工龄。我们分别采用独立样本T检验和单因素方差分析方法对各个控制变量进行分析。对于拥有两种以上分类的控制变量，本研究采用单因素方差分析；由于性别、婚姻状况只有两种分类，此类控制变量采用独立样本T检验。

1. 性别的独立样本T检验

独立样本T检验适用于两个群体的平均数的差异检验，其自变量为二分类变量，因变量为连续变量。在对性别因素进行独立样本T检验的过程中，强调独立性，要求抽取的样本之间相互独立。本研究抽取的样本总数为500，其中男性样本204，女性样本296，样本之间是相互独立的，没有相互影响的情况。结果如表5-3所示。

表5-3　　　　　　　　性别的独立样本T检验表

变量	方差齐性检验			均值差异检验					是否存在差异
	F值	P值	是否齐性	T值	P值	差值的95%置信区间		均值差	
						低点	高点		
雇主品牌	1.234	0.267	是	2.549	0.011	0.0329	0.2543	0.1436	是
破坏性领导	0.132	0.717	是	0.323	0.747	-0.1314	0.1831	0.0258	否
自主需求	0.945	0.331	是	1.167	0.244	-0.0640	0.2510	0.0935	否
胜任需求	0.002	0960	是	0.485	0.628	-0.1118	0.1852	0.0367	否
关系需求	9.146	0.003	否	2.510	0.012	0.0361	0.2963	0.1662	是
工作—家庭支持	0.026	0.871	是	-0.116	0.908	-0.1621	0.1441	-0.0090	否
组织忠诚	1.142	0.286	是	1.273	0.204	-0.0479	0.2240	0.0881	否
工作倦怠	4.535	0.034	否	0.273	0.785	0.149	-0.1227	0.1624	否
离职倾向	6.223	0.013	否	-0.426	0.671	-0.1856	0.183	0.1195	否

注：方差齐性检验和均值差异检验的显著性水平均为0.05。

表5-3为独立样本T检验的结果。平均数差异检验的基本假设之一是方差同质性。因而，本研究关于独立样本T检验的分析通过两个步骤进行：第一，采用Levene进行不同性别的方差是否相等的检验；第二，检验两个样本总体的均值是否相等的检验。概率P值的参考标准均为0.05，如显著性水平为0.05，如果方差齐性检验和均值差异检验的P值大于0.05，可以认为来自不

同性别总体的均值和方差无显著差异。我们通过本研究的独立样本 T 检验发现，男性员工的雇主品牌感知、关系需求程度与女性员工相比有较大差异，其他维度男女性别差异并不显著。这有可能是由于中国传统文化所导致的男女在社会关系以及工作事业方面的思维方式和行为习惯不同，人们对男性的定位是事业上的成功和较高的社会地位，而对女性的定位则是相夫教子，传统观念会使得男性和女性在关系需求方面有显著差异，因为他们对雇主品牌的感知也有所差异。

2. 婚姻状况的独立样本 T 检验

婚姻状况的独立样本 T 检验如表 5-4 所示。

表 5-4　　　　　　　　婚姻状况的独立样本 T 检验表

变量	方差齐性检验			均值差异检验					是否存在差异
	F 值	P 值	是否齐性	T 值	P 值	差值的 95%置信区间		均值差	
						低点	高点		
雇主品牌	0.026	0.872	是	0.109	0.914	−0.1055	0.1179	0.0062	否
破坏性领导	0.851	0.357	是	1.276	0.202	−0.0551	0.2596	0.0801	否
自主需求	2.873	0.091	是	−0.619	0.536	−0.188	−0.006	0.098	否
胜任需求	0.216	0.624	是	−1.841	0.066	0.2874	0.0093	−0.139	否
关系需求	0.204	0.652	是	0.185	0.853	0.1226	0.1482	0.0128	否
工作—家庭支持	0.200	0.655	是	−1.539	0.124	−0.2730	0.0332	−0.1199	否
组织忠诚	0.031	0.860	是	−1.101	0.272	−0.2127	0.0600	−0.0764	否
工作倦怠	1.289	0.257	是	−1.014	0.311	−0.2124	0.0678	−0.0723	否
离职倾向	0.910	0.341	是	−2.213	0.027	−0.3278	−0.0195	−0.0174	是

注：显著性水平均为 0.05。

我们以婚姻状况作为控制变量进行独立样本 T 检验。本研究抽取 299 名已婚员工、201 名未婚员工，检验思路和判断标准同上。由表 5-4 可知，"离职倾向"的 P 值小于 0.05，可以认为已婚员工和未婚员工在离职方面有着显著差异。这可以解释为对于已婚和未婚员工而言，已婚员工家庭负担更重，在工作中更加追求工作和收入的稳定，希望规避不确定的风险，对于他们来说，离职的成本较高。而未婚员工面临的家庭生活负担相对较小，在工作中更加关注自身的发展机会和成长空间，因为未婚员工离职成本低，所以相对于已婚员工，他们的离职可能性更大。

3. 员工年龄的方差分析

方差分析考察的是控制变量是否对观测值产生影响。其原理为通过观察观测变量的变化是否明显来确定控制变量是否对其产生影响。如果观测变量变化不明显可认为控制变量对于观测变量没有影响；反之，如果观测值变化明显，则认为控制变量对于观测值有显著影响。单因素方差分析指在研究控制变量对观测变量产生影响时，研究过程中参与的控制变量只有一个。以下就是本研究中的每一个控制变量对各因子影响的单因素分析。

基于年龄的样本方差分析如表5-5所示。

表5-5　　　　　　　　基于年龄的样本方差分析

	分组	离差平方和	自由度	离差平方根	F值	P值
雇主品牌	组间	2.724	5	0.545	1.411	0.219
	组内	190.684	494	0.386		
	总计	193.408	499			
工作—家庭支持	组间	2.723	5	0.545	0.742	0.592
	组内	362.445	494	0.734		
	总计	365.169	499			
工作倦怠	组间	7.519	5	1.504	2.496	0.030
	组内	297.578	494	0.602		
	总计	305.097	499			
组织忠诚	组间	1.641	5	0.328	0.565	0.727
	组内	287.190	494	0.581		
	总计	288.831	499			
离职倾向	组间	4.933	5	0.987	1.327	0.251
	组内	367.251	494	0.743		
	总计	372.184	499			
破坏性领导	组间	8.173	5	1.635	2.141	0.059
	组内	377.213	494	0.764		
	总计	385.386	499			
自主需求	组间	4.156	5	0.831	1.071	0.376
	组内	383.351	494	0.776		
	总计	387.506	499			
胜任需求	组间	8.233	5	1.647	2.425	0.035
	组内	335.391	494	0.679		
	总计	343.623	499			
关系需求	组间	2.504	5	0.501	0.878	0.496
	组内	281.785	494	0.570		
	总计	284.289	499			

注：方差的齐性检验显著水平为0.05。

如表5-5所示，根据员工年龄对各变量单因素方差分析的结果可以看出，在显著性水平为0.05时，工作倦怠的P值为0.030，胜任需求的P值为0.035，均小于0.05，说明各年龄阶段员工的工作倦怠和胜任需求均值存在显著差异。其他变量的 P 值都大于显著性水平 0.05，表明员工的年龄对于表 5-5 中除工作倦怠和胜任需求外的各因子无显著影响。接下来我们将采用 LSD 方法进行两两比较，进一步具体地检验各年龄段员工在以上两个因子中的差异。

工作倦怠的 LSD 法多重比较的结果如表 5-6 所示。

表 5-6　　　　　　　　工作倦怠的 LSD 法多重比较的结果

因变量：工作倦怠

(I) 年龄	(J) 年龄	均值差 (I-J)	标准误	显著性	比较结果
25 岁以下	26~30 岁	0.2882*	0.1035	0.006	
	31~35 岁	0.2370*	0.1094	0.031	
	36~40 岁	0.0040	0.1506	0.979	
	41~45 岁	0.2323	0.1664	0.163	
	46 岁以上	-.0575	0.2075	0.782	
26~30 岁	31~35 岁	-0.0512	0.0862	0.552	在工作倦怠上，26~30 岁<25 岁以下；26~30 岁<36~40 岁；31~35 岁<25 岁以下
	36~40 岁	-0.2842*	0.1347	0.035	
	41~45 岁	-0.0559	0.1522	0.714	
	46 岁以上	-0.3457	0.1963	0.079	
31~35 岁	36~40 岁	-0.2330	0.1393	0.095	
	41~45 岁	-0.0047	0.1562	0.976	
	46 岁以上	-0.2945	0.1994	0.140	
36~40 岁	41~45 岁	0.2283	0.1875	0.224	
	46 岁以上	-0.0615	0.2247	0.785	
41~45 岁	46 岁以上	-0.2898	0.2356	0.219	

注：* 表示平均差异在 0.05 水平是显著的。

从表 5-6 中可以看出，在工作倦怠方面，26~30 岁的员工产生工作倦怠的程度显著低于其他年龄阶段。一方面，这可能由于该年龄段的员工正处于技能和经验的培养和积累期，对职业生涯发展和规划有较强的期待，因而产生较低的工作倦怠。另一方面，该年龄阶段的员工对于企业而言具有极大的开发和利用价值。

胜任需求的 LSD 法多重比较的结果如表 5-7 所示。

表 5-7　　　　　　胜任需求的 LSD 法多重比较的结果

因变量：胜任需求

（I）年龄	（J）年龄	均值差（I-J）	标准误	显著性	比较结果
25 岁以下	26~30 岁	-0.0812	0.1099	0.460	在胜任需求上，25 岁以下的＜36~40 岁的；26~30 岁＜36~40 岁的；41~45 岁＜31~35 岁的；41~45 岁＜36~40 岁的
	31~35 岁	-0.1747	0.1161	0.133	
	36~40 岁	-0.4408*	0.1599	0.006	
	41~45 岁	0.1564	0.1767	0.377	
	46 岁以上	-0.0697	0.2203	0.752	
26~30 岁	31~35 岁	-0.0935	0.0915	0.307	
	36~40 岁	-0.3596*	0.1430	0.012	
	41~45 岁	0.2376	0.1616	0.142	
	46 岁以上	0.0115	0.2084	0.956	
31~35 岁	36~40 岁	0.2661	0.1478	0.072	
	41~45 岁	0.3311*	0.1659	0.046	
	46 岁以上	0.1050	0.2117	0.620	
36~40 岁	41~45 岁	0.5972*	0.1990	0.003	
	46 岁以上	0.3711	0.2386	0.120	
41~45 岁	46 岁以上	-0.2261	0.2501	0.366	

注：* 表示平均差异在 0.05 水平是显著的。

根据表 5-7 的结果，在胜任需求方面，36~40 岁的员工胜任需求明显高于其他年龄阶段员工。对于该年龄阶段的员工来说，他们正处于职业上升的关键时期，因此其胜任需求明显高于其他年龄阶段的员工。

4. 受教育程度对各变量的方差分析

基于学历的样本方差分析如表 5-8 所示。

表 5-8　　　　　　基于学历的样本方差分析

	分组	离差平方和	自由度	离差平方根	F 值	P 值
雇主品牌	组间	1.955	3	0.652	1.688	0.169
	组内	191.454	496	0.386		
	总计	193.408	499			
家庭支持	组间	1.000	3	0.333	0.454	0.715
	组内	364.169	496	0.734		
	总计	365.169	499			
工作倦怠	组间	5.540	3	1.847	3.057	0.028
	组内	299.557	496	0.604		
	总计	305.097	499			

表5-8(续)

	分组	离差平方和	自由度	离差平方根	F值	P值
组织忠诚	组间	4.903	3	1.634	2.855	0.037
	组内	283.928	496	0.572		
	总计	288.831	499			
离职倾向	组间	8.812	3	2.937	4.010	0.008
	组内	363.372	496	0.733		
	总计	372.184	499			
破坏性领导	组间	3.503	3	1.168	1.517	0.209
	组内	381.883	496	0.770		
	总计	385.386	499			
自主需求	组间	8.440	3	2.813	3.681	0.012
	组内	379.067	496	0.764		
	总计	387.506	499			
胜任需求	组间	1.718	3	0.573	0.831	0.477
	组内	341.905	496	0.689		
	总计	343.623	499			
关系需求	组间	0.169	3	0.056	0.099	0.961
	组内	284.119	496	0.573		
	总计	284.289	499			

注：方差的齐性检验显著水平为0.05。

表5-8是员工受教育程度对各变量单因素方差分析的结果。从表5-8中可以看出，工作倦怠、组织忠诚、离职倾向、自主需求四个因子在员工不同受教育程度下显著，其余因子不显著。为进一步分析员工受教育程度具体对四个因子的影响，本研究同样采用LSD方法进行分析。

工作倦怠的LSD法多重比较的结果如表5-9所示。

表5-9　　　　　　工作倦怠的LSD法多重比较的结果

因变量：工作倦怠

(I)学历	(J)学历	均值差(I-J)	标准误	显著性	比较结果
博士	硕士	−0.1118	0.1265	0.377	在工作倦怠上，博士、硕士＜本科
	本科	−0.3065*	0.1281	0.017	
	本科以下	−0.2299	0.1529	0.133	
硕士	本科	−0.1947*	0.0784	0.013	
	本科以下	−0.1181	0.1144	0.303	
本科	本科以下	0.0766	0.1163	0.510	

注：*表示平均差异在0.05水平是显著的。

表 5-9 的结果显示，具有大学本科文凭的员工的工作倦怠水平明显高于拥有博士和硕士学历的员工。这说明受教育程度较低的员工更容易产生倦怠情绪，可能是工作的环境以及程序与教育水平有关。

离职倾向的 LSD 法多重比较的结果如表 5-10 所示。

表 5-10　　　　离职倾向的 LSD 法多重比较的结果

因变量：离职倾向

(I) 学历	(J) 学历	均值差 (I-J)	标准误	显著性	比较结果
博士	硕士	-0.1949	0.1393	0.162	在离职倾向上，博士、硕士、本科以下＜本科
	本科	-0.4117*	0.1411	0.004	
	本科以下	-0.1598	0.1684	0.346	
硕士	本科	-0.2168*	0.0863	0.012	
	本科以下	0.0360	0.1261	0.775	
本科	本科以下	0.2528*	0.1281	0.049	

注：* 表示平均差异在 0.05 水平是显著的。

表 5-10 的结果显示，本科教育水平的员工离职倾向显著高于拥有博士、硕士学历的员工。这与表 5-7 的结果相互印证。离职研究一般将教育水平作为控制变量（Trevor，2001），但与以往结果不同，本研究结果显示低学历员工的离职倾向大于高学历员工。

自主需求的 LSD 法多重比较的结果如表 5-11 所示。

表 5-11　　　　自主需求的 LSD 法多重比较的结果

因变量：自主需求

(I) 学历	(J) 学历	均值差 (I-J)	标准误	显著性	比较结果
博士	硕士	0.1681	0.1423	0.238	在自主需求上，本科＜本科以下、硕士、博士
	本科	0.3496*	0.1441	0.016	
	本科以下	0.0041	0.1720	0.981	
硕士	本科	0.1815*	0.0882	0.040	
	本科以下	-0.1641	0.1287	0.203	
本科	本科以下	-0.3456*	0.1308	0.008	

注：* 表示平均差异在 0.05 水平是显著的。

表 5-11 的结果显示，本科教育水平的员工的自主需求水平显著低于拥有博士、硕士学历的员工。

组织忠诚的 LSD 法多重比较的结果如表 5-12 所示。

表 5-12　　　　　组织忠诚的 LSD 法多重比较的结果

因变量：组织忠诚

(I) 学历	(J) 学历	均值差(I-J)	标准误	显著性	比较结果
博士	硕士	0.1449	0.1231	0.240	在组织忠诚上，本科 < 本科以下
	本科	0.2255	0.1247	0.071	
	本科以下	-0.0723	0.1488	0.627	
硕士	本科	0.0806	0.0763	0.291	
	本科以下	-0.2172	0.1114	0.052	
本科	本科以下	-0.2979*	0.1132	0.009	

注：* 表示平均差异在 0.05 水平是显著的。

表 5-12 的结果显示，本科教育水平的员工的组织忠诚显著低于本科以下教育水平的员工。这可能是因为在无边界的职业生涯中，学历作为人才识别的重要信号，低学历的员工追求稳定的工作，因此更容易对组织和工作感到满足。

5. 职位级别的单因素方差分析

职位级别的样本方差分析如表 5-13 所示。

表 5-13　　　　　职位级别的样本方差分析

	分组	离差平方和	自由度	离差平方根	F 值	P 值
雇主品牌	组间	3.172	3	1.057	2.756	0.042
	组内	190.237	496	0.384		
	总计	193.408	499			
家庭支持	组间	3.279	3	1.093	1.498	0.214
	组内	361.889	496	0.730		
	总计	365.169	499			
工作倦怠	组间	3.071	3	1.024	1.681	0.170
	组内	302.025	496	0.609		
	总计	305.097	499			
组织忠诚	组间	1.650	3	0.550	0.950	0.416
	组内	287.182	496	0.579		
	总计	288.831	499			
离职倾向	组间	3.148	3	1.049	1.410	0.239
	组内	369.036	496	0.744		
	总计	372.184	499			

表5-13(续)

	分组	离差平方和	自由度	离差平方根	F值	P值
破坏性领导	组间	8.025	3	2.675	3.516	0.015
	组内	377.360	496	0.761		
	总计	385.386	499			
自主需求	组间	8.744	3	2.915	3.817	0.010
	组内	378.762	496	0.764		
	总计	387.506	499			
胜任需求	组间	3.839	3	1.280	1.868	0.134
	组内	339.784	496	0.685		
	总计	343.623	499			
关系需求	组间	5.086	3	1.695	3.012	0.030
	组内	279.203	496	0.563		
	总计	284.289	499			

注：方差的齐性检验显著水平为0.05。

表5-13是员工职位级别对各变量单因素方差分析的结果。从表5-13中可以看出雇主品牌、破坏性领导、自主需求以及关系需求在0.05的显著性水平下，受员工职位级别显著影响，其余因子不显著。同理，我们采用LSD方法进一步分析。

破坏性领导的LSD法多重比较的结果如表5-14所示。

表5-14　　破坏性领导的LSD法多重比较的结果

因变量：破坏性领导

（I）职位级别	（J）职位级别	均值差（I-J）	标准误	显著性	比较结果
高层	中层	0.6100*	0.2343	0.010	在破坏性领导上，中层、基层、普通员工<高层
	基层	0.7034*	0.2256	0.002	
	普通员工	0.5443*	0.2178	0.013	
中层	基层	0.0934	0.1275	0.465	
	普通员工	-0.0658	0.1132	0.562	
基层	普通员工	-0.1591	0.0939	0.091	

注：*表示平均差异在0.05水平是显著的。

表5-14的结果显示，处于高层职位的员工对破坏性领导的感知强于处于中层、基层和普通职位的员工。

关系需求的LSD法多重比较的结果如表5-15所示。

表 5-15　　　　关系需求的 LSD 法多重比较的结果

因变量：关系需求

（I）职位级别	（J）职位级别	均值差（I-J）	标准误	显著性	比较结果
高层	中层	-0.1524	0.2015	0.450	在关系需求上，普通员工 < 基层
高层	基层	-0.2429	0.1940	0.211	
高层	普通员工	-0.0113	0.1873	0.952	
中层	基层	-0.0905	0.1097	0.410	
中层	普通员工	0.1411	0.0974	0.148	
基层	普通员工	0.2316*	0.0808	0.004	

注：* 表示平均差异在 0.05 水平是显著的。

表 5-15 的结果显示，处于基层职位的员工的关系需求显著高于普通员工。普通员工在职位级别上处于企业的最底层，因此对于关系需求弱于处于基层职位的员工。

雇主品牌的 LSD 法多重比较的结果如表 5-16 所示。

表 5-16　　　　雇主品牌的 LSD 法多重比较的结果

因变量：雇主品牌

（I）职位级别	（J）职位级别	均值差（I-J）	标准误	显著性	比较结果
高层	中层	0.0860	0.1664	0.605	在雇主品牌上，普通员工 < 中层
高层	基层	0.2608	0.1602	0.104	
高层	普通员工	0.2763	0.1546	0.075	
中层	基层	0.1748	0.0906	0.054	
中层	普通员工	0.1903*	0.0804	0.018	
基层	普通员工	0.0155	0.0667	0.815	

注：* 表示平均差异在 0.05 水平是显著的。

表 5-16 的结果显示，处于中层职位的员工对于企业雇主品牌的感知显著高于普通员工。处于中层职位的员工对于企业所提供的各种资源支持感知层度明显强于普通员工。因此，企业在加强雇主品牌建设时一定要重视中层职位员工，同时也要加强对普通员工的宣传教育和培训。

自主需求的 LSD 法多重比较的结果如表 5-17 所示。

表 5-17　　自主需求的 LSD 法多重比较的结果

因变量：自主需求

（I）职位级别	（J）职位级别	均值差（I-J）	标准误	显著性	比较结果
高层	中层	−0.4073	0.2347	0.083	在自主需求上，普通员工＜中层、基层
高层	基层	−0.3365	0.2260	0.137	
高层	普通员工	−0.1054	0.2182	0.629	
中层	基层	0.0708	0.1278	0.580	
中层	普通员工	0.3019*	0.1134	0.008	
基层	普通员工	0.2311*	0.0941	0.014	

注：* 表示平均差异在 0.05 水平是显著的。

表 5-17 的结果显示，处于中层、基层职位的员工的自主需求显著高于普通员工。中层、基层职位的员工在企业组织中具有一定的职业地位，因此，与普通员工相比，其需求更具自主性。

6. 公司工龄的单因素方差分析

基于公司工龄的样本方差分析如表 5-18 所示。

表 5-18　　基于公司工龄的样本方差分析

	分组	离差平方和	自由度	离差平方根	F 值	P 值
雇主品牌	组间	4.699	4	1.175	3.081	0.016
	组内	188.710	495	0.381		
	总计	193.408	499			
家庭支持	组间	1.192	4	0.298	0.405	0.805
	组内	363.977	495	0.735		
	总计	365.169	499			
工作倦怠	组间	5.861	4	1.465	2.424	0.047
	组内	299.235	495	0.605		
	总计	305.097	499			
组织忠诚	组间	3.120	4	0.780	1.352	0.250
	组内	285.711	495	0.577		
	总计	288.811	499			
离职倾向	组间	2.421	4	0.605	0.810	0.519
	组内	369.763	495	0.747		
	总计	372.184	499			
破坏性领导	组间	2.548	4	0.637	0.824	0.511
	组内	382.838	495	0.773		
	总计	385.386	499			

表5-18(续)

分组		离差平方和	自由度	离差平方根	F值	P值
自主需求	组间	4.663	4	1.166	1.507	0.199
	组内	382.843	495	0.773		
	总计	387.506	499			
胜任需求	组间	2.665	4	0.666	0.967	0.425
	组内	340.958	495	0.689		
	总计	343.623	499			
关系需求	组间	2.033	4	0.508	0.891	0.469
	组内	282.256	495	0.570		
	总计	284.289	499			

注：方差的齐性检验显著水平为0.05。

表5-18是员工公司工龄对各变量单因素方差分析的结果。从表5-18中可以看出，雇主品牌和工作倦怠在0.05的显著性水平下，受员工公司工龄显著影响，其余因子不显著。同理，我们采用LSD方法进一步分析。

雇主品牌的LSD法多重比较的结果如表5-19所示。

表5-19　　　　　雇主品牌的LSD法多重比较的结果

因变量：雇主品牌

(I) 公司工龄	(J) 公司工龄	均值差 (I-J)	标准误	显著性	比较结果
1年以下	1~3年	0.1167	0.0762	0.126	
	4~6年	0.1485	0.0897	0.098	
	7~10年	0.1611	0.0967	0.096	
	11年以上	0.3398*	0.0981	0.001	在雇主品牌上，11年以上<3年以下
1~3年	4~6年	0.0318	0.0808	0.694	
	7~10年	0.0444	0.0885	0.616	
	11年以上	0.2231*	0.0900	0.014	
4~6年	7~10年	0.0126	0.1004	0.900	
	11年以上	0.1913	0.1017	0.060	
7~10年	11年以上	0.1787	0.1079	0.098	

注：*表示平均差异在0.05水平是显著的。

表5-19的结果显示，工作11年以上的员工对雇主品牌的感知显著低于工作3年以下的员工。就员工公司工龄而言，处于两头的员工对于雇主品牌的感知是不同的。公司工龄11年以上的员工对企业有了较全面和深刻的认识，因此对企业雇主品牌的感染力认可度没有刚入职时那么强。

工作倦怠的LSD法多重比较的结果如表5-20所示。

表 5-20　　　　　工作倦怠的 LSD 法多重比较的结果

因变量：工作倦怠

(I) 公司工龄	(J) 公司工龄	均值差 (I-J)	标准误	显著性	比较结果
1 年以下	1~3 年	-0.1475	0.0960	0.125	在工作倦怠上，1 年以下<4~6 年；11 年以上以及 7~10 年<11 年以上
	4~6 年	-0.2562*	0.1130	0.024	
	7~10 年	-0.0586	0.1218	0.631	
	11 年以上	-0.3261*	0.1235	0.009	
1~3 年	4~6 年	-0.1087	0.1017	0.286	
	7~10 年	0.0889	0.1114	0.425	
	11 年以上	-0.1786	0.1133	0.116	
4~6 年	7~10 年	0.1976	0.1264	0.118	
	11 年以上	-0.0699	0.1280	0.585	
7~10 年	11 年以上	-0.2675*	0.1359	0.050	

注：*表示平均差异在 0.05 水平是显著的。

表 5-20 的结果显示，工作 11 年以上的员工的工作倦怠水平显著高于其他公司工龄的员工。这说明企业应该注重老员工的基本心理需求，不断采取措施降低老员工的工作倦怠。

5.3　雇主品牌对员工留任影响的假设检验

假设检验是对本研究中提出的各变量之间关系的假设进行验证。在第 4 章以及第 5 章中，对信效度及变量之间相关性分析的基础之上，本部分将采用多元回归的方法，进一步检验本书中提出的假设。在多元回归分析中，需要变量数据满足几个基本假设，如无多重共线性、同方差和无自相关，所以，在此之前，我们需要对这三个假定做出检验。多重共线性是指变量之间存在严重的线性关系，这会造成对参数的估计不精确，得出错误的回归分析结果。对于多元回归来说，多重共线性一般使用方差扩大因子法（VIF）检验，VIF 越大，表示多重共线性越严重，一般说来，VIF ≥ 10 时，说明解释变量与其余变量之间存在严重的多重共线性。对于检验变量之间是否同方差，在统计学中，是通过异方差性的检验来实现的。异方差指的是解释变量的变化会使得被解释变量观测值的分散程度随之变化，样本回归的残差在一定程度上反映了随机误差的分布特征。因此，我们可以通过残差的散点图来分析、观察模型中是否存在异方差性。如果存在异方差，会使得最小二乘法估计的方差不再是最小，会使参数的估计结果产生错误。我们通过对残差图形的观察可判断变量之间是否存在异方差，即当残差散点图无规律显示时，可以说明模型中不存在异方差问题。自相关是指随机误差项之间存在相关关系，如果这时仍然使用最小二乘回归估计参数，会导致估计的参数产生严重偏差。自相关最常采用的检验方法是 DW 检验法，通过 DW 在 0 到 4 上的取值判断。本研究采取的数据是截面数据，不可能出现样本值之间的自相关情况。

本部分在进行数据处理时，对反向题项进行正向处理，因为各个题目之间有一定相关性，内部一致性信息是评价这种相关性的重要因素，正向计分处理就是让题目有一致方向的计分方式。

5.3.1 雇主品牌与员工留任的关系

首先本书将对假设 H1 及其子假设进行检验。假设 H1：雇主品牌对员工留任有正向影响。H1a：雇主品牌与组织忠诚正相关。H1b：雇主品牌与离职倾向负相关。H1c：雇主品牌与工作倦怠负相关。对假设 H1 的检验的回归结果如表 5-21 所示。

表 5-21　　雇主品牌与员工留任的分层多元线性回归结果

变量	Beta（T 值）	P 值	Beta（T 值）	P 值
性别	-0.013***（-0.293）	0.770	0.054（1.713）	0.087
年龄	0.055（0.828）	0.408	0.117*（2.518）	0.012
学历	-0.069（-1.544）	0.123	-0.062*（-1.984）	0.048
职位级别	0.008（0.158）	0.874	0.126（3.622）	0.000
婚姻状况	0.111*（2.119）	0.035	0.057（1.565）	0.118
公司工龄	-0.156**（-2.612）	0.009	-0.040（-0.945）	0.345
雇主品牌			0.730（22.854）	0.000
F 值（P 值）	2.198（0.042）		78.492（0.000）	
R^2	0.026		0.528	
$R^2_{adj.}$	0.014		0.521	
ΔR^2			0.507	

注：①预测变量为雇主品牌，控制变量为性别、年龄等；②因变量为员工留任；③* 表示 P<0.05，** 表示 P<0.01，*** 表示 P<0.001。

假设 H1：雇主品牌对员工留任有正向影响。对此假设进行检验，首先作出两者的散点图，分别以雇主品牌、员工留任为纵、横坐标，经过观察，我们发现两者大致呈线性关系。然后进行多元分层线性回归。此过程分为两个步骤，首先将控制变量（性别、年龄、学历、职位级别、婚姻状况、企业工龄）

纳入回归方程，结果如表 5-21 所示，从中可以看出控制变量对于员工留任有显著的预测作用（P<0.05）；然后纳入自变量（雇主品牌）（以下各变量以及维度之间关系的检验步骤相似，不再赘述）。回归结果表明，模型有效地解释了样本数据对员工留任的影响（F（7，492）= 78.492，P = 0.000，R^2 = 0.528）。回归系数显著（β = 0.730，P = 0.000），雇主品牌对员工留任的影响呈显著正相关关系。因此，假设 H1 得到验证。进一步，我们将检验其子假设。

针对假设 H1a，根据相关系数表 5-2，我们可以大致得出雇主品牌与组织忠诚间存在相关关系，然后运用多元线性回归进行检验。回归结果如表 5-22 所示。

表 5-22 雇主品牌与组织忠诚的分层多元线性回归结果

变量	Beta（T 值）	P 值	Beta（T 值）	P 值
性别	-0.044（-0.978）	0.329	0.029（1.040）	0.299
年龄	-0.017（-0.249）	0.803	0.051（1.227）	0.220
学历	0.010（0.214）	0.831	0.017（0.624）	0.533
职位级别	-0.077（-1.556）	0.120	0.052（1.679）	0.094
婚姻状况	0.097（1.853）	0.064	0.039（1.176）	0.240
公司工龄	-0.127*（-2.134）	0.033	-0.001（-0.014）	0.989
雇主品牌			0.798（27.904）	0.000
F 值（P 值）	1.908（0.078）		115.446（0.000）	
R^2	0.023		0.622	
$R^2_{adj.}$	0.011		0.616	
ΔR^2			0.605	

注：①预测变量为雇主品牌，控制变量为性别、年龄等；②因变量为组织忠诚；③* 表示 P<0.05，** 表示 P<0.01，*** 表示 P<0.001。

从表 5-22 可以看出，控制变量对于组织忠诚有显著的预测作用（F = 1.908，P = 0.078），模型较好地解释了样本数据对组织忠诚的影响（F（7，492）= 115.446，P = 0.000，R^2 = 0.622）。回归系数显著（β = 0.798，P = 0.000），表明雇主品牌对组织忠诚的影响呈显著正相关关系。因此，假设 H1a 得到验证。

针对假设 H1b：雇主品牌与离职倾向负相关，根据相关系数表 5-2，我们可以大致得出雇主品牌与离职倾向存在相关关系，随后运用多元线性回归，对假设 H1b 进行检验。回归结果如表 5-23 所示。

表 5-23　　雇主品牌与离职倾向的分层多元线性回归结果

变量	Beta（T 值）	P 值	Beta（T 值）	P 值
性别	0.017（0.381）	0.703	0.062（1.568）	0.117
年龄	0.086（1.286）	0.199	0.127*（2.173）	0.030
学历	-0.076（-1.696）	0.091	-0.071（-1.810）	0.071
职位级别	0.062（1.255）	0.210	0.141**（3.224）	0.001
婚姻状况	0.107*（2.035）	0.042	0.071（1.532）	0.126
公司工龄	-0.108（-1.817）	0.070	-0.030（0.578）	0.564
雇主品牌			-0.490***（12.173）	0.000
F 值（P 值）	2.161（0.045）		23.576（0.000）	
R^2	0.026		0.251	
$R^2_{adj.}$	0.014		0.241	
ΔR^2			0.227	

注：①预测变量为雇主品牌，控制变量为性别、年龄等；②因变量为反离职倾向；③*表示 P<0.05，**表示 P<0.01，***表示 P<0.001。

本部分将雇主品牌与离职倾向进行回归，由表 5-23 可以看出，控制变量对于离职倾向有显著的预测作用（P<0.05），回归方程结果表明，模型解释了雇主品牌对离职倾向的影响（F（7, 492）= 23.576，P = 0.000，R^2 = 0.251）。回归系数显著（β = -0.490，P = 0.000），表明雇主品牌与离职倾向的影响呈显著负相关关系。因此，假设 H1b 得到验证。

针对 H1c：雇主品牌与工作倦怠负相关，根据相关系数表 5-2，我们可以大致得出雇主品牌与工作倦怠存在相关关系，进一步运用多元线性回归对假设 H1c 进行检验。回归结果如表 5-24 所示。

表 5-24　　雇主品牌与工作倦怠的分层多元线性回归结果

变量	Beta（T 值）	P 值	Beta（T 值）	P 值
性别	-0.011（-0.235）	0.815	0.044（1.191）	0.234
年龄	0.066（0.988）	0.324	0.116*（2.135）	0.033
学历	-0.106*（-2.373）	0.018	-0.100**（-2.754）	0.006
职位级别	0.027（0.544）	0.586	0.122**（3.017）	0.003
婚姻状况	0.078（1.485）	0.138	0.034（0.801）	0.424
公司工龄	-0.163**（-2.742）	0.006	-0.069（-1.419）	0.157

表5-24(续)

变量	Beta（T值）	P值	Beta（T值）	P值
雇主品牌			-0.590（15.848）	0.000
F值（P值）	2.588（0.018）		39.224（0.000）	
R^2	0.031		0.358	
$R^2_{adj.}$	0.019		0.349	
ΔR^2			0.330	

注：①预测变量为雇主品牌，控制变量为性别、年龄等；②因变量为反工作倦怠；③ * 表示P<0.05，** 表示P<0.01，*** 表示P<0.001。

本部分将雇主品牌与工作倦怠进行回归，由表5-24可得到，控制变量对工作倦怠有显著的预测作用（P<0.05），回归方程结果表明，模型解释了雇主品牌对工作倦怠的影响（F（7，492）= 39.224，P = 0.000，R^2 = 0.358）。回归系数显著（β=-0.590，P = 0.000），表明雇主品牌对工作倦怠的影响呈显著负相关关系。因此，假设H1c得到验证。

5.3.2 雇主品牌与基本心理需求的关系

假设H2：雇主品牌与基本心理需求正相关。对此假设进行检验，首先作出两者的散点图，分别以雇主品牌、基本心理需求为纵坐标、横坐标。经过观察，我们发现雇主品牌与基本心理需求之间基本呈线性关系，随后对两者进行线性回归。回归结果如表5-25所示。

表5-25 雇主品牌与基本心理需求的分层多元线性回归结果

变量	Beta（T值）	P值	Beta（T值）	P值
性别	-0.064（-1.418）	0.157	-0.015（-0.399）	0.690
年龄	-0.075（-1.125）	0.261	-0.030*（-0.530）	0.596
学历	-0.023（-0.524）	0.601	-0.018（-0.477）	0.634
职位级别	-0.136**（-2.771）	0.006	-0.051**（-1.206）	0.228
婚姻状况	0.096*（1.831）	0.068	0.057（1.272）	0.204
公司工龄	-0.043（-0.729）	0.466	0.040（0.781）	0.435
雇主品牌			0.525***（13.393）	0.000
F值（P值）	2.488（0.022）		28.531（0.000）	
R^2	0.029		0.289	

表5-25(续)

变量	Beta (T值)	P值	Beta (T值)	P值
R^2_{adj}	0.018		0.279	
ΔR^2			0.261	

注：①预测变量为雇主品牌，控制变量为性别、年龄等；②因变量为基本心理需求；③* 表示 P<0.05，** 表示 P<0.01，*** 表示 P<0.001。

从表5-25可以看出，控制变量对基本心理需求有显著的预测作用（P<0.05）。回归方程结果表明，模型较好地解释了样本数据对组织忠诚的影响（F (7, 492) = 28.531, P = 0.000, R^2 = 0.289）。回归系数显著（β = 0.525, P = 0.000），表明雇主品牌对基本心理需求的影响呈显著正相关关系。因此，假设H2得到验证。

进一步，检验H2a：雇主品牌与员工自主需求正相关。H2b：雇主品牌与员工胜任需求正相关。H2c：雇主品牌与员工关系需求正相关。回归结果如表5-26、表5-27、表5-28所示。

表5-26　　雇主品牌与自主需求的分层多元线性回归结果

变量	Beta (T值)	P值	Beta (T值)	P值
性别	-0.033 (-0.742)	0.459	0.004 (0.098)	0.922
年龄	0.018 (0.268)	0.789	0.052 (0.855)	0.393
学历	-0.036 (-0.807)	0.420	-0.032 (-0.782)	0.434
职位级别	-0.102** (-2.070)	0.039	-0.036 (-0.792)	0.429
婚姻状况	0.090* (1.715)	0.087	0.060 (1.244)	0.214
公司工龄	-0.136** (-2.282)	0.023	-0.071 (-1.294)	0.196
雇主品牌			0.407*** (9.682)	0.000
F值 (P值)	2.315 (0.033)		15.748 (0.000)	
R^2	0.027		0.183	
R^2_{adj}	0.016		0.171	
ΔR^2			0.155	

注：①预测变量为雇主品牌，控制变量为性别、年龄等；②因变量为自主需求；③* 表示 P<0.05，** 表示 P<0.01，*** 表示 P<0.001。

表5-27　雇主品牌与胜任需求的分层多元线性回归结果

变量	Beta（T值）	P值	Beta（T值）	P值
性别	-0.098** (-2.170)	0.030	-0.064 (-1.519)	0.129
年龄	-0.090 (-1.345)	0.179	-0.059 (-0.941)	0.347
学历	-0.003 (-0.059)	0.953	0.001 (0.022)	0.892
职位级别	-0.097** (-1.973)	0.049	-0.038 (-0.824)	0.410
婚姻状况	0.030 (0.579)	0.563	0.004 (0.072)	0.943
公司工龄	-0.030 (-0.510)	0.611	0.028 (0.490)	0.625
雇主品牌			0.364*** (8.494)	0.000
F值（P值）	1.986 (0.066)		12.255 (0.000)	
R^2	0.024		0.148	
$R^2_{adj.}$	0.012		0.136	
ΔR^2			0.124	

注：①预测变量为雇主品牌，控制变量为性别、年龄等；②因变量为胜任需求；③ * 表示 P<0.05，** 表示 P<0.01，*** 表示 P<0.001。

表5-28　雇主品牌与关系需求的分层多元线性回归结果

变量	Beta（T值）	P值	Beta（T值）	P值
性别	0.017 (0.381)	0.703	0.062 (1.568)	0.117
年龄	0.086 (1.286)	0.199	0.127* (2.173)	0.030
学历	-0.076 (-1.696)	0.091	-0.071 (-1.810)	0.071
职位级别	0.062 (1.255)	0.210	0.141** (3.224)	0.001
婚姻状况	0.107* (2.035)	0.042	0.071 (1.532)	0.126
公司工龄	-0.108 (-1.817)	0.070	-0.030 (0.578)	0.564
雇主品牌			0.490*** (12.173)	0.000
F值（P值）	2.161 (0.045)		23.576 (0.000)	
R^2	0.026		0.251	
$R^2_{adj.}$	0.014		0.241	
ΔR^2			0.227	

注：①预测变量为雇主品牌，控制变量为性别、年龄等；②因变量为关系需求；③ * 表示 P<0.05，** 表示 P<0.01，*** 表示 P<0.001。

通过雇主品牌与自主需求、胜任需求和关系需求的回归结果，可以看出雇主品牌对自主需求、胜任需求和关系需求有显著的正向影响，标准化回归系数分别为 β = 0.407（P = 0.000），β = 0.364（P = 0.000），β = 0.490（P = 0.000），拒绝回归系数为 0 的假设，即验证了假设 H2a，H2b，H2c。从回归系数大小来看，雇主品牌与关系需求的回归系数略高于其他两种需求，这说明雇主品牌的建设和维护更有利于员工满足关系方面的需求。

5.3.3 基本心理需求与员工留任之间的关系

假设 H3：基本心理需求与员工留任正相关。H3a：自主需求与工作倦怠负相关。H3b：自主需求与离职倾向负相关。H3c：自主需求与组织忠诚正相关。H3d：胜任需求与工作倦怠负相关。H3e：胜任需求与离职倾向负相关。H3f：胜任需求与组织忠诚正相关。H3g：关系需求与工作倦怠正相关。H3h：关系需求与离职倾向负相关。H3i：关系需求与组织忠诚正相关。我们运用多元线性回归检验以上假设。

1. 基本心理需求对员工留任的回归检验

基本心理需求与员工留任的分层多元线性回归结果如表 5-29 所示。

表 5-29　基本心理需求与员工留任的分层多元线性回归结果

变量	Beta（T 值）	P 值	Beta（T 值）	P 值
性别	-0.013（-0.293）	0.770	0.025（0.676）	0.500
年龄	0.055（0.828）	0.408	0.100（1.850）	0.065
学历	-0.069（-1.544）	0.123	-0.055（1.529）	0.127
职位级别	0.008（0.158）	0.874	0.089*（2.211）	0.027
婚姻状况	0.111*（2.119）	0.035	0.054（1.279）	0.201
公司工龄	-0.156**（-2.612）	0.009	-0.130**（-2.701）	0.007
基本心理需求			0.593***（16.286）	0.000
F 值（P 值）	2.198（0.042）		40.786（0.000）	
R^2	0.026		0.367	
$R^2_{adj.}$	0.014		0.358	
ΔR^2			0.341	

注：①预测变量为关系需求，控制变量为性别、年龄等；②因变量为离职倾向；③* 表示 P<0.05，** 表示 P<0.01，*** 表示 P<0.001；④VIF<3。

假设 H3：基本心理需求与员工留任正相关。对此假设进行检验，首先作出两者的散点图，分别以基本心理需求、员工留任为纵、横坐标。经过观察，我们发现雇主品牌与基本心理需求之间基本呈线性关系，随后对两者进行线性回归。回归方程结果表明，模型较好地解释了样本数据对员工留任的影响（F=40.786，P=0.000，R2=0.367）。回归系数显著（β=0.593，P=0.000），表明基本心理需求对员工留任的影响呈显著正相关关系。因此，假设 H3 得到验证。接下来，我们以基本心理需求的各个维度为自变量，分别检验其与员工留任各维度之间的关系。

2. 基本心理需求各维度对员工留任各位维度的回归检验

自主需求与工作倦怠的分层多元线性回归结果如表 5-30 所示。

表 5-30　　自主需求与工作倦怠的分层多元线性回归结果

变量	Beta（T值）	P值	Beta（T值）	P值
性别	-0.044（-0.978）	0.329	-0.032（-0.766）	0.444
年龄	-0.017（-0.249）	0.803	-0.023（-0.365）	0.715
学历	0.010（0.214）	0.831	0.022（0.528）	0.598
职位级别	-0.077（-1.556）	0.120	-0.041（-0.884）	0.377
婚姻状况	0.097（1.853）	0.064	0.066（1.333）	0.383
公司工龄	-0.127**（-2.134）	0.033	-0.080（-1.418）	0.157
自主需求			-0.350***（8.269）	0.000
F值（P值）	1.908（0.078）		11.627（0.000）	
R^2	0.023		0.142	
$R^2_{adj.}$	0.011		0.130	
ΔR^2			0.119	

注：①预测变量为雇主品牌，控制变量为性别、年龄等；②因变量为组织忠诚；③* 表示 P<0.05，** 表示 P<0.01，*** 表示 P<0.001；④VIF<3。

自主需求与离职倾向的分层多元线性回归结果如表 5-31 所示。

表 5-31　　自主需求与离职倾向的分层多元线性回归结果

变量	Beta（T值）	P值	Beta（T值）	P值
性别	-0.011（-0.235）	0.815	0.003（0.082）	0.935
年龄	0.066（0.988）	0.324	0.058（0.963）	0.336
学历	-0.106*（-2.373）	0.018	-0.091**（-2.237）	0.026
职位级别	0.027（0.544）	0.586	0.069（1.540）	0.124
婚姻状况	0.078（1.485）	0.138	0.040（0.844）	0.399
公司工龄	-0.163**（-2.742）	0.006	-0.107*（-1.958）	0.051

表5-31（续）

变量	Beta（T值）	P值	Beta（T值）	P值
自主需求			-0.416*** （10.173）	0.000
F值（P值）	2.588（0.018）		17.462（0.000）	
R^2	0.031		0.199	
$R^2_{adj.}$	0.019		0.188	
ΔR^2			0.169	

注：①预测变量为雇主品牌，控制变量为性别、年龄等；②因变量为工作倦怠；③*表示P<0.05，**表示P<0.01，***表示P<0.001；④VIF<3。

自主需求与组织忠诚的分层多元线性回归结果如表5-32所示。

表5-32　自主需求与组织忠诚的分层多元线性回归结果

变量	Beta（T值）	P值	Beta（T值）	P值
性别	0.017（0.381）	0.703	0.031（0.765）	0.444
年龄	0.086（1.286）	0.199	0.078（1.293）	0.197
学历	-0.076（-1.696）	0.091	-0.061（-1.492）	0.136
职位级别	0.062（1.255）	0.210	0.105**（2.337）	0.020
婚姻状况	0.107*（2.035）	0.042	0.069（1.440）	0.150
公司工龄	-0.108（-1.817）	0.070	-0.051（-0.935）	0.350
自主需求			0.423***（10.341）	0.000
F值（P值）	2.161（0.045）		17.526（0.000）	
R^2	0.026		0.200	
$R^2_{adj.}$	0.014		0.188	
ΔR^2			0.174	

注：①预测变量为雇主品牌，控制变量为性别、年龄等；②因变量为离职倾向；③*表示P<0.05，**表示P<0.01，***表示P<0.001；④VIF<3。

通过自主需求与工作倦怠、离职倾向、组织忠诚的回归结果，可以看出自主需求对工作倦怠、离职倾向、组织忠诚有显著的正向影响。标准化回归系数分别为β=-0.350（P=0.000），β=-0.416（P=0.000），β=0.423（P=0.000），拒绝回归系数为0的假设，即自主需求与工作倦怠和离职倾向负相关，与组织忠诚正相关，从而假设H3a、H3b、H3c得到验证。从影响程度即标准化系数大小来看，自主需求对组织忠诚影响最大，其次是离职倾向，最后是工作倦怠。

胜任需求与工作倦怠的分层多元线性回归结果如表 5-33 所示。

表 5-33　胜任需求与工作倦怠的分层多元线性回归结果

变量	Beta（T 值）	P 值	Beta（T 值）	P 值
性别	0.011（0.235）	0.815	0.007（0.164）	0.870
年龄	−0.066（−0.988）	0.324	−0.098（−1.554）	0.121
学历	0.106*（2.373）	0.018	0.103*（2.446）	0.015
职位级别	−0.027（−0.544）	0.586	−0.057（−1.235）	0.217
婚姻状况	−0.078（−1.485）	0.138	−0.051（−1.031）	0.303
公司工龄	0.163**（2.742）	0.006	0.190***（3.376）	0.001
胜任需求			−0.333***（−7.884）	0.000
F 值（P 值）	2.588（0.018）		11.374（0.000）	
R^2	0.031		0.139	
$R^2_{adj.}$	0.019		0.127	
ΔR^2			0.108	

注：①预测变量为胜任需求，控制变量为性别、年龄等；②因变量为工作倦怠；③*表示 P<0.05，**表示 P<0.01，***表示 P<0.001；④VIF<3。

胜任需求与离职倾向的分层多元线性回归结果如表 5-34 所示。

表 5-34　胜任需求与离职倾向的分层多元线性回归结果

变量	Beta（T 值）	P 值	Beta（T 值）	P 值
性别	−0.017（−0.381）	0.703	0.021（−0.497）	0.619
年龄	−0.086（−1.286）	0.199	−0.120（−1.911）	0.057
学历	0.076（1.696）	0.091	0.073（1.736）	0.083
职位级别	−0.062（−1.255）	0.210	−0.094*（−2.037）	0.042
婚姻状况	−0.107*（−2.035）	0.042	−0.078（−1.595）	0.111
公司工龄	0.108（1.817）	0.070	0.137*（2.439）	0.015
胜任需求			−0.352***（−8.377）	0.000
F 值（P 值）	2.161（0.045）		12.138（0.000）	
R^2	0.026		0.147	
$R^2_{adj.}$	0.014		0.135	
ΔR^2			0.122	

注：①预测变量为胜任需求，控制变量为性别、年龄等；②因变量为离职倾向；③*表示 P<0.05，**表示 P<0.01，***表示 P<0.001；④VIF<3。

胜任需求与组织忠诚的分层多元线性回归结果如表 5-35 所示。

表 5-35　　胜任需求与组织忠诚的分层多元线性回归结果

变量	Beta（T 值）	P 值	Beta（T 值）	P 值
性别	-0.044（-0.978）	0.329	-0.040（-0.952）	0.341
年龄	-0.017（-0.249）	0.803	0.016（0.257）	0.797
学历	0.010（0.214）	0.831	0.013（0.299）	0.765
职位级别	-0.077（-1.556）	0.120	-0.045（-0.972）	0.332
婚姻状况	0.097（1.853）	0.064	0.070（1.412）	0.159
公司工龄	-0.127*（-2.134）	0.033	-0.155**（-2.750）	0.006
胜任需求			0.341***（8.079）	0.000
F 值（P 值）	1.908（0.078）		11.173（0.000）	
R^2	0.023		0.137	
$R^2_{adj.}$	0.011		0.125	
ΔR^2			0.114	

注：①预测变量为胜任需求，控制变量为性别、年龄等；②因变量为组织忠诚；③ * 表示 P<0.05，** 表示 P<0.01，*** 表示 P<0.001；④VIF<3。

从以上的回归结果可以看出，胜任需求对工作倦怠、离职倾向显著负向影响，对组织忠诚有显著的正向影响。标准化回归系数分别为 β = -0.333（P = 0.000），β = -0.352（P = 0.000），β = 0.341（P = 0.000），从而假设 H3d，H3e，H3f 得到验证。从回归系数大小来看，也就是从影响程度大小来看，胜任需求对离职倾向影响最大，对组织忠诚和工作倦怠的影响次之。

关系需求与工作倦怠的分层多元线性回归结果如表 5-36 所示。

表 5-36　　关系需求与工作倦怠的分层多元线性回归结果

变量	Beta（T 值）	P 值	Beta（T 值）	P 值
性别	0.011（0.235）	0.815	-0.019（-0.444）	0.657
年龄	-0.066（-0.988）	0.324	-0.093（-1.463）	0.144
学历	0.106*（2.373）	0.018	0.105*（2.470）	0.014
职位级别	-0.027（-0.544）	0.586	0.056（-1.196）	0.232
婚姻状况	-0.078（-1.485）	0.138	-0.068（-1.372）	0.171
公司工龄	0.163**（2.742）	0.006	0.154**（2.713）	0.007

表5-36(续)

变量	Beta (T值)	P值	Beta (T值)	P值
关系需求			-0.303*** (-7.085)	0.000
F值 (P值)	2.588 (0.018)		9.611 (0.000)	
R^2	0.031		0.120	
$R^2_{adj.}$	0.019		0.108	
ΔR^2			0.090	

注：①预测变量为关系需求，控制变量为性别、年龄等；②因变量为工作倦怠；③* 表示 P<0.05，** 表示 P<0.01，*** 表示 P<0.001；④VIF<3。

关系需求与离职倾向的分层多元线性回归结果如表5-37所示。

表5-37　关系需求与离职倾向的分层多元线性回归结果

变量	Beta (T值)	P值	Beta (T值)	P值
性别	-0.017 (-0.381)	0.703	-0.049 (-1.144)	0.253
年龄	-0.086 (-1.286)	0.199	-0.115 (-1.818)	0.070
学历	0.076 (1.696)	0.091	0.075 (1.771)	0.077
职位级别	-0.062 (-1.255)	0.210	-0.093* (-1.996)	0.046
婚姻状况	-0.107* (02.035)	0.042	-0.097 (-1.951)	0.052
公司工龄	0.108 (1.817)	0.070	0.098 (1.744)	0.082
关系需求			-0.325*** (-7.635)	0.000
F值 (P值)	2.161 (0.045)		10.396 (0.000)	
R^2	0.026		0.129	
$R^2_{adj.}$	0.014		0.116	
ΔR^2			0.103	

注：①预测变量为关系需求，控制变量为性别、年龄等；②因变量为离职倾向；③* 表示 P<0.05，** 表示 P<0.01，*** 表示 P<0.001；④VIF<3。

关系需求与组织忠诚的分层多元线性回归结果如表5-38所示。

表5-38　关系需求与组织忠诚的分层多元线性回归结果

变量	Beta (T值)	P值	Beta (T值)	P值
性别	-0.044 (-0.978)	0.329	-0.010 (-0.235)	0.815

表5-38(续)

变量	Beta（T值）	P值	Beta（T值）	P值
年龄	-0.017（-0.249）	0.803	0.015（0.234）	0.815
学历	0.010（0.214）	0.831	0.010（0.250）	0.803
职位级别	-0.077（-1.556）	0.120	-0.043（-0.921）	0.357
婚姻状况	0.097（1.853）	0.064	0.087（1.760）	0.079
公司工龄	-0.127*（-2.134）	0.033	-0.117*（-2.085）	0.038
关系需求			0.349***（8.250）	0.000
F值（P值）	1.908（0.078）		11.580（0.000）	
R^2	0.023		0.141	
$R^2_{adj.}$	0.011		0.129	
ΔR^2			0.119	

注：①预测变量为关系需求，控制变量为性别、年龄等；②因变量为组织忠诚；③* 表示 P<0.05，** 表示 P<0.01，*** 表示 P<0.001；④VIF<3。

以上回归方程结果表明，关系需求对工作倦怠、离职倾向显著负向影响，对组织忠诚有显著的正向影响。标准化回归系数分别为 β=-0.303（P=0.000），β=-0.325（P=0.000），β=0.349（P=0.000），从而假设 H3h、H3i、H3g 得到验证。从影响程度即标准化系数大小来看，关系需求对组织忠诚影响最大。

5.3.4 基本心理需求的中介作用

1. 中介效应检验简介

中介变量和调节变量一直到20世纪80年代才由研究者 Baron 作为研究方法提出。Baron 指出调节与中介不同，并将两者加以区分。① 早期的研究，很多都是以变量之间的直接相关关系为基础的，随着研究的深入，学者们希望从基本的相关关系和因果关系背后，挖出其中的影响机制以及在不同条件下相互关系的变化。而中介变量和调节变量的引入，都是为了在原有的两个变量关系基础之上的进一步研究，它们使得自变量与因变量之间的关系链更加清晰和完善，不仅解释了隐藏的变量关系之间的作用机制，也挖掘了关系的适用条件。

---

① BARON R M, KENNY D A. The moderator-mediator variable distinction in social psychological research: Conceptual, strategic, and statistical considerations [J]. Journal of personality and Social Psychology, 1986 (51): 173-1182.

中介变量和调节变量是有所不同的，中介变量解释在自变量变化和因变量随之变化中间发生了什么，也就是说，中介变量解释关系背后的作用机制，而调节变量解释的是一个关系在不同条件下是否会有所变化。但是两者也存在相似的地方，就是都能够帮助发展我们已有的理论。调节变量使理论对变量间关系的解释更加精细，中介变量通过解释变量之间发生的机制，从而也对理论的发展做出贡献。所以，两者虽然侧重有所不同，但都是研究的重要组成部分。

将中介和调节变量引入模型，将使得模型更加丰富，更具研究意义。本研究引入中介变量——基本心理需求是为了探索雇主品牌是如何影响员工留任的，即：雇主品牌影响基本心理需求，基本心理需求影响员工留任，雇主品牌通过基本心理需求影响员工留任。其次，本研究引入中介变量——基本心理需求，也是为了进一步探索雇主品牌与员工留任关系之间的内部作用机制。中介的引入，为组织提供了管理的实践证据，让组织意识到，雇主品牌对于员工留任的影响，会受到员工心理需求的影响，所以，组织在企业的管理中，不能一味地关注雇主品牌的建设，还要注重对员工心理需求的把握。

简单地说，在研究中，自变量 X 影响因变量 Y，并且 X 通过中间变量 M 来影响 Y，M 称之为中介变量。[①] 在实际研究中，根据温忠麟（2004）的建议，我们对中介效应的检验程序如图 5-1、图 5-2 所示。

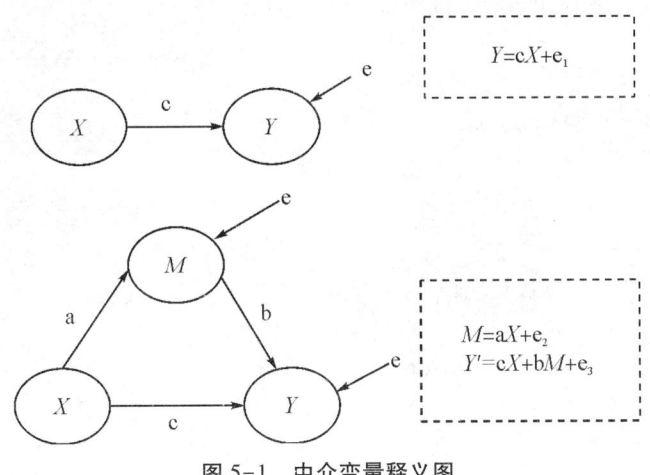

$$Y = cX + e_1$$

$$M = aX + e_2$$
$$Y' = cX + bM + e_3$$

图 5-1　中介变量释义图

[①] 温忠麟，张雷，侯杰泰，等. 中介效应检验程序及其应用 [J]. 心理学报，2004，36 (5)：614-620.

图 5-2 中介效应的检验程序

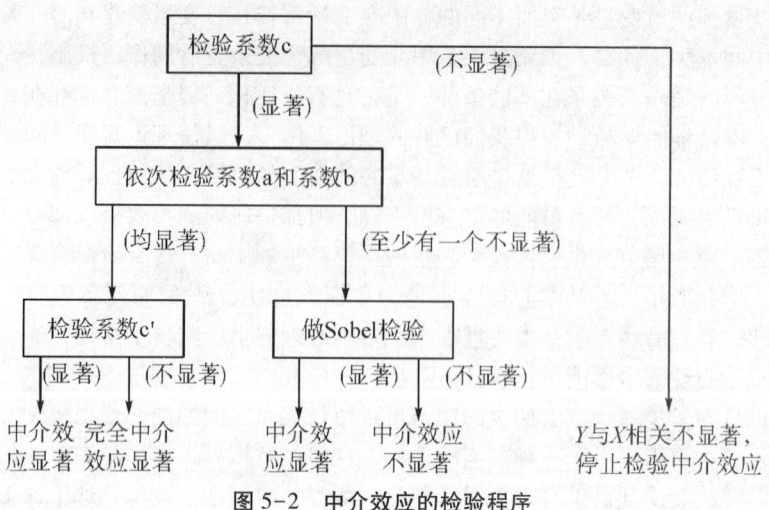

2. 基本心理需求在雇主品牌与员工留任之间的中介效应检验

本部分拟检验基本心理需求在雇主品牌与员工留任之间的中介效应。为了将变量之间的关系以及需要估计的参数展示得更加明了，首先列出各变量之间的关系及检验方程式如图 5-3 所示。

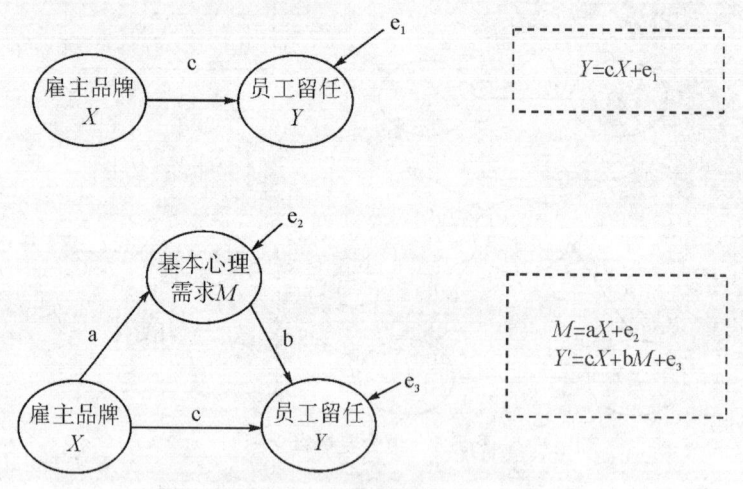

$$Y = cX + e_1$$

$$M = aX + e_2$$
$$Y' = cX + bM + e_3$$

图 5-3 基本心理需求的中介效应检验图

（1）基本心理需求的中介效应检验

本部分对中介效应的检验采用的是上文中介绍的分步骤检验方法。为保证模型估计结果准确，我们需要在多元线性回归之前，检验自变量及中介变量之间是否存在多重共线性。简单的相关系数检验法是根据变量之间的线性相关程度来检验多重共线的一种较为简便的方法。一般而言,如果变量间相关系数大于0.8,说明两变量之间高度相关,可以认为存在较为严重的多重共线性。根据前文中相关系数矩阵(表5-2)的情况来看,"雇主品牌"与"自主需求""关系需求""胜任需求"之间的相关系数在0.3至0.5之间,说明它们之间不存在严重的多重共线性。由于简单的相关系数法只能初步地进行判断,不能衡量出其程度,所以我们利用方差膨胀因子进一步分析变量间是否存在多重共线性及其程度。方差膨胀因子越大,则变量之间的多重共线性越严重。经验表明,方差膨胀因子小于10时,可认为不存在多重共线性或者说其共线程度不会影响回归参数估计的准确性。本研究将雇主品牌与基本心理需求及其维度进行方差膨胀因子计算,计算结果表明,雇主品牌、基本心理需求及其维度的方差膨胀因子均小于3,说明变量之间不存在多重共线性,可以做回归分析。

根据温忠麟等(2004)提出的中介效应检验程序,我们采取 Enter 法进行回归。回归结果见表5-39所示。

表5-39 基本心理需求的中介效应回归分析
(雇主品牌—员工留任)

变量	员工留任 模型1—1	基本心理需求 模型1—2	员工留任 模型1—3
性别	0.054(1.713)	−0.015(−0.399)	0.059*(2.001)
年龄	0.117*(2.518)	−0.030(−0.530)	0.126**(2.919)
学历	−0.062*(−1.984)	−0.018(−0.477)	−0.056(−1.944)
职位级别	0.126***(3.622)	−0.051(−1.206)	0.141***(4.370)
婚姻状况	0.057(1.565)	0.057(1.272)	0.040(1.174)
公司工龄	−0.040(−0.945)	0.040(0.781)	−0.052(−1.327)
雇主品牌	0.730***(22.854)[c]	0.525***(13.393)[a]	0.572***(16.473)[c′]
基本心理需求			0.302***(8.840)[b]
F(P 值)	78.492(0.000)	28.531(0.000)	89.216(0.000)
R^2	0.528	0.289	0.592
ΔR^2			0.064

注:表中所列数据为标准化回归系数,括号内为对应的 T 值;VIF<3。

雇主品牌对员工留任的总效应,即路径 c 的标准回归系数显著(β=0.730,P<0.001)。以基本心理需求为因变量、以雇主品牌为自变量进行回归分析,得到路径 a 显著(β=0.525,P<0.001)。以雇主品牌、基本心理需求

为预测变量，以员工留任为因变量的回归结果中，路径系数 b 显著（β = 0.302，P<0.05），同时得到雇主品牌对员工留任的标准回归系数 c′ 显著（β = 0.572，P<0.05）。以下各变量之间的检验方法类似，不再赘述。根据检验程序，中介效应为 0.159（a×b），中介效应占总效应的比例为 21.7%，基本心理需求在雇主品牌与员工留任之间起部分中介作用，解释了雇主品牌与员工留任之间的部分作用机理。雇主品牌、基本心理需求、员工留任之间的作用机理模型如图 5-4 所示。

图 5-4 雇主品牌、基本心理需求、员工留任之间的作用机理模型

下面分别检验基本心理需求的三个子维度在雇主品牌与员工留任的三个子维度之间的中介效应。

（2）自主需求的中介效应回归分析（雇主品牌—工作倦怠）

自主需求在雇主品牌与工作倦怠间的中介效应回归结果如表 5-40 所示。

表 5-40　　　　自主需求的中介效应回归分析
（雇主品牌—工作倦怠）

变量	工作倦怠	自主需求	工作倦怠
	模型 1—1	模型 1—2	模型 1—3
性别	−0.044(−1.191)	0.004(0.098)	0.043(1.203)
年龄	−0.116*(−2.135)	0.052(0.855)	−0.104*(−1.981)
学历	0.100**(2.754)	−0.032(−0.782)	0.093**(2.639)
职位级别	−0.122**(−3.017)	−0.036(−0.792)	−0.130***(−3.310)
婚姻状况	−0.034(−0.801)	0.060(1.244)	−0.021(−0.508)
公司工龄	0.069(1.419)	−0.071(−1.294)	0.054(1.131)
雇主品牌	−0.590*** (−15.848)[c]	0.407*** (9.682)[a]	−0.501*** (−12.714)[c′]
自主需求			−0.219*** (−5.652)[b]
F(P 值)	39.224(0.000)	15.748(0.000)	40.473(0.000)

表5-40(续)

变量	工作倦怠 模型 1—1	自主需求 模型 1—2	工作倦怠 模型 1—3
R^2	0.358	0.183	0.397
ΔR^2			0.039

注：表中所列数据为标准化回归系数，括号内为对应的T值；VIF<3。

由表 5-40 可见，回归系数 c（β=-0.590，P<0.001）、系数 a（β=0.407，P<0.001）、系数 b（β=-0.219，P<0.05）都是显著的，同时可知雇主品牌对工作倦怠的标准回归系数 c′显著（β=-0.501，P<0.05）。根据检验程序，中介效应为 0.089（a×b），中介效应占总效应的比例为 15.1%，自主需求在雇主品牌与工作倦怠之间起部分中介作用。雇主品牌、自主需求、工作倦怠之间的作用机理模型如图 5-5 所示。

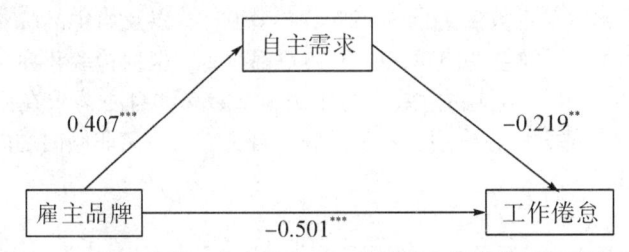

图 5-5　雇主品牌、自主需求、工作倦怠之间的作用机理模型

（3）自主需求的中介效应回归分析（雇主品牌—离职倾向）

自主需求在雇主品牌与离职倾向间的中介效应回归结果如表 5-41 所示。

表 5-41　自主需求的中介效应回归分析
（雇主品牌—离职倾向）

变量	离职倾向 模型 1—1	自主需求 模型 1—2	离职倾向 模型 1—3
性别	-0.062(-1.568)	0.004(0.098)	-0.061(-1.606)
年龄	-0.127*(-2.173)	0.052(0.855)	-0.113*(2.008)
学历	0.071(1.810)	-0.032(-0.782)	0.062(1.652)
职位级别	-0.141***(-3.224)	-0.036(-0.792)	-0.151***(-3.596)
婚姻状况	-0.071(-1.532)	0.060(1.244)	-0.054(-1.224)
公司工龄	0.030(0.578)	-0.071(-1.294)	0.011(0.216)

表5-41(续)

变量	离职倾向	自主需求	离职倾向
	模型1—1	模型1—2	模型1—3
雇主品牌	-0.490*** (-12.173)[c]	0.407*** (9.682)[a]	-0.378*** (-8.984)[c']
自主需求			-0.274*** (-6.622)[b]
F(P值)	23.576(0.000)	15.748(0.000)	27.907(0.000)
R^2	0.251	0.183	0.313
ΔR^2			0.062

注：表中所列数据为标准化回归系数，括号内为对应的T值；VIF<3。

从表5-41可以看出，回归系数c（β=-0.490，P<0.001）、系数a（β=0.407，P<0.001）、系数b（β=-0.274，P<0.05），以及雇主品牌对离职倾向的标准回归系数c'（β=-0.378，P<0.05）都显著。根据检验程序，中介效应为0.11（a×b），中介效应占总效应的比例为22.8%，自主需求在雇主品牌与离职倾向之间起部分中介作用。雇主品牌、自主需求、离职倾向之间的作用机理模型如图5-6所示。

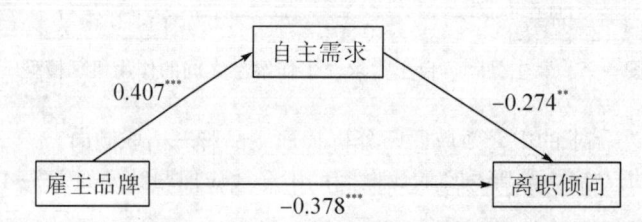

图5-6 雇主品牌、自主需求、离职倾向之间的作用机理模型

（4）自主需求的中介效应回归分析（雇主品牌—组织忠诚）

自主需求在雇主品牌与组织忠诚间的中介效应回归结果如表5-42所示。

表5-42　　自主需求的中介效应回归分析
（雇主品牌—组织忠诚）

变量	组织忠诚	自主需求	组织忠诚
	模型1—1	模型1—2	模型1—3
性别	0.029(1.040)	0.004(0.098)	0.029(1.035)
年龄	0.051(1.227)	0.052(0.855)	0.049(1.173)

表5-42(续)

变量	组织忠诚 模型1—1	自主需求 模型1—2	组织忠诚 模型1—3
学历	0.017(0.624)	−0.032(−0.782)	0.019(0.674)
职位级别	0.052(1.679)	−0.036(−0.792)	0.054(1.730)
婚姻状况	0.039(1.176)	0.060(1.244)	0.036(1.096)
公司工龄	−0.001(−0.014)	−0.071(−1.294)	0.003(0.068)
雇主品牌	0.798***(27.904)[c]	0.407***(9.682)[a]	0.780***(25.036)[c']
自主需求			0.043(1.408)[b]
F(P值)	115.446(0.000)	15.748(0.000)	101.465(0.000)
R^2	0.622	0.183	0.623
ΔR^2			0.001

注：表中所列数据为标准化回归系数，括号内为对应的T值；VIF<3。

从表5-42中可以看出，系数c（β=0.798，P<0.001）、系数a（β=0.407，P<0.001）显著，然而以雇主品牌、自主需求为预测变量，以组织忠诚为因变量的回归结果中，路径系数b不显著，故自主需求在雇主品牌与组织忠诚之间的中介效应不存在。

（5）胜任需求的中介效应回归分析（雇主品牌—工作倦怠）

胜任需求在雇主品牌与工作倦怠之间的中介效应的回归结果如表5-43所示。

表5-43　　　胜任需求的中介效应回归分析
（雇主品牌—工作倦怠）

变量	工作倦怠 模型1—1	胜任需求 模型1—2	工作倦怠 模型1—3
性别	−0.044(−1.191)	0.021(0.502)	−0.041(−1.119)
年龄	−0.116*(−2.135)	−0.066(−1.052)	−0.126*(−2.354)
学历	0.100**(2.754)	−0.005(−0.129)	0.099**(2.773)
职位级别	−0.122**(−3.017)	−0.036(−0.758)	−0.127***(−3.197)
婚姻状况	−0.034(−0.801)	0.054(1.098)	−0.026(−0.615)
公司工龄	0.069(1.419)	0.136*(2.392)	0.090(1.860)

表5-43(续)

变量	工作倦怠 模型1—1	胜任需求 模型1—2	工作倦怠 模型1—3
雇主品牌	-0.590***(-15.848)[c]	0.350***(8.098)[a]	-0.537***(-13.742)[c']
胜任需求			-0.153***(-3.993)[b]
F(P值)	39.224(0.000)	10.781(0.000)	37.357(0.000)
R^2	0.358	0.133	0.378
ΔR^2			0.020

注：表中所列数据为标准化回归系数，括号内为对应的T值；VIF<3。

从表5-43可知，系数c（β=-0.590，P<0.001）、系数a（β=0.350，P<0.001）、系数b（β=-0.153，P<0.05）都显著，同时雇主品牌对工作倦怠的标准回归系数c'（β=-0.537，P<0.05）也是显著的。根据检验程序，中介效应为-0.054（a×b），中介效应占总效应的比例为9.1%，胜任需求在雇主品牌与工作倦怠之间起部分中介作用，假设H3d得证。雇主品牌、胜任需求、工作倦怠之间的作用机理模型如图5-7所示。

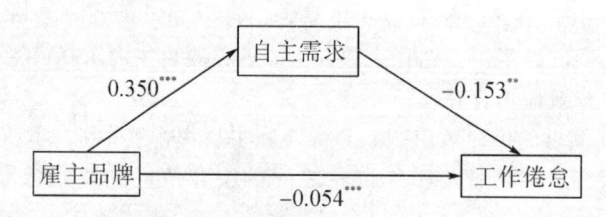

图5-7 雇主品牌、胜任需求、工作倦怠之间的作用机理模型

（6）胜任需求的中介效应回归分析（雇主品牌—离职倾向）

胜任需求在雇主品牌与离职倾向间的回归结果如表5-44所示。

表5-44 胜任需求的中介效应回归分析
（雇主品牌—离职倾向）

变量	离职倾向 模型1—1	胜任需求 模型1—2	离职倾向 模型1—3
性别	-0.062(-1.568)	0.021(0.502)	-0.058(-1.491)
年龄	-0.127*(-2.173)	-0.066(-1.052)	-0.141*(-2.474)
学历	0.071(1.810)	-0.005(-0.129)	0.070(1.827)
职位级别	-0.141***(-3.224)	-0.036(-0.758)	-0.148***(-3.484)

表5-44(续)

变量	离职倾向 模型1—1	胜任需求 模型1—2	离职倾向 模型1—3
婚姻状况	-0.071(-1.532)	0.054(-1.098)	-0.059(1.313)
公司工龄	0.030(0.578)	0.136*(2.392)	0.059(1.147)
雇主品牌	-0.490*** (-12.173)[c]	0.350*** (8.098)[a]	-0.415*** (-9.949)[c']
胜任需求			-0.213*** (-5.205)[b]
F(P值)	23.576(0.000)	10.781(0.000)	25.110(0.000)
R^2	0.251	0.133	0.290
ΔR^2			0.039

注：表中所列数据为标准化回归系数，括号内为对应的T值；VIF<3。

从表5-44中可以看出，回归系数 c（β=-0.490，P<0.001）、系数 a（β=0.350，P<0.001）、系数 b（β=-0.213，P<0.05）都是显著的，同时雇主品牌对离职倾向的标准回归系数 c'（β=-0.415，P<0.05）也显著。根据检验程序，中介效应为0.074（a×b），中介效应占总效应的比例为15.2%，胜任需求在雇主品牌与离职倾向之间起部分中介作用，假设H3e成立。雇主品牌、胜任需求、离职倾向之间的作用机理模型如图5-8所示。

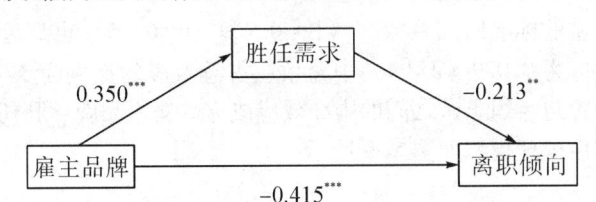

图5-8 雇主品牌、胜任需求、离职倾向之间的作用机理模型

（7）胜任需求的中介效应回归分析（雇主品牌—组织忠诚）

胜任需求的中介效应在雇主品牌与组织忠诚间的回归结果如表5-45所示。

表 5-45　　　　　　胜任需求的中介效应回归分析
（雇主品牌—组织忠诚）

变量	组织忠诚 模型 1—1	胜任需求 模型 1—2	组织忠诚 模型 1—3
性别	0.029(1.040)	0.021(0.502)	.028(.983)
年龄	0.051(1.227)	−0.066(−1.052)	.057(1.368)
学历	0.017(0.624)	−0.005(−.129)	.018(.645)
职位级别	0.052(1.679)	−.036(−.758)	.055(1.786)
婚姻状况	0.039(1.176)	.054(1.098)	.034(1.043)
公司工龄	−0.001(−0.014)	.136*(2.392)	−.012(−.317)
雇主品牌	0.798***(27.904)[c]	.350***(8.098)[a]	.769***(25.429)[c′]
胜任需求			.083**(2.819)[b]
F(P 值)	115.446(.000)	10.781(.000)	103.435(.000)
R^2	.622	.133	.628
ΔR^2			.006

注：表中所列数据为标准化回归系数，括号内为对应的 T 值；VIF<3。

从表 5-45 中可以看出，回归系数 c（β=0.798，P<0.001）、系数 a（β=0.350，P<0.001）以及系数 b（β=0.083，P<0.05）三者都显著，同时雇主品牌对组织忠诚的标准回归系数 c′（β=0.769，P<0.05）也显著。根据检验程序，中介效应为 0.029（a×b），中介效应占总效应的比例为 3.7%，故胜任需求在雇主品牌与组织忠诚之间的中介效应成立。雇主品牌、胜任需求、组织忠诚之间的作用机理模型如图 5-9 所示。

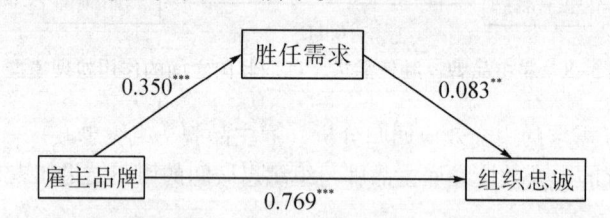

图 5-9　雇主品牌、胜任需求、组织忠诚之间的作用机理模型

(8) 关系需求的中介效应回归分析（雇主品牌—工作倦怠）

关系需求在雇主品牌与工作倦怠间的中介效应回归分析结果如表 5-46 所示。

表 5-46　　　关系需求的中介效应回归分析
（雇主品牌—工作倦怠）

变量	工作倦怠 模型 1—1	关系需求 模型 1—2	工作倦怠 模型 1—3
性别	-0.044(-1.191)	-0.064(-1.519)	-0.051(-1.391)
年龄	-0.116*(-2.135)	-0.059(-0.941)	-0.122*(-2.268)
学历	0.100**(2.754)	0.001(0.022)	0.100**(2.777)
职位级别	-0.122**(-3.017)	-0.038(-0.824)	-0.126**(-3.142)
婚姻状况	-0.034(-0.801)	0.004(0.072)	-0.034(-0.798)
公司工龄	0.069(1.419)	0.028(0.490)	0.072(1.491)
雇主品牌	-0.590*** (-15.848)[c]	0.364*** (8.494)[a]	-0.550*** (-13.892)[c']
关系需求			-0.110** (-2.833)[b]
F(P 值)	39.224(0.000)	12.255	35.815(0.000)
R^2	0.358	0.148	0.369
ΔR^2			0.011

注：表中所列数据为标准化回归系数，括号内为对应的 T 值；VIF<3。

从表 5-46 中可以看出，系数 c（β=-0.590，P<0.001）、系数 a（β=0.364，P<0.001）以及系数 b（β=-0.110，P<0.05）都显著，同时雇主品牌对工作倦怠的标准回归系数 c′（β=-0.550，P<0.05）也显著。根据检验程序，中介效应为 0.04（a×b），中介效应占总效应的比例为 6.7%，关系需求在雇主品牌与工作倦怠之间起部分中介作用。雇主品牌、关系需求、工作倦怠之间的作用机理模型如图 5-10 所示。

(9) 关系需求的中介效应回归分析（雇主品牌—离职倾向）

关系需求在雇主品牌与离职倾向间的中介效应回归分析结果如表 5-47 所示。

图 5-10 雇主品牌、关系需求、工作倦怠之间的作用机理模型

表 5-47 关系需求的中介效应回归分析
（雇主品牌—离职倾向）

变量	离职倾向 模型 1—1	关系需求 模型 1—2	离职倾向 模型 1—3
性别	-0.062(-1.568)	-0.064(-1.519)	-0.074(-1.880)
年龄	-0.127*(-2.173)	-0.059(-0.941)	-0.138*(-2.387)
学历	0.071(1.810)	0.001(0.022)	0.071(1.845)
职位级别	-0.141***(-3.224)	-0.038(-0.824)	-0.148***(-3.434)
婚姻状况	-0.071(-1.532)	0.004(0.072)	-0.070(-1.545)
公司工龄	0.030(0.578)	0.028(0.490)	0.035(0.681)
雇主品牌	-0.490*** (-12.173)[c]	0.364*** (8.494)[a]	-0.426*** (-10.050)[c']
关系需求			-0.176*** (-4.227)[b]
F(P 值)	23.576(0.000)	12.255	23.570(0.000)
R^2	0.251	0.148	0.277
ΔR^2			0.026

注：表中所列数据为标准化回归系数，括号内为对应的 T 值；VIF<3。

从表 5-47 中可以看出，系数 c（β=-0.490，P<0.001）、系数 a（β=0.364，P<0.001）以及系数 b（β=-0.176，P<0.05）都显著，同时雇主品牌对离职倾向的标准回归系数 c'（β=-0.426，P<0.05）也显著。根据检验程序，中介效应为 0.064（a×b），中介效应占总效应的比例为 13.1%，关系需求在雇主品牌与离职倾向之间起部分中介作用。雇主品牌、关系需求、离职倾向之间的作用机理模型如图 5-11 所示。

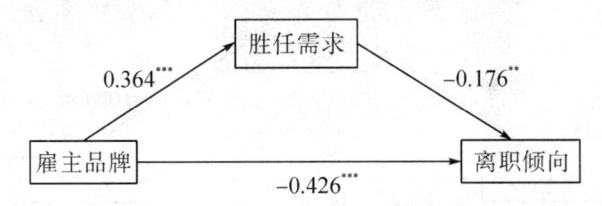

```
         胜任需求
   0.364***      -0.176**
雇主品牌  ────────→  离职倾向
         -0.426***
```

图 5-11　雇主品牌、关系需求、离职倾向之间的作用机理模型

（10）关系需求的中介效应回归分析（雇主品牌—组织忠诚）

关系需求在雇主品牌与组织忠诚间的中介效应回归分析结果如表 5-48 所示。

表 5-48　　　　　　关系需求的中介效应回归分析
（雇主品牌—组织忠诚）

变量	组织忠诚 模型 1—1	关系需求 模型 1—2	组织忠诚 模型 1—3
性别	0.029(1.040)	-0.064(-1.519)	0.034(1.224)
年龄	0.051(1.227)	-0.059(-0.941)	0.056(1.345)
学历	0.017(0.624)	0.001(0.022)	0.017(0.625)
职位级别	0.052(1.679)	-0.038(-0.824)	0.055(1.786)
婚姻状况	0.039(1.176)	0.004(0.072)	0.038(1.174)
公司工龄	-0.001(-0.014)	0.028(0.490)	-0.003(-0.073)
雇主品牌	0.798***(27.904)[c]	0.364***(8.494)[a]	0.769***(25.273)[c']
关系需求			0.079**(2.636)[b]
F(P 值)	115.446(0.000)	12.255	103.106(0.000)
R^2	0.622	0.148	0.627
ΔR^2			0.005

注：表中所列数据为标准化回归系数，括号内为对应的 T 值；VIF<3。

从表 5-48 中可以看出，回归系数 c（β=0.798，P<0.001）、系数 a（β=0.364，P<0.001）以及系数 b（β=0.079，P<0.05）都显著，同时雇主品牌对组织忠诚的标准回归系数 c′（β=0.769，P<0.05）也显著。根据检验程序，中介效应为 0.029（a×b），中介效应占总效应的比例为 3.7%，故关系需求在雇主品牌与组织忠诚之间的中介效应成立。雇主品牌、关系需求、组织忠诚之间的作用机理模型如图 5-12 所示。

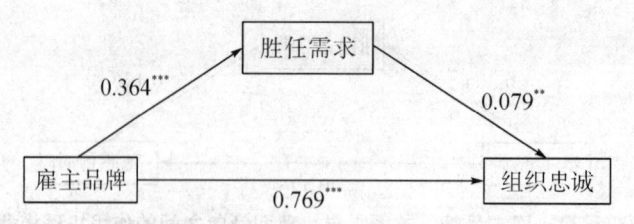

图 5-12　雇主品牌、关系需求、组织忠诚之间的作用机理模型

5.4　调节效应检验

简单地说，如果两个变量之间的关系（如 X 与 Y 之间的关系）受到另一个变量 M 的影响，那么变量 M 就是调节变量。① 含有调节变量的问题一般会这样陈述："在什么样的情况下"或者"对于什么样的人"，变量 X 能够更好地预测 Y，或者 X 对 Y 的影响是否有变化，是增强还是减弱。比如，Martins（2009）在研究工作—家庭冲突与职业满意度的关系中的调节变量时发现，性别不同，两者之间的关系也不同，对于女性来说这个关系在任何年龄段都是显著的，而对男性来说并不是都有相同的影响。这里，性别就作为一个调节变量，影响了自变量（工作—家庭冲突）与因变量（职业满意度）之间的关系。这种有调节变量的模型一般用图 5-13 表示。

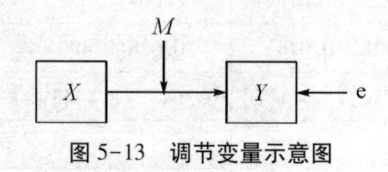

图 5-13　调节变量示意图

5.4.1　破坏性领导的调节作用检验

为验证假设 H5，我们分三步分别做变量之间的回归，检验特定回归系数是否显著。检验结果汇总如表 5-49 所示。

---

① 陈晓萍，徐淑英，樊景立. 组织与管理研究的实证方法 [M]. 北京：北京大学出版社，2012.

表 5-49　　　　　　破坏性领导对雇主品牌与
基本心理需求之间关系的调节效应

变量	基本心理需求		
	模型 1—1	模型 1—2	模型 1—3
性别	-0.064（-1.418）	-0.015（-0.399）	-0.005（-0.136）
年龄	-0.075（-1.125）	-0.030（-0.530）	-0.026（-0.465）
学历	-0.023（-0.524）	-0.018（-0.477）	-0.021（-0.564）
职位级别	-0.136（-2.771）	-0.051（-1.206）	-0.071（-1.738）
婚姻状况	0.096（1.831）	0.057（1.272）	0.059（1.355）
公司工龄	-0.043（-0.729）	0.040（0.781）	0.028（0.567）
雇主品牌		0.525***（13.393）	0.567***（14.806）
雇主品牌 X 破坏性领导			-0.238***（-6.353）
F（P值）	2.488（0.022）	28.531（0.000）	32.007（0.000）
R^2	0.029	0.289	0.343
ΔR^2		0.26	0.054

注：①表中的 b 值为标准化的回归系数；② * 表示 P<0.1，** 表示 P<0.05；③以上分析中变量均已做中心化处理，参考温忠麟的有中介的调节处理办法。

从回归结果发现，破坏性领导在雇主品牌和基本心理需求的关系中产生负向调节的作用（β=-0238，P=0.01），因此假设 H5 得到验证。即破坏性领导的影响越强，越会削弱雇主品牌对基本心理需求的正向影响。

5.4.2　工作—家庭支持的调节作用检验

为了检验假设 H6，我们运用统计分析软件进行层级回归分析，检验工作—家庭支持在基本心理需求和员工留任之间的调节作用，回归结果如表 5-50 所示。

表 5-50　　　　　　工作—家庭支持对基本心理需求与
员工留任之间关系的调节效应

变量	员工留任		
	模型 1—1	模型 1—2	模型 1—3
性别	-0.013（-0.293）	0.025（0.676）	0.025（0.702）

表5-50(续)

变量	员工留任		
	模型1—1	模型1—2	模型1—3
年龄	0.055 (0.828)	0.100 (1.850)	0.084 (1.590)
学历	-0.069 (-1.544)	-0.055 (-1.529)	-0.052 (-1.463)
职位级别	0.008 (0.158)	0.089* (2.211)	0.090* (2.287)
婚姻状况	0.111* (2.119)	0.054 (1.279)	0.053 (1.265)
公司工龄	-0.156** (-2.612)	-0.130** (-2.701)	-0.114* (-2.408)
基本心理需求		0.593*** (16.286)	0.562*** (15.376)
基本心理需求 X 工作—家庭支持			0.149*** (4.122)
F (P值)	2.198 (0.042)	40.786 (0.000)	38.972 (0.000)
R^2	0.026	0.367	0.388
ΔR^2		0.341	0.021

注：①表中的 b 值为标准化的回归系数；② * 表示 $P<0.1$，** 表示 $P<0.05$，*** 表示 $P<0.001$；③以上分析中变量均已做中心化处理；④因变量为员工留任。

从回归结果可知，工作—家庭支持在基本心理需求和员工留任的关系中产生正向调节的作用（$\beta = 0.149$，$P = 0.01$），因此假设 H6 得到验证。即：工作—家庭支持程度越高，越会强化员工基本心理需求对员工留任的正向影响。

5.5 研究假设检验结果汇总

研究假设检验结果汇总如表5-51所示。

表5-51 研究假设检验结果汇总表

假设序号	假设内容	是否得到支持
H1	雇主品牌对员工留任有正向影响	是
H1a	雇主品牌与组织忠诚正相关	是
H1b	雇主品牌与离职倾向负相关	是
H1c	雇主品牌与工作倦怠负相关	是

表5-51(续)

假设序号	假设内容	是否得到支持
H2	雇主品牌与基本心理需求正相关	是
H2a	雇主品牌与员工自主需求正相关	是
H2b	雇主品牌与员工胜任需求正相关	是
H2c	雇主品牌与员工关系需求正相关	是
H3	基本心理需求与员工留任正相关	是
H3a	自主需求与工作倦怠负相关	是
H3b	自主需求与离职倾向负相关	是
H3c	自主需求与组织忠诚正相关	否
H3d	胜任需求与工作倦怠负相关	是
H3e	胜任需求与离职倾向负相关	是
H3f	胜任需求与组织忠诚正相关	是
H3g	关系需求与工作倦怠正相关	是
H3h	关系需求与离职倾向负相关	是
H3i	关系需求与组织忠诚正相关	是
H4	基本心理需求在雇主品牌与员工留任之间起中介效应	是
H5	破坏性领导在雇主品牌与基本心理需求之间起调节作用	是
H6	工作—家庭支持在基本心理需求和员工留任之间起调节作用	是

6 结论与展望

本章根据前文的大样本实证分析结果，结合理论模型，探讨各构念之间的相关联系，剖析本研究的相关结论，针对所得出的结论提出相应的管理实践意义和启示，最后指出本研究的局限性并对后续研究进行展望。

6.1 研究结论与讨论

本研究依托自我决定理论、心理契约理论和社会交换理论，提出雇主品牌对员工留任的影响机制模型，比较深入地阐述了两者之间的关系及其作用机制与边界条件。研究发现，在无边界职业生涯时代，雇主品牌是影响员工留任的重要影响因素（是否有作用），初步阐述了雇主品牌对员工留任的内部作用机制（怎样起作用），进而揭示出员工做出不同选择的情境变量（何时起作用）。这些结论一定程度上丰富了雇主品牌与员工留任的研究内容，有助于后续相关研究的开展。

本研究针对雇主品牌、基本心理需求、员工留任等一系列相关问题，本着理论为实践提供支持的观念，紧密结合模型对本研究的假设检验，对本研究的假设检验在本土情境下进行进一步分析，得出以下结论：

（1）本研究检验人口学统计变量对相关变量及维度的影响程度。本研究通过对性别、婚姻状况、年龄、学历、职位级别和公司工龄等人口学统计变量的独立样本进行T检验和单因素方差分析检验，发现人口学统计变量对各变量及维度的影响显著，单位性质对各变量及维度的影响不显著。其中，性别对雇主品牌和基本心理需求中的关系需求有显著影响；从婚姻状况来看，未婚人员和已婚人员的离职倾向存在显著差异；在工作倦怠方面，处于26~30岁的员工产生工作倦怠的程度显著低于其他年龄阶段；在胜任需求方面，36~40岁的员工由于正处于职业上升的关键时期，因此其胜任需求明显高于其他年龄阶段的员工；从受教育程度来看，不同教育程度的员工在工作倦怠、组织忠诚、离职倾向、自主需求四方面存在显著差异；从职位级别来看，雇主品牌、破坏性领导、自主需求以及关系需求的显著性水平均在0.05以下。进一步研究发现，高层管理人员对破坏性领导的感知强于处于中层、基层的管理人员和普通员工，基层管理人员的关系需求显著高于普通员工；此外中层管理人员对于企业雇主品牌的感知显著高于普通员工；最后，因为中基层管理人员在企业组织中具有一定的职业地位，所以处于中层、基层职位的员工的自主需求显著高于普通员工。

（2）雇主品牌是员工留任的重要前因变量。我们从主效应分析，发现雇主品牌对员工留任具有正向预测作用；进一步分维度研究发现，雇主品牌和组织忠诚正相关，与离职倾向和工作倦怠负相关。因为本书将离职倾向和工作倦怠作为反向构念处理，所以第五部分研究假设得出的相关系数均为正值。

主效应的研究结果显示，雇主品牌显著影响员工留任意向及其行为，这一研究与 Backhaus 和 Tikoo（2004）、张宏（2014）的研究结论一致。从员工留任各维度的分效应看，雇主品牌正向显著影响员工的组织忠诚，负向显著影响员工的工作倦怠和离职倾向。这说明，雇主品牌是员工一种独特的雇佣体验以及传递雇佣价值的承诺（Versant，2011；Dave Lefkou，2001；Rogers, et al., 2003；Ann Zuo，2005；Hewitt，2005），员工基本心理需求的满足与雇佣体验和雇佣价值之间的良好匹配有助于促进员工留任。当然，企业塑造良好的雇主品牌需要大量的投资，但是组织不能只单向关注投入的成本，而更应关注良好的雇主品牌带来的长远价值，比如提高员工的组织认同感和组织自尊、加强内部人身份认知和组织公民行为，进而提升工作中的自我效能感和工作绩效，达到增强组织忠诚、减少工作倦怠和离职倾向的目的，最终促进员工留任。进一步，我们对员工留任进行分维度讨论：①就工作倦怠而言，彭凌川（2007）与白玉苓（2010）等的研究都证实良好的雇主品牌建设有利于减少工作中的倦怠，其管理实践意义在于组织应设法创建一个支持性的环境，减少员工的身心疲惫和工作倦怠。②就离职倾向而言，Kervin（1998）和 Liou（1998）研究发现，雇主品牌的建设能使员工产生满意感，而员工满意度又会对人员流动率产生影响，从而间接影响在职员工的离职倾向。本研究以中国员工为样本，进行本土化研究，结果显示雇主品牌与离职倾向的相关系数为 0.490，显著性水平为 0.000，同样证实了雇主品牌能对离职倾向产生显著影响这一结论。这说明，根据社会交换和心理契约理论，组织可以通过加强雇主品牌建设，帮助员工设定完善的职业发展规划并提供与之相匹配的晋升制度，加强员工的工作满意度，这将减少员工离职和跳槽的数量。③就组织忠诚而言，基本心理需求理论认为人天生有胜任、自主与关系三大心理需要，所有个体都会努力使得自己的这些需要被满足，并且趋向于留在能满足自己的这些基本心理需求的环境。① 良好的雇主品牌建设便使企业创建了满足员工基本心理需求的环境，在这样的工作环境中，员工便会从强制价值认同发展到对内生价值的认同。此外雇主品牌从雇佣承诺角度来看正是一种组织对于员工的承诺（Dave Lefkou, 2001；Rogers, et al., 2003；Ann Zuo, 2005；Hewitt, 2005），所以雇主品牌建设有利于增强组织忠诚。这说明，组织要加强雇主品牌建设，强化员工的内部人身份意识，培育组织忠诚。

（3）雇主品牌是基本心理需求的重要前因变量，对员工的自主需求、胜任需求和关系需求具有显著的正向预测作用。本研究实证结果表明雇主品牌对员工基本心理需求具有显著正向影响（$\beta = 0.525$, $P = 0.000$），也就是说，在企业中，员工的基本心理需求得到满足时会倾向于长期留任。这一结果验证了 S-O-R 理论，因为刺激是引发接受者反应的一种外在影响（Namkung, et al., 2010），所以雇主品牌作为员工感知到的雇用体验，对于员工而言是一种刺激信号。雇主品牌影响员工的基本心理需求，如自主、胜任、关系需求等，然后个体的这种基本心理需求会影响其行为，而行为反应通常是规避/接受行为，结合到具体情境，这里的接受可以理解为员工留任，而规避则是员工离职或者工作倦怠。这可以从心理契约理论的角度进行解释。心理契约分为个体的心理契约和组织的心理契约两个层面（Schein, 1965），在企业中，员工和组织存在内隐协议，员工希望组织创造各种条件满足其基本心理需求，作为回报，员工会对组织忠诚，减少离职倾向，维护并捍卫组织的雇主品牌。所以，在管理实践中，企业为员工创造独特的雇佣体验有助于满足员工的多层次、多类型的心理需求，这样的企业才能留住现有员工，创造独特的竞争优势。

（4）基本心理需求在雇主品牌与员工留任之间起中介作用，中介效应占总效应的比例为 21.7%。除了自主需求在雇主品牌与组织忠诚之间的中介作用没有通过，其余中介作用均得到了验证。这说明，雇主品牌既能直接作用于员工留任，也通过基本心理需求对员工留任产生间接影响。

研究表明，雇主品牌对员工留任有显著影响（Edwards, 2011；Backhaus, Tikoo, 2004；Barrow, Rosethorn, Wilkinson, Peasnell, Davies, 2006；Will Rush, 2001；符益群，2003）。本研究在此基础上，引入"基本心理需求"解释两者关系的内部机制。将员工行为的内在机制最终与其基本心理需求结合起来形成了本研究的一大创新点。心理学家普遍认为未满足的需求是激励人类行为的出发点（罗珉，2009）。本研究根据这一心理学原理将基本心理需求引入模型，以探索雇主品牌与员工留任之间的内在作用机制，为提高员工的组织忠诚、减少工作倦怠和降低离职倾向提供了具体的实施路径，即满足员工的基本

---

① DECI E L, RYAN R M. The "what" and "why" of goal pursuits: human needs and the self-determination of behavior [J]. Psychological Inpuiry, 2000 (11): 227-268.

心理需求，使员工对企业产生满意度，这和 Edwards（1960）的结论是一致的。进一步地，本研究将基本心理需求分为三个维度，并分别进行了检验，试图发现三种不同的心理需求对员工留任的影响程度和作用方向，使组织在满足员工需求时更加具有针对性。如企业可以通过分权与授权、增加工作灵活度、建立任务小组等提高员工对工作内容和方式的选择自主性，从而满足员工的自主需求；通过开展培训、进行流程标准化、提供工作支持等措施使员工能更有效地完成工作，从而满足其胜任需求；通过树立"以人为本"的组织文化，进行心理辅导，强调团体友谊，注意发挥非正式团体在员工之间的纽带、凝聚作用，为员工创造一个舒适的工作环境，满足员工的关系需求。

员工留任分为三个维度，即工作倦怠、离职倾向、组织忠诚，本研究依次对其进行验证，结果表明基本心理需求及其子维度对员工留任的子维度均有显著的影响。将员工留任进行子维度细分有两方面考虑：一方面，员工留任细分为三个维度将使其内容更加全面，更能准确有效地反映其内涵，使结果更具说服力；另一方面，将员工留任进行细分有利于指导实践。

员工留任分维度检验有以下好处：一是细分员工留任，能够使我们更加准确地发现不同员工的更具体的问题。二是针对不同的具体问题，我们能够对症下药，如员工工作倦怠可能是由员工能力与工作内容不匹配引起，组织就可以通过提供培训支持以及变更任务内容等来解决问题；而离职倾向则可能是由薪资、发展前景问题引起，组织可以提供更具激励性的工资（如与绩效挂钩）和提出更加灵活合理的晋升制度来解决这一问题。本研究通过对员工留任细分，使组织在实际工作中面对员工留任问题时，可以及早发现，进行"望闻问切"，而不至于"病入膏肓"时无药可医。

（5）基本心理需求是员工留任的重要前因变量。从回归结果来看，基本心理需求显著影响员工留任，进一步分维度研究发现，胜任需求、关系需求和工作倦怠、离职倾向、组织忠诚显著相关，自主需求与工作倦怠、离职倾向显著相关，与组织忠诚不显著相关，整体而言，基本心理需求对员工留任具有显著的正向预测作用。

本研究借鉴自我决定理论、心理契约理论及社会交换理论，将员工的行为（员工留任）视为基本需求的产物，这符合大多数心理学家的看法，即人类的一切行为都离不开未满足的需要。本研究实证分析表明基本心理需求正向显著影响员工留任，为组织通过满足员工基本心理需求进而实现员工留任提供了智力支持。

（6）破坏性领导通过基本心理需求在雇主品牌与员工留任关系中起调节作用。本研究是在前述基本心理需求的中介效应成立的前提下，进一步明晰在何种情况下，雇主品牌通过基本心理需求影响员工留任的意愿变化。根据自我决定理论的子理论——认知评价理论，本研究引入外部环境因素"破坏性领导"作调节变量，调节自变量通过中介变量影响结果变量这一关系。认知评价理论认为，个体行为受外部因素影响，而领导风格正是员工个体面临的重要的外部情境因素。

实证分析的结果表明，破坏性领导的出现会降低员工基本心理需求满足度，进而降低员工留任概率；破坏性领导对下属而言可能会降低员工工作驱动力和满意度，对组织而言，会降低其完成任务和分配资源的效率（Vrendenburgh，1998）。领导的消极情绪及他的行为特点会对下属的斗志产生负面影响并造成下属潜在的破坏性行为（Dosborough, Ashkanasy, 2002）。大部分针对"破坏性领导"单一行为的研究都指出，"破坏性领导"对于员工的工作态度、正面行为、心理健康等方面会出现消极影响（钟慧，边慧敏，2013），从而影响员工的留任。

（7）工作—家庭支持在基本心理需求和员工留任之间起调节作用。本研究是在前述基本心理需求的中介效应成立的基础上，针对基本心理需求可能对员工留任产生影响这一结果，而进一步明晰在何种情况下，基本心理需求对员工留任作用的大小与方向的变化。本研究引入"工作—家庭支持"作调节变量，调节中介变量与结果变量的关系。研究结果显示，当工作—家庭支持程度较高时，通过员工基本心理需求的满足对员工留任的影响变强；当工作—家庭支持程度较低时，通过员工基本心理需求的满足对员工留任的影响变弱。

工作—家庭支持是工作家庭关系中的一个方面，表现了工作—家庭关系之间的积极作用（Bamet，2001）。根据自我决定理论，环境通过影响个体行为动机来影响或改变个体行为（Ryan，1995）。而家庭作为社会的一个重要组成部分，其对组织成员的基本心理需求具有重要影响（李永鑫，2009）。本研究结果显示，工作—家庭支持正向调节员工的自主需求、胜任需求和关系需求，这也支持了李永鑫等人的研究结论。与此同时，Kilic（2007）发现，在家庭支持对员工工作满意度的影响研究中，来自配偶的支持与一些工作相关结果呈显著正相关关系，即家庭支持越高，员工的工作满意度越高，工作倦怠越少。Wayne等（2006）的研究发现工作对家庭的促进能够正向预测员工的情感承诺，而家庭对工作的促进则与员工的离职倾向显著负相关。这与本研究的工作—家庭支持对员工留任的调节作用结果相一致。因此，家庭支持是调节员工心理需求及其留任行为的重要因素。

6.2 理论贡献及管理实践启示

6.2.1 研究的理论贡献

我们的研究以自我决定理论为理论基础，在环境与人的主动性行为影响的框架中验证了雇主品牌对员工留任的影响，本研究不仅在员工层面讨论了雇主品牌感知对员工留任行为的影响，还在中国情境下验证了基本心理需求在两者之间的内部作用机制。此外，本研究采用破坏性领导风格和工作—家庭支持——从领导风格的阴暗面与家庭支持的积极面——"阴阳式"的研究视角讨论雇主品牌对员工留任的概念模型的影响作用。我们还采用深度访谈、小样本测试、大样本验证的程序，对雇主品牌在中国情境下的量表进行修订，这是雇主品牌量表在中国情境下的有效尝试。总的来说，本研究的主要理论贡献体现在以下几个方面：

第一，虽然自我决定理论是组织行为学领域重要的理论，且在长期的研究过程中形成了丰富的研究成果，尽管雇主品牌对员工留任影响的研究较多，但我们的研究首次提出从员工基本心理需求的视角出发，选择人力资源的本体——员工作为研究对象，探讨雇主品牌对员工留任的内部作用机制。以往的研究主要从组织层面来研究，这些研究大多都是从人力资源管理措施入手，站在企业的角度上想方设法去留住员工。但是这一系列的研究并没有从员工角度出发，忽视了决定员工是否留下的关键主体——员工本身。员工作为社会人，随着社会发展和变化，其期望与心理需求也在不断变化，而这是导致现当代员工流动性增大的重要因素之一。因此，企业想要长期有效地留住员工，先要留住员工的心，这一逻辑为该领域研究提供了新的研究思路。本研究提出雇主品牌通过基本心理需求的中介作用影响员工留任，使用数据验证了这一假设。在先前的研究中，雇主品牌、基本心理需求、员工留任，作为独立的变量，人们对两两关系的研究较多，但是系统地研究三者之间的关系又是本研究的理论贡献之一。

第二，本研究验证了破坏性领导在中国情境下对雇主品牌和基本心理需求的负向调节作用，有助于拓展对领导效力的常规性理解。以往关于领导方式的研究中，学者们主要选择具有积极或中性特质的领导行为作为研究对象，如德行领导（樊景立，2000）、仁慈领导（郑伯壎，周丽芳，2003）、公仆型领导（Barbuto，Wheeler，2006）、精神型领导（杨付，2014）。而近年来，组织中的"负面行为"（Negative Behaviors）越来越受到学者关注，破坏性领导也逐步进入学者视野（Kellerman，2004）。目前对破坏性领导进行研究的主要是西方学者，研究内容多集中在破坏性领导对组织绩效和员工行为的消极影响上，而关于破坏性领导对员工基本心理需求影响的研究很少。已有研究证实在中国组织情境下，破坏性领导对员工基本心理需求影响的研究显得尤为重要。本研究通过相关实证分析验证了破坏性领导在中国情境下极大地降低了员工对雇主品牌的感知程度以及员工基本心理需求的满足程度，丰富了破坏性领导的理论研究。

第三，本研究以自我决定理论为基础，从员工主观感知的视角出发，建立了概念模型来探究员工对雇主品牌的感知与员工留任行为之间的关系。在数据分析过程中，本研究引入了国外成熟量表，并对国外量表进行了部分修订以适应本土情境。基于国外成熟量表，结合本土样本数据，本研究对量表进行了标准的翻译和回译程序，并在此基础上对量表进行修订、完善，如删除了雇主品牌量表的9道题项，并更改了部分题项的表达，使其更加符合中国的情境。本研究假设雇主品牌对员工留任有正向影响，在雇主品牌对员工留任的假设检验过程中，通过层级回归分别验证了三个子假设，即雇主品牌与组织忠诚正相关、雇主品牌与离职倾向负相关、雇主品牌与工作倦怠负相关。由此可见，雇主品牌对员工留任有正向影响的假设得到验证。因此，本研究修订国外成熟量表，克服文化背景差异，并进行数据分析，通过假设检验，为后续的研究者提供了量表参考。

6.2.2 管理实践启示

员工层面：

1. 满足自主需求对员工留任三个维度的影响

（1）自主需求与员工倦怠关系的启示

人都有决定自我生活方式的需要，反映在组织中就是员工有自我决定工作内容与工作方式的需要。这种对工作方式上选择的自主需求无法满足，将导致员工无法顺心地工作，产生内心的紧张，导致工作效率下降，长此以往便会产生工作倦怠。

所以，对员工来说，要主动提升自我，完善自己的职业技能，去适应组织的工作方式和工作环境，使自己在企业能够更加顺心地工作，开心地生活，避免产生工作倦怠。

（2）自主需求与离职倾向关系的启示

组织作为一种特定的体系（Chester, Harold, Herbert, 1988），是一种目标导向的、经过精心构建的社会团体（罗珉，2009）。"目标导向"意味着组织要实现某种目标，每个员工都要完成自己的任务内容，而这些任务的内容对员工的能力提出了要求，如果该任务是员工自主选择的，任务不能完成将导致员工的自主需求不能得到有效满足。"精心构建"意味着组织目标的完成需要员工之间的协作。而与他人协作则表明个人之间的行为会相互影响，这就是说作为个体的每个员工不可能得到不受限制的自主权，这可能会让自主需求较高的员工感到自主决定受到了忽视，从而产生对组织的抵触情绪，如组织不注重对这方面需求的重视，会导致员工在组织之中找不到自我，失去对组织的归属感，从而增强其离职倾向。这要求员工不断学习，充实自己，让自己有更强的工作能力以及更大的工作选择权，从而实现更高的自主需求。

(3) 自主需求与组织忠诚关系的启示

自主需求在于自己做决定，这要求工作的内容与方式要与员工以前的价值体系相符合。如果定位不够准确，员工在一开始工作就感觉任务内容与自己的行为方式存在严重冲突，将对组织产生负面情绪，产生不满意，从而降低组织忠诚。

因此，员工在进入组织之后，要加强对组织文化的理解和认同，将自己的个人目标与组织目标结合起来，实现相互之间良性的交换关系，达到组织与个人的双赢，持续保持对组织的高度忠诚。

2. 满足胜任需求对员工留任三个维度的影响

(1) 胜任需求与员工倦怠关系的启示

胜任需求是指个体感觉自己有能力克服困难的需要，能在最适宜的、富有挑战性的任务上取得成功并能得到期望的结果（White，1959）。Deci 和 Ryan (2000) 的自我决定理论，提出基本需求没有得到满足会损害个体调整行为的能力，并且个体会表现出缺少热情和认知去调整自己的行为，如工作时间睡觉或者迟到、缺勤等（Ferris，Brower，Heller，2009；Kuhl，2000）。工作环境无法满足员工的胜任需求时，员工可能会消极地减少工作投入或者组织公民行为，增加工作倦怠感。

员工感到能力不足，无法胜任工作和完成任务，可能是因为本身专业技能不够成熟，也可能是因为其上司总是对他/她提出苛刻的要求。因此，如果员工本身专业技能不熟练，员工本人应注重自我技能的培训。培训能通过对员工行为、态度及技能的改变，来达到提升员工的胜任力、提高生产效率和达到组织目标的目的。

(2) 胜任需求与离职倾向关系的启示

Kristof（1996）提出了个人与组织的匹配理论（POF），个人与组织应该存在两个方面的相容性，即个人与组织有相似的基本特征；个人与组织至少有一方满足另一方的需要。在个体满足组织的需要时，即个体的努力、承诺、经验、知识、技能等适应组织的需求，这就体现了当组织有任务时，个体有能力完成这项任务。员工感觉无法胜任时，会觉得自己没有能力完成任务，与组织无法匹配，继而产生离职倾向，而员工离职的经验研究表明离职倾向对员工离职行为有明显的预测作用（Iverson，1999）。因此员工在发现自己有离职倾向时，应挖掘本身存在的缺陷：是什么导致了自己与组织的不匹配？是组织配不上员工？还是员工配不上组织？员工应当对自己和组织都有充分的认识，明白自己的优点和缺点在哪里，哪方面与组织匹配，哪方面存在问题，才能做到及时地修正缺陷，达到与组织的最佳匹配，从而减少自己的离职倾向。

(3) 胜任需求与组织忠诚关系的启示

根据社会交换理论和组织认同理论，组织为员工提供了福利和资源，作为交换，员工会更认同组织，表现出更高的忠诚度以及更好的组织公民行为。Greguras 和 Diefendorff（2009）指出，胜任需求得到满足的员工会对组织有更高的忠诚度。员工应该意识到，对组织的忠诚有利于组织和员工双方产生共赢的效果，组织给员工提供更好的职业发展机会和平台，员工报以组织忠诚，以此良性循环，对组织完成其目标和员工得到自我提升都是有利的。

3. 满足关系需求对员工留任三个维度的影响入手

（1）关系需求与员工倦怠关系的启示

在传统的中国社会文化和组织文化中，"关系"是无所不在的。中国人做生意、办事情都要讲"关系"，否则，人们将一事无成。[①] 在现在这个快速发展的社会中，各组织之间的竞争日益激烈，组织内部结构也面临各种变化，员工团结协作、共同努力才能进一步增强组织的核心竞争力。作为组织的员工，应该明白单打独斗的时代已经过去，只有更好地融入团队，主动与他人联系、沟通形成团体，才能在和周围的人接触的过程中感受到别人的关爱，更加舒心地工作，从而提高自己对组织的满意度，减少在工作时因不顺心产生的抵制情绪，同时，也为自己更美好的职业生涯做好铺垫。当员工的关系需求得到满足，也就是说员工之间存在亲近关系和私人交流时，员工能够感觉到自己是组织的一分子，并且可以自由地表达自己的意见，能够发挥出自己最大的潜能，更好地完成工作。在这样融洽的关系环境之中，员工的工作压力会相对减少，自然而然，员工的抱怨声也会消失，随之而来的也就是工作倦怠的降低。员工不被负面情绪所困扰，就能更加高效地工作，最后赢得更加美好的职业生涯成就。

（2）关系需求与离职倾向关系的启示

在无边界职业生涯时代，员工为追求高收入、高职位，频繁地跳槽已成为一种普遍现象，这种短视行为对员工职业生涯的发展是十分不利的。因为，只有连续不间断地在同一领域工作才能积累有效的工作经验，只有连续在同一组织长期工作才能获得组织持续的投资，只有在同一组织长期工作，才能实现自己无论是对内还是对外的关系需求。员工尤其是年轻员工在面临跳槽选择时，应当看重组织内可能获得的职业发展关系资源，利用组织的关系资源实现长远发展，不应以报酬换取积累知识和经验的机会。太过频繁的跳槽也会使自身迷失职业方向，给用人单位造成缺乏稳重和急功近利的感觉。在流动中，个人也要付出较高的直接成本和机会成本，包括原来企业和拟进企业的信任建立、自己所积累的个人资源，或是组织资本的丧失和损耗等。随着职位的上升，员工在组织内的沉淀成本增加，离职的转换成本将进一步提高，做出跳槽决定应更加谨慎。员工应着眼于当前组织内部的关系维护，为自己制定长期的职业生涯

---

① 罗珉. 现代管理学 [M]. 成都：西南财经大学出版社，2005.

规划,以降低或减少工作转换成本。员工开发自己的职业生涯要结合组织的战略发展方向、组织政策、资源等综合考虑,尽量使自己的职业期望与组织战略方向保持一致。

(3) 关系需求与组织忠诚

随着科技不断进步,人们对信息的获得更加便捷,组织成员能获得更多外部信息以及可供选择的机会。那么员工就往往不重视自己对组织的忠诚,而这其实是一种狭隘的态度。因为员工对组织忠诚换来的是更好的组织收益,最终获利的还是员工自己。如果员工一味地想通过变换工作单位去换取更好的报酬,长远来看,注定难以获得更好更长远的职业生涯规划,对自己整个职业生涯发展来说,是非常不利的。员工忠诚其实是员工与管理者、员工与员工之间良性互动的体现,员工对关系的需求,能够促进这种良性互动,从而增强员工与组织之间的心理契约,使得双方通过相互的"交换",达到互利共赢的局面。所有的员工都希望在组织中获得安全感,得到同事更多的关心和照顾,但是获得这一系列好处的前提是员工自身对组织文化认同和组织本身的忠诚。所以,组织忠诚对于员工自身来讲是非常重要的。员工对关系的需求可以直接影响自己对组织忠诚的态度。员工可以从对关系的需求入手,维护好自己在工作生活之中与组织成员的关系,自然将产生组织忠诚感,也自然会得到组织认可,受到组织重视。

组织层面:

1. 组织需要尽可能采取多种措施满足员工的三种基本心理需求

《中国薪酬白皮书(2012)》公布的数据显示:目前,我国企业的整体离职率平均水平为26.8%,而其中平均离职率最高的是制造业,为35.6%,其次是综合服务业,为34.8%,排在第三位的是工程建设行业,为30.2%。按照区域分布来说,东部地区的离职率明显高于中西部地区,其中广州、深圳的离职率超过30%,为最高。该调研结果进一步显示,有60%以上的企业试图通过加薪的方式来促进员工留任,但是治标不治本,离职率仍然居高不下。马斯洛需求层次理论指出,人只有在生理、安全需求得到满足之后,才会追求情感、尊重、自我实现的需求。当前员工需求日趋多样化,组织要想留住员工,关键要识别并满足员工的基本心理需求。若组织给予员工的各项支持满足了员工的基本心理需求,依据社会交换理论,作为回报,员工会提高工作投入水平和对组织的忠诚,降低离职率。而这能为组织节省成本,增强其核心竞争力,这与组织的目标一致。

组织采取措施满足员工基本心理需求应该着重放在员工的自主需求、胜任需求和关系需求三个方面。具体可以从以下几个方面入手:

(1) 企业要创造自主支持的组织环境

研究发现,员工需要更多的自主权来决定如何分配工作时间或是如何进行工作，以便在工作中探索新想法和应用创造力。①② 这要求企业注重满足员工的自主需要，给予员工自我抉择的时间和做决定的空间，在企业内部创造一个能够帮助员工实现自主性的支持环境。比如：在某些事务性工作方面，将权力下放，让员工能够自己选择工作时间和工作方式来完成，这样一来，不仅可以让员工觉得组织尊重自己的想法和观点，也能充分体会到自主选择的乐趣；将员工的工作丰富化，增强其主人翁意识，激励员工自我决策，从而使员工产生积极正面的心理效应，让员工得到自主需求的满足，最终增强对组织的依赖，并留在组织。

(2) 人在其位、人尽其才，企业要合理地使用员工

我国古代有言："世有伯乐，然后有千里马。千里马常有，而伯乐不常有。"现在社会的人，需求有别，做事的方式、擅长的领域各有不同，这就需要企业去识别人才的不同用处。世上没有废人，没有无用的人。李白说过："天生我才必有用。"世上只存在由于安排不当不能发挥其才能的情况。所以，在企业之中，企业要识别出各类人才的胜任能力，了解其胜任需求，尽量做到人岗匹配、人职匹配。因为，如果让员工做与自己能力和期望不符合的事情，很容易受到打击，不仅得不到锻炼，反而会使其工作效率低下，产生工作倦怠，最后可能选择离开企业。与之相反，如果员工能够在适合的岗位，做着他自己期望做的事情，满足其胜任需求，那么员工一定会有高昂的工作激情，高效的工作效率，自然也会更加希望留在企业，以期长远的发展。所以，对于企业而言，让员工人在其位、人尽其才，满足员工的胜任需求，是企业留住员工的有效做法。

(3) 关心员工生活，增强员工归属感

对大多数员工来说，到企业工作并非只是为得到基本生活保障，而是需要感觉自己是安全的，并希望与他人保持密切关系，建立互相尊重和依赖的感觉。ERG理论包含三种需求即生存需求、关系需求和成长需求。在满足员工基本生存需求的基础上，组织还需要进一步满足员工的关系需求，这就要求企业时常关注员工的生活，维护好企业内部的员工关系。比如：定期召开的年会，不定期的企业内部联谊等，都会使得员工在企业内部找到归属感，给予员工家一般的感觉。这样企业才能最有效地使员工留下来，并且使员工做到人在企业，心也在企业，全心全意为企业服务。

---

① FORD B, KLEINER B H. Managing Engineers Effectively [J]. Business, 1987, 37 (1)：49-52.

② 王端旭，赵轶. 工作自主性、技能多样性与员工创造力：基于个性特征的调节效应模型 [J]. 商业经济与管理，2011，240 (10).

2. 重视员工家庭，建立员工家庭关怀体系，以家留人

随着经济和科技的快速发展，无边界职业生涯时代的到来，家庭和工作的界线不再棱角分明。家庭作为社会最基本的细胞，支撑着整个社会的伦理格局。Greenhaus 等（2006）提出了工作—家庭的丰富（Enrichment），他们认为个体可以从工作（家庭）的角色中收获有意义的资源，从而帮助其在另一角色中更好地表现。因此，家庭和工作两者是无法完全分开的，这与实践中某些企业人为割裂家庭和工作联系的做法恰恰相反。

根据本研究的结论，良好的工作—家庭支持能对基本心理需求和员工留任产生正向的调节作用。然而，在现实工作中，企业往往忽视员工的家庭因素，或者对员工家庭关注度不够。因此，本书认为企业应该重视员工的家庭因素，应通过相应的措施来关心和帮助员工的家人，努力促使员工获得正向的家庭支持。企业除了调整家属福利政策外，还应该切实关注员工的家庭实际困难，解决其最关注的问题，通过员工家庭关怀体系的建立，全方位地满足好员工及其家庭的基本心理需求，从而进一步提高员工的工作满意度和幸福感，促进优秀员工留任。

员工家庭关怀体系的建立，需要了解和掌握员工的家庭需求。企业可以通过搭建畅通的员工家庭诉求渠道以及相关处理平台，整合企业传统的工会资源，在控制成本的前提下高效地并且尽可能多地解决员工合理的家庭需求。企业满足员工的家庭需求，能帮助留住员工的家庭，而只有这样，才能更好地调动员工的工作积极性，从而留住员工。反之亦然。

3. 抑制领导的阴暗面——破坏性领导

调查显示，5%~10%的人在工作中至少受到过一次欺辱（Zapf, Einarsen, Hoel, Vartia, 2003），而在其中，80%的欺辱行为都是由上级实施的（Einarsen, Hoel, Zapf, Cooper, 2003）。Lombardo 和 McCall 通过一项对 73 位管理者的研究发现，74%的人都曾在工作中遇到过令人难以忍受的上司。[①] Namie. G 和 Namie. R（2000）发现，89%认为在工作中受到欺凌的人将其原因归结为其领导。这一系列的研究清楚地表明，在面对下属时，领导很容易表现出破坏性领导行为。而本研究发现，破坏性领导的出现会抑制雇主品牌建设对于员工留任带来的积极作用，给组织增加多余的成本，造成组织效率下降。那么针对如何抑制破坏性领导的出现对于组织所带来的不利之处，本研究提出以下建议：

（1）完善领导甄选程序

现有的领导者甄选体制，对候选人的胜任能力和道德品质都有较为系统的

---

① LOMBARDO M M, MCCALL M W J. Coping with an intolerable boss. Greensboro [M]. North Carolina: Center for Creative Leadership, 1984.

选拔程序和管理办法。但是破坏性领导行为在职场中时有出现，而这些行为一旦出现就会对员工和组织产生严重的负面影响。所以企业在对领导者进行甄选时，就必须对其进行全面的考核，尤其是预防可能出现的破坏性行为。Hogan 等（2001）的研究表明，企业通过领导者甄选过程能够识别出潜在的破坏性领导。而与以往的领导者的甄选环节相比，我们需要进行全面的设计，既能挑选出合适的领导者同时也能避开可能出现的有害的领导行为。这就要求我们增加能够识别潜在的破坏性领导的有效程序。该程序既能考察领导者积极、有效的领导风格与特征，又能检验有害的领导风格与特征。

（2）对破坏性领导进行心理干预

破坏性领导风格的形成的原因可以是千差万别的。但是研究发现对破坏性领导是可以通过心理干预进行调整的。Friedman（1992）发现对当事者的心理干预能够降低其敌对情绪。因此，组织一旦发现领导出现破坏性的行为，应鼓励他们接受适当的应对压力情境的心理辅导治疗和学习一定的纾解方法。需要说明的是，这些有意义的改变不是短期的事情。

（3）建立宽松的组织氛围，避免破坏性领导风格

领导的有害性行为会直接阻碍友好和谐的工作氛围的产生，不仅会使员工产生负面消极的反应，还可能促使员工自觉或不自觉地做出既不利己又损害组织利益的行为，最终选择离开该组织。影响员工工作氛围的因素不止领导行为一个，因此，组织一旦发现不和谐的工作氛围的产生就应该从其他方面做出努力防止员工做出消极的行为，避免破坏性领导的行为带来不利影响。

组织应给予员工更多的自主支持，在关切员工的工作表现的同时，注重他们的基本心理需求；提倡以人为本的管理之道，营造建设型的组织文化；弱化结果导向型的评价制度，多关心员工完成任务的过程，并在其反馈的基础上及时做出响应；鼓励团队合作，营造团体协作意识，减弱官僚主义的影响，定期让员工和领导一起参加各类管理培训和素质拓展活动，培养团队意识和凝聚力，形成良性的上下级和同级间的互动，打通上下级双向沟通通道；同时，在员工产生消极负面情绪时，组织也应提供疏导渠道，让员工能够在不遭受到破坏性领导的更严重的报复性"破坏行为"的条件下，发泄不满情绪。

（4）加强雇主品牌建设

"得人才者得天下"。企业只有拥有卓越的企业文化和先进的管理制度，才能赢得优秀人才的青睐，才能够实现长远的发展。现在的员工选择企业不单单看重物质性报酬，也重视企业的文化建设、社会形象以及管理制度等软实力。雇主品牌作为企业对外的形象，是吸引人才的重要标志。对于企业而言，雇主品牌的建设在当下激烈的人才竞争中显得极其重要。雇主品牌的建设，关键在于强化与发展雇主品牌的个性，寻求品牌的差异化。

（1）为员工创造良好的工作环境，使之"越努力，越幸福"

只有在自己满意的环境中，员工才能发挥出最大的潜能。企业可以通过创造轻松的组织内部环境，提倡温暖的组织氛围，努力引导员工情绪，增强组织的凝聚力。组织应该在企业内部提倡"越努力，越幸福"的工作生活模式，充分调动员工的工作积极性，让员工认识到工作不再单调乏味，而会丰富多彩，这种感受是吸引优秀员工留任的重要因素。

（2）对内部员工高度负责

建立良好的雇主品牌，企业需要意识到以下几点：①给予员工人人平等的感觉。分工可以不同，但人不能因为分工而被分为三六九等，人人都是平等的，人之间的发展轨迹没有差别。想要成功，人人都可以通过努力，拥有相同的发展机会。②注重员工职业生涯的发展。企业应该形成一种传统，对于新员工的发展，老员工要给予指导和帮助。企业要加大对员工的培训。优秀的雇主，不会担心员工因技能的增长而离开企业。③企业要实行合理的考评制度，避免有人浑水摸鱼，扰乱组织氛围。④建立企业"以人为本"的文化氛围。企业要本着爱护人、关心人的管理理念对待每一位员工。⑤在注重人的需求的基础上，让员工的薪酬水平在市场上具有竞争力。综上所述，当企业对员工的各个方面做到尽职尽责，就会让员工产生心理依附，从而选择留下。

（3）完善的体制建设

"无规矩不成方圆"。企业完善的体制建设，是管理之本，也是树立雇主品牌的强有力保障，这决定着雇主品牌建设的成功。企业特别要重视沟通在管理中的重要性，要建立完善的员工意见反馈体系，协调员工与领导者之间的关系，使员工的想法和建议能及时传递，对员工的意见建议要认真处理，妥善对待，这样才能够让员工产生主人翁意识，提升积极性。

（4）积极履行企业社会责任，树立良好的社会形象

雇主品牌的形成，是需要得到社会认可的，也是需要在社会上进行传播的。所以企业应该时常关注社会道义、关心社会弱势群体等，将其视为应尽的责任，维护好企业声誉，而不是一味地唯利是图。若企业只关心自身的发展，对于环境污染不闻不问，成为掠夺自然资源的工具，这样的企业必将不能得到社会认可，自然也无法吸引优秀员工，难以长久地生存下去。所以，社会责任是雇主品牌建设不可或缺的部分，因为企业需要社会的认可，品牌也需要社会的传播。

6.3 研究局限和展望

（1）本研究主要研究雇主品牌与员工留任之间的关系。虽然样本来自各

个不同的企业，但是问卷所有的题项均来自于员工在同一时点所填写的数据，可能导致同源方差。尽管本研究经 Harman 单因子测试使该问题受到了比较好的控制，但是这也难以完全消除该问题的存在。所以未来的研究应该尽可能采取配对研究，如员工留任采用领导评员工的方式，其他构念采用员工自评的方式，以进一步降低同源方差的影响。

（2）本研究主要采取横截面研究设计，但是横截面研究有其固有弊端。因此未来的研究设计，应尽可能采用实验（或准实验）或追踪研究的方法，或者通过个案跟踪研究的方法。研究者可通过长时期的连续观察，获取时间序列数据，进一步深入分析挖掘员工基本心理需求变化的动态发展过程，分析出雇主品牌与员工留任之间的因果联系，为管理实践提供更加有力的智力支持。

（3）在量表开发方面，本研究所采取的量表均是国外翻译过来的。虽然已通过回译程序降低其误差，但是运用到中国本土化情境中，可能测量的准确性会打一定折扣。今后的研究应在现有国内外研究基础上，对量表进一步本土化，使其更加全面、准确地反映我国企业的雇主品牌建设和员工留任，通过深度访谈、实地观察、内容分析等方法，整理出能反映中国文化情境的测量条款、维度，补充、改进现有的量表。在测量上，要力图更加客观准确地描述本土组织的员工留任心理感知，更加全面地衡量企业的雇主品牌建设。

（4）员工留任的影响因素有很多，在中国情境下的权力距离大和集体主义因素等特点在本研究中未得到较为深入的论证，比如组织氛围、企业文化、激励政策、员工性格特质等，本研究也没有对此进行有效控制，这将对本研究结论的纯粹性产生一定程度的影响。未来的研究应该尽可能把这些控制变量纳入实验研究的范畴，使研究的内容更加符合中国情境，为中国情境下的管理实践提出更多有意义的建议。

（5）本研究从视角上进行创新，选择人力资源的本源——员工入手，一定程度上缓解了员工流动性的压力，也为企业建立战略性人力竞争优势提供了有积极意义的建议。但是随着团结合作的普及性，未来的企业竞争可能从优秀人才的竞争转换到优秀团队的竞争。因此未来的研究可以从团队层面开展，得出更加符合现实情况的结论。

（6）雇主品牌与员工留任两者间的可能的内部机制还有很多，比如，社会交换理论、人—组织匹配理论等都可能成为打开两者"黑箱"的钥匙。相应的调节变量，本研究只研究了职场内破坏性领导和职场外家庭支持的影响作用。未来的研究可以从更加具有中国特色的领导风格，如家长式领导、精神性领导、工作—家庭冲突等方面，不断充实和完善雇主品牌对员工留任的影响机制研究，进一步丰富雇主品牌和员工留任的相关理论。

参考文献

[1] 陈加洲,凌文铨,方俐洛.组织中的心理契约[J].管理科学学报,2001(2).

[2] 陈霞,段兴民.组织承诺研究评述[J].科学学与科学技术管理,2003(7).

[3] 陈晓萍,徐淑英,樊景立.组织与管理研究的实证方法[M].北京:北京大学出版社,2008.

[4] 崔勋.员工个人特性对组织承诺与离职意愿的影响研究[J].南开管理评论,2003(4).

[5] 韩翼,廖建桥,龙立荣.雇员工作绩效结构模型构建与实证研究[J].管理科学学报,2007(5).

[6] 郝永敬,俞会新.心理契约兑现程度对员工工作绩效的影响[J].企业经济,2012(11).

[7] 侯永梅.初入职大学生员工心理契约与工作满意度的关系[J].心理科学进展,2013(3).

[8] 胡蓓.脑力劳动者工作满意度实证研究[J].科学研究,2003(7).

[9] 皇甫刚,刘鹏,司窘鹏,等.雇主品牌的模型构建与测量[J].北京航空航天大学学报,2012(1).

[10] 柯友凤,柯善玉.企业员工工作倦怠的影响因素及缓冲机制[J].教育研究与试验,2006(5).

[11] 李晔,龙立荣,刘亚.组织公正感研究进展[J].心理科学进展,2002,11(1).

[12] 李珲.好马也吃回头草,离职管理最重要——基于雇主品牌的员工离职管理[J].人力资源管理,2009(6).

[13] 李金波,许百华,陈建明.影响员工工作投入的组织相关因素研究[J].应用心理学,2006,12(2).

[14] 李敏.中学员工工作投入与基本心理需求满足关系研究[J].员工教育研究,2014(2).

[15] 李倩,王艳平,刘效广.员工对高管的信任与员工离职倾向的关系

—组织承诺的中介效应研究 [J]. 软科学, 2009 (12).

[16] 李效云, 姜红玲. 企业员工的组织公民行为研究 [J]. 人力资源管理, 2002 (4).

[17] 李雪婷. 雇主品牌内涵及核心构成要素研究 [J]. 经营管理者, 2010 (11).

[18] 李炎炎, 魏峰, 任胜钢. 组织心理契约违背对管理者行为的影响 [J]. 管理科学学报, 2006, 9 (5).

[19] 李永鑫, 赵娜. 工作—家庭支持的结构与测量及其调节作用 [J]. 心理学报, 2009 (9).

[20] 李原, 郭德俊. 组织中的心理契约 [J]. 心理科学进展, 2002 (1).

[21] 梁钧平, 李晓红. 象征性个人与组织匹配对雇主吸引力的影响 [J]. 南大商学评论, 2005 (4).

[22] 林帼儿, 陈子光, 钟建安. 组织公平文献综述及未来研究方向 [J]. 心理科学, 2006, 39 (4).

[23] 林迎星. 美国翰威特2007年中国最佳雇主企业榜与雇主品牌建设 [J]. 经济管理, 2008 (7).

[24] 凌文辁, 杨海军, 方俐洛. 组织员工的组织支持感 [J]. 心理学报, 2006, 38 (2).

[25] 刘戈. 雇主品牌企业核心竞争力的持久来源 [J]. 中外管理, 2007 (8).

[26] 刘军. 管理研究方法、原理与应用 [M]. 北京: 中国人民大学出版社, 2008.

[27] 刘平青, 李婷婷. 内部营销对创业型企业员工留任意愿的影响研究: 组织社会化程度的中介效应 [J]. 管理工程学报, 2011, 25 (4).

[28] 刘小平, 王重鸣. 中西方文化背景下的组织承诺及其形成 [J]. 外国经济与管理, 2002 (1).

[29] 马凌, 王瑜, 邢芸. 企业员工工作满意度、组织承诺与工作绩效关系 [J]. 企业经济, 2013 (5).

[30] 马淑婕, 陈景秋, 王垒. 员工离职原因的研究 [J]. 中国人力资源开发, 2003 (9).

[31] 孟跃. 第三种品牌: 雇主品牌 [M]. 北京: 清华大学出版社, 2007.

[32] 邱皓政. 量化研究与统计分析 [M]. 重庆: 重庆大学出版社, 2009.

[33] 沈峥嵘, 王二平. 关系绩效研究 [J]. 心理科学进展, 2004 (6).

[34] 苏方国, 赵曙明. 组织忠诚、组织公民行为与离职倾向关系研究

[J]. 科学学与科学技术管理, 2005 (8).

[35] 谭小宏, 秦启文, 潘孝富. 企业员工组织支持感与工作满意度、离职意向的关系研究 [J]. 心理科学. 2007, 30 (2).

[36] 陶祁. 雇主品牌的内涵与建立 [J]. 新资本, 2004 (2).

[37] 汪纯孝, 伍晓奕, 张秀娟. 薪酬管理公平性与员工工作态度和行为的影响 [J]. 南开管理评论, 2006, 9 (6).

[38] 王端旭, 赵轶. 工作自主性、技能多样性与员工创造力:基于个性特征的调节效应模型 [J]. 商业经济与管理, 2011 (10).

[39] 王国颖. 心理契约视角下的雇主品牌探析 [J]. 广东技术师范学院学报, 2007 (5).

[40] 王莉, 石金涛, 学敏. 员工留职原因与组织忠诚关系的实证研究 [J]. 管理评论, 2007 (1).

[41] 王萍, 谢永芳. 卓越雇主品牌建设 [J]. 现代商业, 2011 (7).

[42] 韦艳. 雇主品牌:企业人力资源管理战略的新王牌 [J]. 中国人力资源开发, 2008 (10).

[43] 魏钧, 陈中原, 张勉. 组织认同的基础理论、测量及相关变量 [J]. 心理科学进展, 2007, 15 (6).

[44] 温忠麟, 张雷, 侯杰泰, 等. 中介效应检验程序及其应用 [J]. 心理学报, 2004, 36 (5).

[45] 吴明隆. 结构方程模型——AMOS 的操作与应用 [M]. 重庆:重庆大学出版社, 2009.

[46] 薛薇. SPSS 统计分析方法与应用 [M]. 北京:电子工业出版社, 2005.

[47] 殷志平. 雇主品牌研究综述 [J]. 外国经济与管理, 2007 (10).

[48] 殷志平. 雇主吸引力维度:初次求职者与再次求职者之间的对比 [J]. 东南大学学报, 2007 (3).

[49] 袁庆宏. 企业员工管理:关注关键资源的流失风险 [J]. 中国人力资源开发, 2006 (11).

[50] 张剑, 张建兵, 李跃, 等. 促进工作动机的有效路径:自我决定理论的观点 [J]. 心理科学进展, 2010 (18).

[51] 张剑, 张微, EDWARD L DECI. 心理需要的满足与工作满意度:哪一个能够更好地预测工作绩效? [J]. 管理评论, 2012, 24 (6).

[52] 张剑, 张微, 宋亚辉. 自我决定理论的发展及研究进展评述 [J]. 北京科技大学学报:社会科学版, 2011, 27 (4).

[53] 张勉, 张德, 王颖. 企业雇员组织承诺三因素模型实证研究 [J]. 南开管理论, 2002 (5).

[54] 张伟强. 关于核心员工的界定策略 [J]. 中国人力资源开发, 2006 (3).

[55] 张旭, 樊耘, 黄敏萍, 等. 基于自我决定理论的组织忠诚形成机制模型构建: 以自主需求成为主导需求为背景 [J]. 南开管理评论, 2013, 16 (6).

[56] 赵书松, 张要民, 周二华. 我国高校雇主品牌的要素与结构研究 [J]. 科学学与科学技术管理, 2008 (8).

[57] 周晖, 侯慧娟, 马瑞. 企业雇主品牌吸引力及其形成机理研究 [J]. 商业研究, 2009 (11).

[58] 朱瑜, 凌文栓. 组织公司行为理论研究的发展 [J]. 心理科学, 2003, 16 (1).

[59] AGRAWAL. Effect of brand loyalty on advertising and trade promotions: A game theoretic analysis with empirical evidence [J]. Marketing Science, 1996, 15 (1).

[60] AGUILERA, RUPP, WILLIAMS, et al. Putting the s back in corporate social responsibility: A multilevel theory of social change in organizations [J]. Academy of Management Review, 2007 (32).

[61] AILAWADI, KELLER. Understanding retail branding: Conceptual insights and research priorities [J]. Journal of Retailing, 2004, 80 (4).

[62] ALLEN, MEYER. The Measurement and Antecedents of Affective, Continuance, and Normative Commitment to the Organization [J]. Journal of Occupational Psychology, 1990 (63).

[63] ALLEN. Family-supportive work environments: The role of organizational perspectives [J]. Journal of Vocational Behavior, 2001 (58).

[64] AMBLER, BARROW. The employer brand [J]. Journal of Brand Management, 1996 (4).

[65] AMES. Achievement attributions and self-instructions under competitive and individualistic goal structures [J]. Journal of Educational Psychology, 1984 (76).

[66] AMES. Classrooms: Goals, structures, and student motivation [J]. Journal of Educational Psychology, 1992 (84).

[67] ASHFORTH. Petty tyranny in organizations [J]. Human Relations, 1994 (47).

[68] BAARD, DECI, RYAN. Intrinsic need satisfaction: A motivational basis of performance and well-being in two work settings [J]. Journal of Applied Social Psychology, 2004, 34 (10).

[69] BAGOZZI, GOPINATH, NYER. The role of emotions in marketing [J]. Journal of the Academy of Marketing Science, 1999, 27 (2).

[70] BALMER, GRAY. Corporate Brands: What are They? What of Them? [J]. European Journal of Marketing, 2003 (37).

[71] BAMET, HYDE. Women, men, work and family: An expansionist theory [J]. The American Psychologist, 2001, 56 (10).

[72] BARBER. Recruiting Employees: Individual and Organizational Perspectives [M]. California: Sage, 1998.

[73] BARON, KENNY. The moderator-mediator variable distinction in social psychological research: Conceptual, strategic, and statistical considerations [J]. Journal of personality and Social Psychology, 1986 (51).

[74] BAUMEISTER, BRATSLAVSKY, FINKENAUER, et al. Bad is stronger than good [J]. Review of General Psychology, 2001, 5 (4).

[75] BERTHON. Capitivating company: dimensions of attractiveness in employer branding [J]. International Journal of advertising, 2005, 24 (2).

[76] BLUMENFELD. Classroom learning and motivation: Clarifying and expanding goal theory [J]. Journal of Educational Psychology, 1992 (84).

[77] BROTHERIDGE GRANDEY A. Emotional labor andburnout: Comparing two perspectives of "people work" [J]. Journal of Vocational Behavior, 2002 (60).

[78] BROWN, RYAN. The benefits of being present: Mindfulness and its role in psychological well-being [J]. Journal of Personality and Social Psychology, 2003 (84).

[79] CARLSON, KACMAR, WAYNE, et al. Measuring the positive side of the work-family interface: Development and validation of a work-family enrichment scale [J]. Journal of Vocational Behavior, 2006 (68).

[80] CHRISTOPHER, PAYNE, BALLANTYNE. RelationshipMarketing [M]. Oxford: Butterworth-Heinemann, 1991.

[81] CHRISTOPHER, PAYNE, BALLANTYNE. Relationship Marketing: Creating Stakeholder Value [M]. Oxford: Butterworth-Heinemann, 2003.

[82] CLAYTON GLEN. Key skills retention and motivation: the warfor talent still rages and retention is the highground [J]. Industrial and commercial training, 2006, 38 (1).

[83] COLLINS. The interactive effects of recruitment practices and product awareness on job seekers' employer knowledge and application behaviors [J]. Journal of Applied Psychology, 2007, 92 (1).

[84] COLLINS, STEVENS. The relationship between early recruitment-related

activities and the application decisions of new labor-market entrants: A brand equity approach to recruitment [J]. Journal of Applied Psychology, 2002, 87 (6).

[85] CONNELL, RYAN. Self-Regulatory Style Questionnaire: A measure of external, introjected, identified, and intrinsic reasons for initiating behavior [M]. NY: University of Rochester, 1987.

[86] CONNELL. A new multidimensional measure of children's perceptions of control [J]. Child Development, 1985 (56).

[87] CONNOLLY, VINES. Some Instrumentality Valence Models of Undergraduate College Choice [J]. Decision Sciences, 1977, 8 (1).

[88] CROUTER. Spillover from family to work: The neglected side of the work-family interface [J]. Human Relations, 1984 (37).

[89] DECI. Intrinsic motivation [M]. New York: Plenum, 1975.

[90] DECI, RYAN. Intrinsic motivation andself-determination in human behavior [M]. New York: Plenum, 1985.

[91] DECI, RYAN. The general causalityorientations scale: Self determination in personality [J]. Journal of Research in Personality, 1985 (19).

[92] DECI, RYAN. The "what" and "why" of goal pursuits: human needs and the self- determination of behavior [J]. Psychological Inpuiry, 2000 (11).

[93] DECI, RYAN, GAGNé, et al. Need Satisfaction, Motivation, and Well-Beingin the Work Organizations of a Former Eastern Bloc Country [J]. Personality and Social Psychology Bulletin, 2001, 27 (8).

[94] DECI, RYAN. Handbook of self-determination research [M]. New York: The University of Rochester Press, 2004.

[95] DECI, RYAN. Intrinsicmotivationand self-determination in human Behavior [M]. New York: Plenum, 1985.

[96] DEPPE, SCHWINDT, KUGEL, et al. Nonlinear responses within the medial prefrontal cortex reveal when specific implicit information influences economic decision making [J]. Journal of Neuroimaging, 2005, 15 (2).

[97] DOBNI, ZINKHAN. In Search of Brand Image: A Foundational Analysis [J]. Advances in Consumer research, 1990, 17 (1).

[98] MITA MEHTA, AARTI KURBETTI, RAVNEETA DHANKHAR. Review Paper - Study on Employee Retention and Commitment [J]. International Journal of Advance Research in Computer Science and Management Studies, 2014 (2).

[99] DUKERICH, CARTER. Distorted images and reputation repair [J]. The expressive organization: Linking identity, reputation, and the corporate brand, 2000.

[100] DUTTON, DUKERICH. Keeping an Eye on the Mirror: Image and Iden-

tity in Organizations [J]. Academy of Management Journal, 1991 (34).

[101] DWECK, ELLIOT. Achievement motivation [M]. New York: Wiley, 1983.

[102] EDWARD, DECI, RICHARD, et al. Self-Determination Theory: A Macrotheory of Human Motivation, Development and Health [J]. Canadian Psychology, 2008, 49 (3).

[103] EDWARDS, ROTHBARD. Mechanisms linking work and family: Clarifying the relationship between work and family constructs [J]. Academy of Management Review, 2000 (25).

[104] EVANSCHITZKY, BROCK, BLUT. Will you tolerate this? The impact of affective commitment on complaint intention and postrecovery behavior [J]. Journal of Service Research, 2011, 14 (4).

[105] FARRELL, SOUCHON, DURDEN. Serviceencounterconceptualization: Employees' servicebehavioursandcustomers' servicequalityperceptions [J]. JournalofMarketing Management, 2001 (17).

[106] FELDMAN. The Dilbert syndrome: How employee cynicism about ineffective management is changing the nature of careers in organizations [J]. American Behavioral Scientist, 2000 (43).

[107] FERRELL, GONZALEZ-PADRON, HULT, et al. Maignan. From market orientation to stakeholder orientation [J]. Journal of Public Policy & Marketing, 2010, 29 (1).

[108] FOREMAN, MONEY. Internal Marketing-Concepts, Measurement and Application [J]. Journal of Marketing Management, 1992 (11).

[109] FRANK, FINNEGAN, TAYLOR. The race for talent: retaining and engaging workers in the 21st century [J]. Human Resource Planning, 2004, 27 (3).

[110] FREEMAN. Recruiting for diversity [J]. Women in Management Review, 2002, 18 (12).

[111] FRIED, FERRIS. The validity of the jobcharacteristics model: A review and meta-analysis [J]. Personal Psychology, 1987 (40).

[112] FULBERG. Using sonic branding in the retail environment – An easy and effective way to create consumer brand loyalty while enhancing the in-store experience [J]. Journal of Consumer Behaviour, 2003, 3 (2).

[113] GAGNé, DECI. Self-Determination Theory and Work Motivation [J]. Journal of Organizational Behavior, 2005, 26 (14).

[114] GARY GREGURAS, JAMES, DIEFENDORFF. Different Fits Satisfy Different Needs: Linking Person-Environment Fitto Employee Commitment and Per-

formance Using Self-Determination Theory [J]. Journal of Applied Psychology, 2009 (94).

[115] GAURAV BAGGA. How to keep the talent you have got [J]. Human resource management international digest, 2013, 21 (1).

[116] GOPINATH, BECKER. Communication, procedural justice, and employee attitudes: relationships under conditions of divestiture [J]. Journal of Management, 2000 (26).

[117] GREEN, FELSTED, MAYHEW, et al. The impact of training on labour mobility: Individual and firm-level evidence from Britain [J]. British Journal of Industrial Relations, 2000, 38 (2).

[118] GREENHAUS, POWELL. When work and family are allies: A theory of work-family enrichment [J]. Academy of Management Review, 2006 (31).

[119] GREGURAS, DIEFENDORFF. Diffcrent Fits Satisfy DifferentNeeds: Linking Person-Environment Fit to EmployeeCommitment and Performance Using Self-determination Theory [J]. Journal of Applied Psychology, 2009, 94 (2).

[120] GRIFFETH, HOM, GAERTNER. A meta-analysis of antecedents and correlates of employee turnover: Update, moderator tests, and research implications for the next millennium [J]. Journal of Management, 2000 (26).

[121] GROVER, SRINIVASAN. Evaluating the multiple effects of retail promotions on brand loyal and brand switching segments [J]. Journal of Marketing Research, 1992, 29 (1).

[122] GUAY, RATELLE, CHANAL. Optimal learning in optimal contexts: The role of self-deetermination in education [J]. Canadian Psychology, 2008 (49).

[123] HALL, DOUGLAS, ASSOCIATES. The career is dead, long live the career [M]. San Francisco: Jossey-Bass Publishers, 1996.

[124] HANSO, HAMMER, COLTON. Development and validation of multidimensional scale of perceived work-family positive spillover [J]. Journal of Occupational Health Psychology, 2006 (3).

[125] HARRIS, CHERNATONY. Corporate branding and corporate brand performance [J]. European Journal of Marketing, 2001, 35 (3/4).

[126] HATCH, SCHULTZ. Relations between Organizational Culture, Identity and Image [J]. European Journal of Marketing, 1997 (31).

[127] HIERONIMUS, SCHAEFER, SCHRöDER. Using branding to attract talent [J]. The Mckinsey Quarterly, 2005 (3).

[128] HONEYCUTT, ROSEN. Family Friendly Human Resource Policies, Salary Levels and Salient Identity as Predictors of Organizational Attraction [J]. Journal

of Vocational Behavior, 1997 (50).

[129] HORNSTEIN. Brutal Bosses and their pray [M]. New York: Riverhead Books, 1996.

[130] HULT. Toward a theory of the boundary-spanning marketing organization and insights from 31 organization theories [J]. Journal of the Academy of Marketing Science, 2001, 39 (4).

[131] HYTTER. Retention strategies in France and Sweden [J]. The Irish Journal of Management, 2007, 28 (1).

[132] HYTTER. Retention strategies in France and Sweden [J]. The Irish Journal of Management, 2007, 28 (1).

[133] ILARDI, LEONE, KASSER, et al. Employee and Supervisor Ratings of Motivation: Main Effects and DiscrepanciesAssociated with Job Satisfaction and Adjustment in a Factory Setting [J]. Journal of Applied Social Psychology, 1993, 23 (21).

[134] SANDHYA, PRADEEP KUMAR. Employee retention by motivation [J]. Indian Journal of Science and Technology, 2011, 4 (12).

[135] KASSER, DAVEY, RYAN. Motivation and Employee-Supervisor Discrepancies in a Psychiatric Vocational RehabilitationSetting [J]. Rehabilitation Psychology, 1992, 37 (3).

[136] KENNON, SHELDON, CHRISTOPHER, et al. It's Not Just the Amount That Counts: Balanced Need Satisfaction Also Affects Well-Being [J]. Journal of Personality and Social Psychology, 2006 (91).

[137] KILE. Helsefarleg leierskap (Health endangering leadership) [M]. Bergen, Norway: Universitetet i Bergen, 1990.

[138] KING, MATTIMORE, KING, et al. Family Support Inventory for Workers: A New Measure of Perceived Social Support from Family Members [J]. Journal of Organizational Behavior, 1995, 16 (3).

[139] KRISTIN BACKHAUS. An Exploration of Corporate Recruitment Descriptions on Monster. Com [J]. Journal of Business Communication, 2004, 41 (2).

[140] KYNDT, DOCHY, BAERT. Influence of learning and working climate on the retention of talented employees [J]. Journal of Workplace Learning, 2010, 23 (1).

[141] LEE, TERENCE, MITCHELL, et al. The Effects of Job Embeddednesson Organizationalitizenship, JobPerformance, Volitional Absence and VoluntaryTurnover [J]. Academy of Management Journal, 2004, 47 (5).

[142] LEVESQUE, COPELAND, SUTCLIFFE. Conscious and nonconscious

processes: Implications for self-determination theory [J]. Canadian Psychology, 2008 (49).

[143] LEVINE. Re-Inventing the Workplace: How Business and Employers Can Both Win [M]. Washington DC: Brookings Institution, 1995.

[144] LEVITT. The Marketing Imagination [M]. New York: The Free Press, 1986.

[145] LIEVENS, HIGHHOUSE. The relation of instrument and symbolic attributes to a company's attractiveness as an employer [J]. Personnel Psychology, 2003 (56).

[146] LIM. Job insecurity and its outcomes: moderating effects of work-based and no work-based social support [J]. Human Relations, 1996, 49 (2).

[147] LOGAN. Retention tangibles and intangibles: More meaning in work is essential, but good chair massages won't hurt [J]. Training & Development, 2000, 54 (4).

[148] LOMBARDO, MCCALL. Coping with an intolerable boss [M]. North Carolina: Center for Creative Leadership, 1984.

[149] MAERTZ, CAMPION. 25 years of voluntary turnover research: A review and critique [J]. International Review of Industrial and Organizational Psychology, 1998 (13).

[150] MARCINKUS, WHELAN-BERRY, GORDON. The relationship of social support to the work-family balance and work outcomes of midlife women [J]. Women in Management Review, 2007, 22 (2).

[151] MARGARETDEERY. Talent management, work-life balance and retention strategies [J]. International Journal of Contemporary Hospitality Management, 2008, 20 (7).

[152] MAK, SOCKEL. A Confirmatory Factor Analysis of IS Employee Motivation and Retention [J]. Information & Management, 2001 (38).

[153] MARTIN, EDWARD. An integrative review of employer branding and OB theory [J]. Personnel Review, 2010, 39 (1).

[154] MASLACH, SCHAUFELI, LEITER. Job Burnout [J]. Annual Review of Psychology, 2001 (52).

[155] MCDONALD, DE CHERNATONY, HARRIS. Corporate Marketing and Service Brands – Moving Beyond the Fast-Moving Consumer Goods Model [J]. European Journal of Marketing, 2001, 35 (3/4).

[156] MCKEOWN. Retaining top employees [M]. New York, London: McGraw-Hill, 2002.

[157] MEYER, MALTIN. Employee Commitment andWell-Being: A Critical Review, Theoretical Framework and Research Agenda [J]. Journal of Vocational Behavior, 2010, 77 (2).

[158] MEYER, STANLEY, PARFYONOVA. Employee Commitmentin Context: The Nature and Implication of CommitmentProfiles [J]. Journal of Vocational Behavior, 2012, 80 (1).

[159] MICHAELS, HANDFIELD-JONES, AXELROD. The War For Talent [M]. Boston: Harvard Business School Press, 2001.

[160] MICHEAL ARMSTRONG, ANGELA BARON. Performance Management [M]. London: The Cromwell Press, 1998.

[161] MICHEAL T EWING, LEYLAND F PITT, NIGEL M DE BUSSY. Employment branding in the knowledge Economy [J]. International Journal of advertising, 2002, 21 (1).

[162] MISERANDINOM. Children who do well in school: Individual difference in perceived competence and autonomy in above- average children [J]. Journal of Educational Psychology, 1996, 88 (2).

[163] MITCHELL, BEACH. A Review of Occupational Preference and Choice Research using Expectancy Theory and Decision Theory [J]. Journal of Occupational Psychology, 1976 (49).

[164] MOHR, WEBB, HARRIS. Do consumers expect companies to be socially responsible? The impact of corporate social responsibility on buying behavior [J]. Journal of Consumer Affairs, 2001 (35).

[165] MOLLER, DECI, RYAN. Choice and ego depletion: The moderating role of autonomy [J]. Personality and Social Psychology Bulletin, 2006 (32).

[166] MORGAN, HUNT. The Commitment-Trust Theory of Relationship Marketing [J]. Journal of Marketing, 1994, 58 (7).

[167] MORRISON, ROTH. The regional solution: An alternative to globalization [J]. Transnational Corporations, 1992, 1 (2).

[168] MOSKOWITZ, RABINO. Sensory segmentation: An organizing principle for international product concept generation [J]. Journal of Global Marketing, 1994, 8 (1).

[169] MULLEN. Diagnosing measurement equivalence in cross-national research [J]. Journal of International Business Studies, 1995 (3).

[170] MURRELL, FRIEZE, FROST. Aspiring to careers in male- and female- dominated professions: A study of black and white college women [J]. Psychology of Women Quarterly, 1991 (15).

[171] NAMIE, NAMIE, R THEBULLY. What you can do to stop the hurt and reclaim the dignity on the job [M]. Naperville: Sourcebooks, Inc., 2000.

[172] NEUMAN. Social Research Methods: Qualitative and Quantitative Approaches [M]. 4th edition. U. S: Allyn and Bacon, 2000.

[173] PAPASOLOMOU-DOUKAKIS. Internal marketing in the UK retail banking sector: Rhetoric or reality? [J]. Journal of Marketing Management, 2003, 19 (1/2).

[174] PARKER, JIMMIESON, AMIOT. Self-determination as a moderator of demands and control: Implications for employee strain and engagement [J]. Journal of Vocational Behavior, 2010, 76 (1).

[175] PHILLIPS, CONNELL. Managing employee retention: a strategic accountability approach [M]. Routledge, 2003.

[176] PIERCY, MORGAN. Internal Marketing-the Missing Half of the Marketing Program [J]. Long Range Planning, 1991, 24 (2).

[177] PIERRE BERTHON, MICHAEL EWING, LI LIAN HAH. Captivating company: dimensions of attractiveness in employer branding [J]. International Journal of Advertising-The Quarterly Review of Marketing Communications, 2005, 24 (2).

[178] PIYALI GHOSH, RACHITA SATYAWADI. Who stays with you? Factors predicting employees' intention to stay [J]. International Journal of Organizational Analysis, 2013, 21 (3).

[179] RAMPL, KENNING. Employer brand trust and affect: Linking brand personality to employer brand attractiveness [J]. European Journal of Marketing, 2014, 48 (1/2).

[180] RICHINS. Measuring emotions in the consumption experience [J]. Journal of Consumer Research, 1997, 24 (2).

[181] ROGER, HERMAN. HR Managers as Employee-Retention Specialists [M]. Employment Relations Today, 2005.

[182] ROPER, DAVIES. The corporate brand: Dealing with multiple stakeholders [J]. Journal of Marketing Management, 2007, 23 (1/2).

[183] ROTHBARD. Enriching The dynamics of engagement in work and family roles [J]. Administrative Science Quaterly, 2001, 46 (4).

[184] RYAN, DECI. Self-determination theory and the facilitation of intrinsic motivation, social development, and well-being [J]. American psychologist, 2000, 55 (1).

[185] RYAN, DECI. From ego-depletion to vitality: Theory and findings con-

cerning the facilitation of energy available to the self [J]. Social and Personality Psychology Compass, 2008 (2).

[186] RYNES, BRETZ, GERHART. The Importance of Recruitment in Job Choice: A Different Way of Looking [J]. Personnel Psychology, 1991 (44).

[187] S HEINEN, EDWARD S BANCROFT. Performance ownership: A roadmap to a compelling employment brand [J]. Compensation and Benefits Review, 2000, 32 (1).

[188] SCHLESINGER, HESKETT. Breaking the Cycle of Failure in Services [J]. Sloan Management Review, 1991.

[189] SHELDON, WATSON. Coach's autonomy support is especially important for varsity compared to club and recreational athletes [J]. International Journal of Sports Science and Coaching, 2011, 6 (1).

[190] SPECTOR. Perceived control by employees: Ameta-analysis of studies concerning autonomy andparticipation at work [J]. Human Relations, 1986 (39).

[191] SRIVASTAVA, BHATNAGAR. Employer brand for talent acquisition: An exploration towards its measurement [J]. Vision: The Journal of Business Perspective, 2010, 14 (1/2).

[192] STåLE EINARSEN, MERETHE SCHANKE AASLAND, ANDERS SKOGSTAD. Destructive leadership behaviour: A definition and conceptual model [J]. The Leadership Quarterly, 2007, 18 (3).

[193] TABER, TAYLOR. A review and evaluation of the psychometric properties of the job diagnostic survey [J]. Personnel Psychology, 1990 (43).

[194] TAI LIU. An investigation of theinfluences of job autonomy and neuroticism on jobstressor-strain relations [J]. Social Behavior and Personality, 2007, 35 (8).

[195] TAYLOR, BERGMANN. Organizational Recruitment Activities and Applicants' Reactions at Different Stages of the Recruitment Process [J]. Personnel Psychology, 1987.

[196] TEPPER. Consequences of abusive supervision [J]. Academy of Management Journal, 2000, 43 (2).

[197] TOBIAS SCHLAGER, MAREIKE BODDERAS, PETER MAAS, et al. The influence of the employer brand on employee attitudes relevant for service branding: an empirical investigation [J]. Journal of Services Marketing, 2011.

[198] TURBAN, FORRET, HENDRICKSON. Applicant Attraction to Firms: Influences of Organization Reputation, Job and Organizational Attributes, and Recruiter Behaviours [J]. Journal of Vocational Behaviour, 1998 (52).

[199] VAN DEN BROECK, VANSTEENKISTE, DEWITTE, et al. Capturing Autonomy, Competence, andRelatednessat Work: Construction and Initial Validation of the Work-Related Basic Need Satisfaction Scale [J]. Journal of Occupational andOrganizational Psychology, 2010, 83 (4).

[200] VANSTEENKISTE, SIMONS, LENS. MotivatingLearning, Performance, and Persistence: The Synergistic Effects of Intrinsic Goal Contents and Autonomy-Supportive Contexs [J]. Journal of Personality and Social Psychology, 2004, 87 (2).

[201] VANSTEENKISTE, SIMONS, LENS, et al. Motivating learning, performance, and persistence: The synergistic effects of intrinsic goal contents and autonomy-supportive contexts [J]. Journal of Personality and Social Psychology, 2004 (87).

[202] VOYDANOFF. Implications of work and community demands and resources for work-to-family conflict and facilitation [J]. Journal of Occupational Health Psychology, 2004, 9 (4).

[203] WANOUS, KEON, LATACK. Expectancy Theory and Occupational/Organizational Choices: A Review and Test [J]. Organizational Behaviour and Human Performance, 1983, 32 (1).

[204] WAYNE, GRZYWACZ, CARLSON, et al. Defining work-family facilitation: A construct reflecting the positive side of the work-family interface [C]. Paper presented at the annual meeting of the Society for Industrial and Organizational Psychology, Chicago, IL, 2004.

[205] WAYNE, RANDEL, STEVENS. The role of identity and work—family support in work—family enrichment and its work—related consequences [J]. Journal of Vocational Behavior, 2006, 69 (3).

[206] WEINER. An attributional theory of motivation and emotion [M]. New York: Springer-Verlag, 1986.

[207] WILL RUCH. How to Keep Your Best Talent from Walking out the Door [J]. Dynamic Business Magazine, 2001 (6).

[208] WILL RUSH. What Your Employer Brand Can Do For You [J]. Dynamic Business Magazine, 2001 (5).

[209] WILSON, MACK, GRATTAN. Understanding motivation for exercise: A self-determination theory perspective [J]. Canadian Psychology, 2008 (49).

[210] WOBKER, KENNING. Drivers and outcome of destructive envy behavior in an economic game setting [J]. Schmalenbach Business Review, 2013 (65).

[211] YANIV, FARKAS. The impact of person-organization fit on the corpo-

rate brand perception of employees and of customers [J]. Journal of Change Management, 2005, 5 (4).

[212] YOO, PARK, MACINNIS. Effects of store characteristics and in-store emotional experiences on store attitude [J]. Journal of Business Research, 1998, 42 (3).

[213] ZAPF, EINARSEN, HOEL, et al. Empirical findings on bullying in the workplace [M]. London: Taylor & Francis, 2003.

[214] ZHAO, LYNCH, CHEN. Reconsidering Baron and Kenny: Myths and truths about mediation analysis [J]. Journal of Consumer Research, 2010, 37 (2).

附 录

附录一：深度访谈提纲

（1）请介绍一下你的个人基本情况：性别、年龄、学历、在该企业工作的年限、收入状况、岗位、所在的部门。

（2）提到"雇主品牌"你会想到哪些词汇与它相关？

（3）能不能谈谈你与雇主品牌之间的故事？

（4）这些（这个）故事是不是你继续留在该单位的原因？

（5）你对你的直接上司的领导风格和领导方式有怎样的看法？

（6）你最看重他哪几点领导品质或领导风格？

（7）你理想中的领导应该是什么样的？他/她拥有哪些品质？

（8）当你感觉想离开你目前所在单位时，可能的原因是什么？又是什么原因让你留了下来？举例说明一下或者谈谈当时的场景。（分维度——离职倾向）

（9）当你感觉工作没有意义或者很无趣的时候，可能的原因是什么？你又是通过什么方式调整的呢？举例说明一下或者谈谈当时的场景。（分维度——工作倦怠）

（10）你会不会有时候感觉工作特别有意思，特别想完成某项工作或者任务？描述一下这些工作或者任务，并说说有什么吸引你的地方。举例说明一下或者谈谈当时的场景。（分维度——组织忠诚）

（11）你在工作中会选择长期在同一家单位任职吗？你怎么理解好的工作单位？

（12）你留在现在单位最主要的原因是什么？

（13）工作中哪些情景或原因会促使你留在目前单位？你的上司对你留在单位里有影响吗？具体来说，他/她的哪些行为或特征影响到你的留任？为什么？

（14）工作中你的上下级关系怎样？你们容易相处吗？

(15) 工作中你与同事关系怎样？你们容易相处吗？

(16) 家里人对你目前的工作支持吗？你觉得他们在哪些方面支持了你的工作？

(17) 你觉得目前的工作状态是什么样的？觉得工作有点疲惫（身心疲惫）？觉得想换个工作？还是觉得特别有意义？这些状态有没有影响你的心理状态？这些心理状态是什么样的？能否描述一下？

(18) 一份能够给你充分自由的工作，你觉得是不是一份好工作？如果不是，那什么工作才是好工作呢？

(19) 你会不会觉得自己非常胜任目前的工作？能否举例说明？

附录二：雇主品牌对员工—组织关系影响的调查问卷

亲爱的朋友：

您好！这里是西南财经大学人力资源管理研究所，目前正在进行有关雇主品牌和员工留任的相关研究，恳请您百忙之中协助支持！

答案没有对错好坏之分，请您根据自己的实际感受放心作答。问卷中①表示"非常同意"，⑤表示"非常不同意"，③表示态度在"非常不同意"和"非常同意"中间。

敬祝平安快乐、工作顺利！

第一部分：雇主品牌

序号	请选择最符合您真实情形的答案，在相应的数字上打"√"	非常不同意				非常同意
1	我所在的单位的工作环境有趣味	①	②	③	④	⑤
2	我所在的单位的工作环境使人感到幸福	①	②	③	④	⑤
3	我所在的单位能够提供中上等水平的薪资	①	②	③	④	⑤
4	我所在的单位能够让我得到上司的赏识和认可	①	②	③	④	⑤
5	我所在的单位能够成为我职业发展的一个跳板	①	②	③	④	⑤
6	我所在的单位让我变得更加自信	①	②	③	④	⑤
7	我所在的单位能够提升我的职业能力	①	②	③	④	⑤
8	我所在的单位重视我并且让我发挥创造力	①	②	③	④	⑤

序号	请选择最符合您真实情形的答案，在相应的数字上打"√"	非常不同意				非常同意
9	我所在的单位内部有很好的晋升机会	①	②	③	④	⑤
10	我所在的单位让我有成就感	①	②	③	④	⑤
11	我所在的单位拥有良好的同事关系	①	②	③	④	⑤
12	我所在的单位能够提供高质量的产品和服务	①	②	③	④	⑤
13	我所在的单位能够回馈社会	①	②	③	④	⑤
14	我所在的单位以顾客为导向	①	②	③	④	⑤
15	我所在的单位能让我亲自参与部门之间的交流	①	②	③	④	⑤
16	我所在的单位能够让我将所学知识加以运用	①	②	③	④	⑤

第二部分：工作—家庭支持

序号	请选择最符合您真实情形的答案，在相应的数字上打"√"	非常不同意				非常同意
17	对工作上的问题，家人经常给我提供不同的意见和看法	①	②	③	④	⑤
18	当工作有烦恼时，家人总是能理解我的心情	①	②	③	④	⑤
19	当工作出现困难时，家人总是和我一起分担	①	②	③	④	⑤
20	当工作很劳累时，家人总是鼓励我	①	②	③	④	⑤
21	当工作遇到问题时，我总是会给家人说	①	②	③	④	⑤
22	当工作出现问题时，家人总是安慰我	①	②	③	④	⑤
23	工作之余，家人总能给我一些私人空间	①	②	③	④	⑤
24	当我某段时间工作很忙时，家人能够帮我分担家务	①	②	③	④	⑤
25	我与家人谈及有关工作上的事情时很舒服	①	②	③	④	⑤
26	家人对我所做的工作比较感兴趣	①	②	③	④	⑤

第三部分：员工留任

序号	请选择最符合您真实情形的答案，在相应的数字上打"√"	非常不同意				非常同意
27	目前的工作让我感到沮丧	①	②	③	④	⑤
28	目前的工作让我感到身体疲倦	①	②	③	④	⑤
29	目前的工作让我感到精神疲倦	①	②	③	④	⑤
30	目前的工作让我感觉很难受	①	②	③	④	⑤
31	目前的工作让我觉得自己没有出路	①	②	③	④	⑤
32	目前的工作让我觉得自己没有价值	①	②	③	④	⑤
33	目前的工作令我觉得厌烦	①	②	③	④	⑤
34	目前的工作给我带来了不断的麻烦	①	②	③	④	⑤
35	目前的工作让我觉得一点希望都没有	①	②	③	④	⑤
36	在目前的工作中我觉得自己处处碰壁	①	②	③	④	⑤
37	我的价值观和单位的价值观非常相似	①	②	③	④	⑤
38	我的单位能够激发我在工作中的最大潜能	①	②	③	④	⑤
39	我真的很开心能为这个单位工作	①	②	③	④	⑤
40	我会鼓励朋友到我们单位上班	①	②	③	④	⑤
41	我正在主动寻求目前所在单位外部的工作机会	①	②	③	④	⑤
42	我可能会考虑找一个管理更好的单位上班	①	②	③	④	⑤
43	若其他单位提供稍好一点的职位，我会考虑离开	①	②	③	④	⑤
44	若另外的工作能够提供更好的薪酬，我会考虑离开	①	②	③	④	⑤

第四部分：破坏性领导

序号	请选择最符合您真实情形的答案，在相应的数字上打"√"	非常不同意				非常同意
45	我的上司经常嘲笑我	①	②	③	④	⑤
46	我的上司经常说我无能	①	②	③	④	⑤
47	我的上司经常说我的想法是愚蠢的	①	②	③	④	⑤

序号	请选择最符合您真实情形的答案，在相应的数字上打"√"	非常不同意				非常同意
48	我的上司经常在其他人面前负面评价我	①	②	③	④	⑤
49	我的上司经常在其他人面前羞辱我	①	②	③	④	⑤

第五部分：基本心理需求

序号	请选择最符合您真实情形的答案，在相应的数字上打"√"	非常不同意				非常同意
50	在单位工作时，我感觉很自在	①	②	③	④	⑤
51	当我和我的上司在一起时，我感觉受到约束	①	②	③	④	⑤
52	在单位工作时，我拥有发言权，能表明自己的观点	①	②	③	④	⑤
53	在单位工作时，我经常感觉能力不足	①	②	③	④	⑤
54	在单位工作时，我感觉很有效率	①	②	③	④	⑤
55	在单位工作时，我感觉自己很有能力	①	②	③	④	⑤
56	在单位工作时，我和上司之间总有距离感	①	②	③	④	⑤
57	在单位工作时，我和上司之间十分亲近	①	②	③	④	⑤
58	在单位工作时，我感觉自己受到关爱	①	②	③	④	⑤

第六部分：个人基本信息

请您在符合自己情况的选项上打"√"或标红

1. 性别
①男　②女

2. 年龄
①25岁以下　②26~30岁　③31~35岁　④36~40岁　⑤41~45岁　⑥46岁以上

3. 学历
①博士　②硕士　③本科　④本科以下

4. 职位级别
①高层管理人员　②中层管理人员　③基层管理人员　④普通员工

5. 婚姻状况
①未婚　②已婚
6. 您在当前企业的工作年限
①1年以下　②1~3年　③4~6年　④7~10年　⑤11年以上
7. 您所在单位的性质
①国有企业　②民营企业　③中外合资企业　④外商独资企业
⑤科研院校　⑥政府机关　⑦事业单位　⑧其他

附录三：全文图目录

图 1-1　本研究技术路线图
图 3-1　雇主品牌对员工留任的影响机制模型
图 3-2　本研究假设汇总
图 4-1　雇主品牌的验证性分析模型
图 4-2　破坏性领导的验证性分析模型
图 4-3　基本心理需求的验证性分析模型
图 4-4　工作—家庭支持的验证性分析模型
图 4-5　员工留任的验证性分析模型
图 5-1　中介变量释义图
图 5-2　中介效应的检验程序
图 5-3　基本心理需求的中介效应检验图
图 5-4　雇主品牌、基本心理需求、员工留任之间的作用机理模型
图 5-5　雇主品牌、自主需求、工作倦怠之间的作用机理模型
图 5-6　雇主品牌、自主需求、离职倾向之间的作用机理模型
图 5-7　雇主品牌、胜任需求、工作倦怠之间的作用机理模型
图 5-8　雇主品牌、胜任需求、离职倾向之间的作用机理模型
图 5-9　雇主品牌、胜任需求、组织忠诚之间的作用机理模型
图 5-10　雇主品牌、关系需求、工作倦怠之间的作用机理模型
图 5-11　雇主品牌、关系需求、离职倾向之间的作用机理模型
图 5-12　雇主品牌、关系需求、组织忠诚之间的作用机理模型
图 5-13　调节变量示意图

附录四：全文表目录

表 2-1　雇主品牌的概念汇总
表 2-2　工作—家庭支持的概念汇总
表 2-3　工作—家庭支持测量情况
表 3-1　雇主品牌测量题项
表 3-2　员工留任测量题项
表 3-3　基本心理需求测量题项
表 3-4　破坏性领导测量题项
表 3-5　工作—家庭支持测量题项
表 3-6　本研究假设汇总表
表 4-1　访谈对象信息表
表 4-2　访谈资料汇总表（简）
表 4-3　人口统计特征（N=127）
表 4-4　雇主品牌的信度分析
表 4-5　基本心理需求的信度分析
表 4-6　员工留任的信度分析
表 4-7　破坏性领导的信度分析
表 4-8　工作—家庭支持的信度分析
表 4-9　雇主品牌的总方差解释
表 4-10　雇主品牌各操作变量的因子载荷
表 4-11　基本心理需求的总方差解释
表 4-12　基本心理需求各操作变量的因子载荷
表 4-13　员工留任的总方差解释
表 4-14　员工留任各操作变量的因子载荷
表 4-15　破坏性领导的总方差解释
表 4-16　破坏性领导各操作变量的因子载荷
表 4-17　工作—家庭支持的总方差解释
表 4-18　工作—家庭支持各操作变量的因子载荷
表 4-19　所有测量题项的探索性因子分析
表 4-20　大样本描述性分析汇总表（N=500）
表 4-21　正式样本的信效度检验（N=500）
表 4-22　结构方程模型的整体适配度指标的标准值范围
表 4-23　雇主品牌量表的验证性因子分析结果

表4-24	破坏性领导量表的验证性因子分析结果	
表4-25	基本心理需求量表的验证性因子分析结果	
表4-26	基本心理需求变量各维度之间区分效度分析检验结果	
表4-27	工作—家庭支持量表的验证性因子分析结果	
表4-28	员工留任量表的验证性因子分析结果	
表4-29	员工留任各维度之间区分效度分析检验结果	
表5-1	样本各维度的描述性统计表	
表5-2	变量各维度间相关系数矩阵（N=500）	
表5-3	性别的独立样本 T 检验表	
表5-4	婚姻状况的独立样本 T 检验表	
表5-5	基于年龄的样本方差分析	
表5-6	工作倦怠的 LSD 法多重比较的结果	
表5-7	胜任需求的 LSD 法多重比较的结果	
表5-8	基于学历的样本方差分析	
表5-9	工作倦怠的 LSD 法多重比较的结果	
表5-10	离职倾向的 LSD 法多重比较的结果	
表5-11	自主需求的 LSD 法多重比较的结果	
表5-12	组织忠诚的 LSD 法多重比较的结果	
表5-13	职位级别的样本方差分析	
表5-14	破坏性领导的 LSD 法多重比较的结果	
表5-15	关系需求的 LSD 法多重比较的结果	
表5-16	雇主品牌的 LSD 法多重比较的结果	
表5-17	自主需求的 LSD 法多重比较的结果	
表5-18	基于公司工龄的样本方差分析	
表5-19	雇主品牌的 LSD 法多重比较的结果	
表5-20	工作倦怠的 LSD 法多重比较的结果	
表5-21	雇主品牌与员工留任的分层多元线性回归结果	
表5-22	雇主品牌与组织忠诚的分层多元线性回归结果	
表5-23	雇主品牌与离职倾向的分层多元线性回归结果	
表5-24	雇主品牌与工作倦怠的分层多元线性回归结果	
表5-25	雇主品牌与基本心理需求的分层多元线性回归结果	
表5-26	雇主品牌与自主需求的分层多元线性回归结果	
表5-27	雇主品牌与胜任需求的分层多元线性回归结果	
表5-28	雇主品牌与关系需求的分层多元线性回归结果	
表5-29	基本心理需求与员工留任的分层多元线性回归结果	
表5-30	自主需求与工作倦怠的分层多元线性回归结果	

表 5-31　自主需求与离职倾向的分层多元线性回归结果
表 5-32　自主需求与组织忠诚的分层多元线性回归结果
表 5-33　胜任需求与工作倦怠的分层多元线性回归结果
表 5-34　胜任需求与离职倾向的分层多元线性回归结果
表 5-35　胜任需求与组织忠诚的分层多元线性回归结果
表 5-36　关系需求与工作倦怠的分层多元线性回归结果
表 5-37　关系需求与离职倾向的分层多元线性回归结果
表 5-38　关系需求与组织忠诚的分层多元线性回归结果
表 5-39　基本心理需求的中介效应回归分析（雇主品牌—员工留任）
表 5-40　自主需求的中介效应回归分析（雇主品牌—工作倦怠）
表 5-41　自主需求的中介效应回归分析（雇主品牌—离职倾向）
表 5-42　自主需求的中介效应回归分析（雇主品牌—组织忠诚）
表 5-43　胜任需求的中介效应回归分析（雇主品牌—工作倦怠）
表 5-44　胜任需求的中介效应回归分析（雇主品牌—离职倾向）
表 5-45　胜任需求的中介效应回归分析（雇主品牌—组织忠诚）
表 5-46　关系需求的中介效应回归分析（雇主品牌—工作倦怠）
表 5-47　关系需求的中介效应回归分析（雇主品牌—离职倾向）
表 5-48　关系需求的中介效应回归分析（雇主品牌—组织忠诚）
表 5-49　破坏性领导对雇主品牌与基本心理需求之间关系的调节效应
表 5-50　工作—家庭支持对基本心理需求与员工留任之间关系的调节效应
表 5-51　研究假设检验结果汇总表

致　谢

　　时间总是在不经意间悄然流逝，回想三年半的博士学习生活，仿佛就在昨天。随着博士论文撰写的深入，我才明白王国维老师"梦里寻他千百度，蓦然回首，那人却在灯火阑珊处"那句话的真谛，心中的感受犹如打翻的五味瓶，充满了各种酸甜苦辣。在博士生的学习生涯即将结束之际，我回想起在电脑前奋笔疾书的岁月，回想起初读经典文献时的困惑，回想起在计量经济学课堂上的云游。它们仿佛一幅幅的水墨画，留下了成长的脚步、岁月的痕迹。

　　三年前，我怀揣着梦想来到西南财经大学人力资源管理研究所学习。三年后的今天，正值中秋节，在西南财经大学的博士生工作室里，我正写着博士论文最后的篇章——致谢。而眼前浮现出一个又一个的名字，每个名字都是我博士学习生涯前行路上的良师益友。无论何时、无论何地，你们都是我心中力量的源泉，在这里我诚挚地感谢你们。

　　首先，我要感谢我的导师边慧敏教授。边老师扎实的理论功底、严谨求实的科研精神深深地影响了我。在课堂上，她给我推荐经典书籍；在生活中，她为我排忧解难；在工作中，她为我指点迷津；在思想上，她为我树立榜样。她还有丰富的管理实践，每次与她交谈，我总能获得思想的升华、视野的开阔。她有着崇高的品德，平易近人，用行动践行着"经世济民，孜孜以求"的精神。她常常教导我说，每个人都有优点，也有缺点，要扬长避短，不求取长补短。她既像一位慈母，又像一位严父。

　　其次，我要感谢我的第二导师卿涛教授。卿老师给予了我很多的机会帮助我成长，为我打开学术之门，手把手地带着我进行学术研究。在学习过程中，她带着我阅读人力资源管理经典文献，从此开启了我的博士学习之旅；在学术上，她教导我如何申请课题，并给予我参研各类高水平课题的机会，在锻炼的过程中，让我体会到学术研究的严谨与艰辛、趣味和快乐；在生活中，她关心我的成长，用理论和实践指导我，去追求工作和生活的质量，体验工作的幸福感，让我在不知不觉中收获成长，更好地处理人际关系，让我的能力更强、效率更高。回想三年多的学习生活、相处的点点滴滴，对于两位导师给予的关心、帮助和爱护，我唯有日后更加发奋、更加努力来报答。在此，我对两位导师致以诚挚的谢意。

再次，我要感谢三年里教导我的各位老师，他们是杨丹老师、寇纲老师、冯俭老师、张宁俊老师、黄旭老师、唐小飞老师、唐代盛老师、陈志杰老师、金家飞老师、庞皓老师、邢祖礼老师等。每位老师都有广博的专业知识，引领我走入学术的殿堂；感谢杨付老师、郭志刚老师、吕兴洋老师、钟帅老师对我博士论文的指导和帮助；感谢我的博士生同学张征、敖玉兰、王艳霞、古银华、兰海、袁梦莎、佘脊、侯波、黄姚、章璐璐，每一次与他们的学术讨论，都加深了我对专业、论文、学术等名词的理解；还要感谢杜艳、张林方、周德良、徐亚雄、宋琪、胥凌凤、王锐、余洋、和丽泉、许翼旭，帮助我收集和整理文献；感谢汪娟、林恩忠、李彪、任光禄等已毕业或是参加工作的200多名同学，帮助我收集问卷，让我在相对较短的时间里收集到足够的有效问卷；还要感谢我的同事冯力老师、张剑波老师、王苏老师、刘轶老师、陈楠老师、赵莉老师、乔旭老师等在我撰写博士论文期间，给予我工作上的帮助和支持。需要感谢的人还有很多很多，在此我只有把你们的名字放在心里。你们永远都是我最好的朋友。

最后，特别感谢我的父母，一路走来，对我的支持和信任。感谢我的妻子王紫薇和女儿钟子乐，她们是我撰写博士论文的强大的后援。

很小的时候，我总觉得博士是一种荣耀，是一个很难实现的梦想。此刻博士论文即将完成之际，我发觉博士更是一种责任和担当。在接受了许多的优质教育和许多人的帮助和支持之后，心中有个声音在提醒自己：感恩与回报。日后要做更多对社会有意义的事情。我会更加努力！

钟鑫
于西财通博楼

笔者博士在读期间科研成果

| 博士在读期间科研成果目录 |||||
| (在读期间已发表的专著、论文、课题、教材、工具书等) |||||
序号	题目	刊物或出版社	排名情况	备注
1	领导—成员交换对员工敬业度的影响研究	《中国劳动》	1	
2	新常态下最低工资制度发展刍议	《中国劳动》	2	
3	新雇主经济主义下员工忠诚的跨层研究	西南财经大学"中央高校基本科研业务费专项奖金"2016年度培育项目（项目批准号：JBK160907）	—	主持
4	"双创"背景下专业教育的互动提升策略研究与实践	教师教学发展协同建设项目	—	已立项
5	中国组织情境下精神型领导的内涵、测量及其有效性	2015年国家自然科学青年科学基金项目（项目批准号：71502141）	3	主研
6	雇主品牌感知对员工留任的影响机制研究：基于人—环境匹配理论的视角	西南财经大学"中央高校基本科研业务费专项资金"2015年度青年教师成长项目（项目批准号：JBK150112）	1	主持，已结项
7	中国金融业情境下心理资本对员工工作生活质量的影响机制研究——领导成员交换的中介作用	西南财经大学"中央高校基本科研业务费专项资金"2013年度博士研究生科研课题项目（项目批准号：JBK1307121）	1	主持，已结项
8	职场精神性对员工职业发展的影响机制研究	2015年教育部人文社科青年项目	3	参研
9	金融服务业人力资源管理重点研究基地	中央高校基本科研业务费专项资金资助（项目编号：JBK120402）	6	参研